国家社会科学基金资助项目（批准号 05XMZ002）

加快民族地区经济社会发展的金融支持体系研究

张家寿 著

人民出版社

责任编辑:陈寒节

责任校对:湖　催

图书在版编目(CIP)数据

加快民族地区经济社会发展的金融支持体系研究/张家寿 著.
- 北京:人民出版社,2010.9
ISBN 978 - 7 - 01 - 009074 - 0

Ⅰ.①加…　Ⅱ.①张…　Ⅲ.①民族地区 - 金融政策 - 研究 -
中国　Ⅳ.①F832.0

中国版本图书馆 CIP 数据核字(2010)第 127027 号

加快民族地区经济社会发展的金融支持体系研究
JIAKUAI MINZU DIQU JINGJI SHEHUI FAZHAN DE JINRONG ZHICHI TIXI YANJIU

张家寿　著

人民出版社 出版发行
(100706　北京朝阳门内大街 166 号)

北京龙之冉印务有限公司印刷　新华书店经销

2010 年 9 月第 1 版　2010 年 9 月北京第 1 次印刷
开本:710 毫米×1000 毫米　1/16　印张:18.75
字数:270 千字　印数:0,001 - 2,200 册

ISBN 978 - 7 - 01 - 009074 - 0　定价:36.00 元

邮购地址:100706　北京朝阳门内大街 166 号
人民东方图书销售中心　电话:(010)65250042　65289539

目　录

导　　论

一、研究意义

加快少数民族和民族地区经济社会发展,是逐步缩小地区差距、保持国民经济持续快速健康发展、最终实现共同富裕的要求,是巩固和加强民族团结、保持社会稳定、维护祖国统一的要求,也是各族人民的共同愿望。本课题的研究以科学发展观为指导,坚持以人为本,树立全面、协调、可持续发展观,促进经济社会和人的全面发展。在充分认识西部大开发战略这一历史机遇的基础上,剖析少数民族和民族地区发展所面临的挑战,从金融支持体系角度提出具有价值的对策建议。

该研究成果对在西部大开发背景下的少数民族和民族地区的经济社会发展问题,提出的金融支持战略思路和关键性对策建议,对少数民族和民族地区落实科学发展观具有重要的指导意义。

二、研究现状

从国外的情况来看,少数民族和民族地区都属于落后、边远地区。从可查到的文献资料来看,关于区域经济理论主要有:

Josep. A. Schumpeter 的"经济发展论"(1912),提出了创新理论学说,将经济发展归结为创新;H. 钱纳里的"工业和经济增长的比较研究"论(1986),探讨了影响工业化与经济增长的各种因素,分析了内向型、外向型、中间型工业化道路的优劣;A. Q. 赫希曼的"经济发展战略"论,倡导不平衡发展思想;Betel. B. Ohlinde 的"域际贸易与国际贸易"论(1933),提出了区域定位论思想;等等。

区际差异是经济发展过程中的普遍性问题。西方学者从区域和空间经济学、发展经济学、福利经济学角度,提出了各种关于欠发达地区经济发展模式的主要理论。就产业发展与地区布局来看,主要有均衡发展理论与非均衡发展理论;从资源配置、收入分配、内生的技术进步、制度的角度来看,还涉及福利经济学理论、新经济增长理论和新制度经济学理论等。

从国内的情况来看,关于如何加快少数民族与民族地区的经济社会发展问题的研究成果颇多,也有专家学者从金融支持角度研究了少数民族与民族地区经济社会发展问题。从可查到的文献资料来看,主要有:殷孟波《西南经济发展的金融支持》(2002);郭晓合《大接轨——21世纪民族区域经济开发模式新论》(2001);詹真荣、熊乐兰《西部大开发与民族地区经济社会发展》(2001);周兴维《民族地区经济社会可持续发展的思考》(2001);龚晓宽《五个统筹与西部大开发——以贵州省为例》(2004);牟本理《论我国民族地区跨越式发展》(2003);殷孟波、张桥云《西南地区经济发展模式选择与金融支持分析》(2003);人民银行成都分行课题组《民族地区经济发展的金融支持问题研究》(2003);李源、吴静静《论西部大开发中的金融支持》(2000);西部大开发与民族利益关系协调课题组《少数民族在西部大开发中的利益实现研究》(2004)。

从金融支持角度研究的成果来看,显得不够深入,本课题试图作较为深入的研究。

三、研究思路

第一,分析课题研究的背景,阐明少数民族与民族地区经济社会发展的金融支持理论基础和国际国内环境,以及可供借鉴的国际经验教训。这一部分主要对我国少数民族与民族地区经济社会发展的金融支持状况进行理论分析,阐明少数民族与民族地区经济社会发展的金融支持的理论基础和实践依据,比较分析不同类型国家对少数民族与民族地区经济社会发展的金融支持的经验和教训,探讨发展中国家对少数民族与民族地区经济社会发展的金融支持的特点。

第二,分析我国少数民族与民族地区经济社会发展的金融支持的现实依据。阐述我国少数民族与民族地区经济社会发展的现状、存在的问题和特征,阐明我国少数民族与民族地区经济社会发展的基础。同时,阐述我国少数民族与民族地区金融发展的现状,阐明我国少数民族与民族地区经济社会发展的金融支持的基础。

第三,分析少数民族与民族地区发展的经济社会效应和各种要素。阐述少数民族与民族地区经济社会的发展对我国全面实现小康和国家长治久安的战略意义。通过分析国际国内投资环境、产业发展状况、就业水平、人才基础、区位优势与劣势、资源条件、科技支撑、信息要素和政策与市场环境等要素,探寻少数民族与民族地区经济社会发展的有利条件和金融支持的取向。

第四,分析少数民族与民族地区经济社会发展的金融支持的总体框架。通过分析少数民族与民族地区经济社会发展的思路和战略,阐明金融支持的总体政策。

第五,分析少数民族与民族地区经济社会发展的金融支持政策。通过金融市场和金融工具的分析,如货币市场、资本市场、政策性金融机构、国有商业银行、中小金融机构、合作金融和风险投资等,构建支持少数民族与民族地区经济社会发展的金融体系。

四、研究方法

在直接考察、间接考察和综合分析的基础上,通过规范与实证相结合的研究,形成理论观点和方法思路,并在定性研究基础上,利用统计分析方法和相应的数学模型,对统计数据进行分析和定量研究,以提高研究成果的科学性和可信度。因此,本课题在研究过程中坚持采用理论分析与实践分析相结合,实证(定量)分析与规范分析相结合,归纳与演绎相结合以及综合分析与比较分析相结合的研究方法。

五、创新之处

本项目研究是跨学科的综合性研究。在内容上,将经济学、管理学、金融学和统计学及数学等学科的知识与技能结合起来,在分工合作研究的基础上深化研究主题,形成有特色的理论观点和新的综合性认识:第一,按照科学发展观的要求,构筑少数民族与民族地区新的发展框架,实现"五个"统筹的发展战略;第二,少数民族与民族地区是一个特殊的区域,其发展的重要支撑在于建立一个特殊的金融支持体系,完善的金融支持体系是少数民族与民族地区经济社会发展的制度保障。在方法上,项目的研究既从各学科的深入分析入手,又从学科的综合研究来提高认识,重视定性研究与定量研究方法的结合,以定性研究深化课题研究主题,通过定量研究提高研究成果的科学性和可信度。

第一章 少数民族与民族地区经济社会发展面临的机遇与挑战

　　加快少数民族与民族地区经济社会发展,是贯彻落实科学发展观的基本要求,也是新的历史时期我国加强民族工作的重要指导思想。在我国区域经济发展的过程中,由于地区之间经济发展差距不断扩大而导致的各种区域经济问题已经引起了社会各界的广泛关注。人们开始意识到区域经济发展必须将公平和效率都纳入到政策目标之中,地区之间的经济发展速度必须保持相对的协调,否则对发达地区、落后地区乃至于整个区域经济的持续发展都是不利的。进入 21 世纪以后,党中央、国务院作出的一系列战略决策,使少数民族与民族地区的经济社会发展面临难得的发展机遇。

第一节 少数民族与民族地区经济社会发展面临的机遇

一、西部大开发战略的深入实施

　　任何宏观经济政策都是一定宏观经济环境的产物,西部大开发也是在一定的宏观背景下进行的。

1. 宏观经济背景

　　西部大开发战略的实施,其宏观经济背景是相当复杂的。区域经济一体化和国内经济体制改革不断深化构成了少数民族与民族地区经济社会发展的宏观经济环境。这种环境既是少数民族与民族地区经济社会发展的根本原因,也是少数民族与民族地区各种经济主体实施自己行为时必须考虑的约束条件。

第一,WTO 和知识经济的影响。

世界经济正在走向国际经济一体化,我国的改革开放政策也要求社会经济活动实现与国际惯例接轨以扩大发展空间。正是由于这个原因,我国加入了世贸组织,这就使得少数民族与民族地区经济社会发展过程中不可能享受到当初东部地区开发所拥有的各种特殊照顾,而必须按照较为统一的惯例去进行经济活动。知识经济作为现代经济的一种新生事物,在客观上促进了资源在国际经济体系中的流动,知识要素的学习、传播和创新构成了跨国经营的一种重要手段。在这样的条件下,世界各国都可能比以前更快的速度进行发展,如果在少数民族与民族地区经济社会发展的过程中不注重对国外资源和知识要素的利用,也很可能陷入累积性落后的局面。

第二,国内市场供求关系的变化。

20 世纪 80 年代东部地区迅速发展时面临的是短缺经济,当时的产业发展主要依靠单纯扩大供给以满足供不应求的缺口,这实际上为东部企业的迅速发展提供了相当广阔的增长空间。但是,随着区域经济的不断发展,国内市场状况已经发生了重大转变,市场条件已经由短缺型转变为过剩型,这就要求少数民族与民族地区经济社会发展的过程中不能单纯模仿东部地区的发展模式,而必须寻求适合自身发展的新路径。面临需求约束型的市场条件,作为少数民族与民族地区经济社会发展不能简单地希望通过争资金、上项目等扩大供给的行为来实现经济效益,而必须重视市场需求的开发和利用,将经营思维转变到以市场信息和营销渠道上来。

第三,市场体系的不完善。

目前我国社会经济体制改革还没有完全成功,统一的国内大市场尚未形成,地区之间相互封锁、产业之间相互分割的局面大量存在,行政性的垄断也不少见,这些不完善性客观上形成了地区之间资源流动的体制性障碍。由于市场体系不健全,许多地方往往是以政府行为代替市场行为,其行为的不确定性使得东部发达地区企业不敢贸然对民族地区进行投资,最后形成了局部地区投资聚集过度,而局部地区投资严重不足的局面。市场游戏规则的不完善也是我国宏观经济所面临的重大挑战,它的最终完善可能要经历相当长的时间过程,所以只能寻求这种条件下的发展策略。

第四,增长方式的转变。

东部地区在发展初期主要依靠的是粗放型增长方式,当时通过行政命令从西部地区廉价获得的各种经济资源成为东部经济迅速起飞的重要条件。这种条件对于处于经济开发期的少数民族与民族地区经济社会发展来说已经不复存在,少数民族与民族地区必须从单纯的数量扩张型生产方式中跳出来,但以少数民族与民族地区目前的经济条件也不可能完全实行效率型生产方式,较为合理的方式是针对区位条件发展具有地方特色的增长方式,从而形成少数民族与民族地区相适应的经济开发模式。

2.政治背景

任何区域经济政策的出台都是有一定政治背景的,政治背景实际上决定了这种区域经济政策的持久性和实施力度。少数民族与民族地区经济社会发展实际上也是一定政治环境的产物,中央政府和地方政府对少数民族与民族地区经济社会发展的政治考虑是我们必须思考的问题。

第一,邓小平"两个大局"思想的延续。

邓小平在改革之初提出了"两个大局"思想:一个大局是东部地区通过加快对外开放取得优先发展,中西部地区要顾全这个大局;另一个大局是当东部地区发展到一定阶段时,就应当将更多的力量投入到中西部地区的经济发展,东部地区也要服从这个大局。这种战略思想无疑具有重大的历史眼光,它实质上也是"允许一部分人、一部分地区先富起来"的历史背景。同时,这也要求制定出地区发展的时间表。当东部地区和西部地区的经济发展差距达到一定程度时,要求中央政府必须出面对西部地区经济发展进行重点扶持。因此,民族地区经济开发并不是权宜之计,而是在邓小平当初提出优先发展东部地区时就已经作出的规划。

第二,地区之间经济发展差距导致的社会矛盾越来越突出。

东部地区的迅速发展直接导致不同地区的收入差距越来越大,相对贫困地区的居民由于发展机会的限制丧失了许多公平竞争的机会,客观上形成了一种社会不平等,它极有可能形成各种潜在的社会矛盾甚至地区偏见,这不利于国民经济的整体发展。由于经济基础决定上层建筑,各个地区在全国政治体系中的地位高低取决于其内在的经济发展实力,所以各个地区的地方政府往往都具有发展本地经济的强烈要求,当初中央政府对东部地区采取政策倾斜所造成的地区发展不平衡很可能成为地区利益矛盾的焦点。

第三,现行政策的支持。

1999年6月江泽民同志曾经两次谈到加快中西部发展的条件已经成熟,第一次明确提出"西部大开发"战略。尤其是在1999年的西北五省区国有企业改革和发展座谈会上指出,"必须不失时机地加快中西部地区的发展,特别是抓紧研究西部地区大开发"。1999年9月,朱镕基同志在视察四川时也指出了发展西部地区的重要性。正是在这种条件下,十五届四中全会以正式文件确定了"国家要实施西部大开发战略"。同时也指出西部大开发要重点抓好基础设施建设,调整产业结构,优先发展科技教育,注重环境治理,中央关于西部大开发的政策,无疑对处于西部的少数民族与民族地区来说是一个重大机遇。

二、中国—东盟自由贸易区建设的快速推进

进入21世纪,国际政治环境出现了新的变化。面对新的形势,中国政府及时地调整外交战略,加强与周边国家的关系,提出了"与邻为善、以邻为伴"的周边外交方针,在政治上致力于相互信赖、平等协商,经济上谋求相互支持,共同发展。正在推进之中的中国—东盟自由贸易区建设正是中国周边政策的又一成果。它是一项互惠共赢的经贸安排,有力地推动了中国与东盟的全面经济合作关系,对实现本地区共同繁荣起到了积极的推动作用。

1.优势互补,自贸区全面启动

第一,经济全球化和区域经济一体化的迅速发展。

20 世纪 90 年代以来,在经济全球化迅速发展的同时,区域经济一体化也显现出强劲势头,超越地缘界限的区域合作及区域经济集团间的合作也呈扩展趋势。在国际贸易和世界经济发展中,以欧盟、北美自由贸易区为代表的一批区域经济组织占据越来越重要的地位。近年来,各种形式的区域经济合作在促进区域及世界经济发展方面发挥了重要作用。但自由贸易协定、尤其是发达国家间签订的自由贸易协定,也对中国和东盟构成了严峻的挑战,因为在自由贸易协定成员中达成的优惠海关税率将严重影响发展中国家的比较优势。

第二,中国外经贸发展战略的转移。

中国经过十几年艰苦的谈判,2000 年终于加入世贸组织(WTO),中国的外经贸战略开始将重点转移到区域经济合作。中国加入 WTO 就意味着中国的经济发展将逐步与世界经济接轨并融入世界经济发展大潮中去。世界区域经济一体化发展进程正处在加速阶段,中国如果不参与其中,就可能逐渐被边缘化,在新一轮的国际竞争中处于不利地位。因此,参与区域经济合作就成为中国外经贸战略新的重点。

第三,东盟各国经济发展处于恢复阶段。

1997 年发生的东南亚金融危机,使东盟国家此前高速增长的经济暂时处于停顿状态,也凸显了中国与东盟经济的相互依赖性。从 1999 年开始,东盟各国经济开始出现恢复的迹象,而此时的中国经济正处于快速增长时期。中国经济的发展无疑对东盟各国的经济发展起到了带动作用。

建立中国东盟自由贸易区是有利于中国—东盟双方的战略选择。2002 年 11 月,中国领导人与东盟各国领导人签署了《中国东盟全面经济合作框架协议》,决定于 10 年内建成中国—东盟自由贸易区。中国东盟自由贸易区的建设进程全面启动。

2. 双方经贸不断增长

中国东盟自由贸易区进展较为顺利。双方于 2004 年 1 月 1 日起实施"早期收获"计划,对 500 多种产品实行降税。从"早期收获"产品来看,双方具有互补性。东盟在热带水果等方面具有竞争优势,我国在苹果、梨、白菜、土豆等产品及加工方面具有优势,"早期收获"计划使双方在建立自由贸易区之初就获得效益。2004年11月29日,在老挝万象召开的第八次中国—东盟领导人会议上,双方成功签署了《货物贸易协议》和《争端解决机制协议》。2005年7月20日开始,中国与东盟开始全面实施货物贸易降税,涉及7000多种产品,中国—东盟自由贸易区进入实质降税阶段。

中国—东盟自由贸易区协议框架的签订推动了中国与东盟关系的进一步发展。2004年中国与东盟的进出口贸易额首次突破1000亿美元,2005年双边贸易额进一步提高到1303.7亿美元,同比增长了23.1%。除货物贸易领域的合作外,中国与东盟在直接投资、服务贸易、经济技术合作等领域也进行了积极的合作,并且取得了较为显著的成绩。

3. 整合资源　合力推动共同繁荣

中国和东盟各国都是亚洲的重要国家,双方需要以政治团结和经济合作为依托,奠定坚实的共同利益基础。中国与东盟的紧密经济合作是双方各自经济发展的现实要求,也是实现亚洲经济发展和本地区共同繁荣的未来方向。从区域经济一体化的进程来看,未来亚洲的区域经济一体化需要进行整合,并形成一个范围更大,实力更强的区域经济合作组织,而这一组织的重要组成部分就是中国—东盟自由贸易区。中国—东盟自贸区一旦建成,将成为亚洲最大的自贸区,也是世界上人口最多的自贸区和发展中国家之间最大的自贸区。双方可以在自贸区建设进程中加强自身力量和整合资源,增强各自经济的活力和实力,并共同提升本地区经济的吸引力和竞争力。

建立中国—东盟自贸区是中国和东盟10国领导人确定的战略,顺应了中国和东盟10国经贸合作发展的需要。自贸区建设的全面启动,将提升中国和东盟的经济合作关系,也将促进亚洲区域经济合作的进程,并对世界经济产生积极的影响。

因此,对于少数民族与民族地区的经济社会发展具有助推作用。

三、泛珠三角区域经济合作全面启动

中国内部的泛珠三角区域经济合作已经全面启动,泛珠三角经济区由广东、广西、海南、云南、贵州、四川、福建、江西、湖南以及香港、澳门组成,简称"9+2"区域合作格局。内地9省区的区域面积200.5万平方公里,占全国的20.9%;人口4.5亿,占全国的34.8%;生产总值38846.3亿元人民币,占全国的33.3%;加上香港和澳门两个特别行政区的特色经济和雄厚实力,泛珠三角在全国的地位十分突出。泛珠三角区域合作由广东省政府发起,得到周边省区和港澳特别行政区的积极响应,得到中央政府的积极支持和指导。合作将在优势互补、平等互利前提下开展,初步拟订了基础设施、产业与投资、商务与贸易、旅游、农业、劳务、科教文化、信息化建设、环境保护和卫生防疫等10个方面作为合作的主要领域。

泛珠三角区域合作启动后,国家采取多项措施力助泛珠三角的发展。这些措施包括:(1)重点支持泛珠三角区域加强口岸基础设施建设与管理,确保口岸安全畅通,加快跨省区大型基础设施项目建设,优化港口、公路和铁路物流交通网络,加强电力、能源及矿产原材料方面的统筹协调。(2)加快泛珠三角区域铁路建设,实现运输能力的快速扩充和技术装备水平的快速提高。泛珠三角铁路路网建设的重点包括:加快客运专线建设、发展珠三角城际客运系统。到2020年,将形成以广州为中心,客运专线和城际客运铁路为骨架,与相关客货混跑提速线路连接的泛珠三角区域快速客运网。(3)为泛珠三角地区安排了纵横交织、放射与环路相结合的22条路线,远景规模大约为3万公里。规划形成了以广州、香港为中心,呈扇形向内陆和沿海地区辐射的路线格局。这将为发挥珠三角经济核心优势、增强辐射能力,扩展香港国际航运中心腹地、巩固国际物流枢纽地位创造更加有利的条件。(4)国家规划的20个主枢纽港中有9个分布在泛珠三角地区,而泛珠三角地区内河航运能力也将在5到8年时间内提高三成以上。(5)全力推动泛珠三角的旅游合作与发展。(6)推动内地与港澳更紧密经贸关系安排项下的有关合作,尤其是服务贸易领域的合作,推动泛珠三角区域建立统

一、开放、高效的市场运行机制。这些措施的出台将有力地推动该区域的少数民族与民族地区的经济社会发展。

四、广西北部湾经济区开放开发正式上升为国家战略

1.发展基础

北部湾经济区地处华南经济圈、西南经济圈和东盟经济圈的结合部,是我国西部大开发地区唯一的沿海区域,也是我国与东盟国家既有海上通道、又有陆地接壤的区域,区位优势明显,战略地位突出。

北部湾经济区岸线、土地、淡水、海洋、农林、旅游等资源丰富,环境容量较大,生态系统优良,人口承载力较高,开发密度较低,发展潜力较大,是我国沿海地区规划布局新的现代化港口群、产业群和建设高质量宜居城市的重要区域。

改革开放特别是实施西部大开发战略以来,北部湾经济区经济社会发展取得显著成就,进入了历史上最好的发展时期。经济实力明显增强,经济总量占广西全区比重不断提高;基础设施建设取得重大进展,沿海港口吞吐能力超过 5000 万吨,集疏运条件逐步完善,西南出海大通道作用得到发挥;特色优势产业快速发展,一批国家重大项目已经建成或将开工建设;开放水平不断提高,与国内其他地区的经济合作日益深化,在面向东盟开放合作中的地位日益凸显;人民生活水平明显提高,生态建设和环境保护得到加强。

2.发展机遇

随着经济全球化深入发展,科技革命加速推进,全球和区域合作方兴未艾,求和平、谋发展、促合作已经成为不可阻挡的时代潮流;国家贯彻与邻为善、以邻为伴的周边外交方针,我国与东盟等周边国家的睦邻友好和务实合作将得到进一步加强。这些为北部湾经济区营造了和平稳定发展的周边国际环境。

国家深入实施西部大开发战略和推进兴边富民行动,鼓励东部产业和外资向中西部地区转移,重大项目布局将充分考虑支持中西部发展,加大力度扶持民族地区、边疆地区发展,支持西南地区经济协作、泛珠三角区域合

作以及国内其他区域合作,为北部湾经济区加快发展注入了新的活力和动力。

中国—东盟自由贸易区建设加快推进,中国—东盟博览会和商务与投资峰会、大湄公河次区域经济合作等一系列合作机制的建立和实施,深化了中国—东盟合作,为北部湾经济区发挥面向东盟合作前沿和桥头堡作用奠定了基础。

国家高度重视广西沿海地区发展,明确将北部湾经济区作为西部大开发和面向东盟开放合作的重点地区,提出新要求,赋予新使命。北部湾经济区加快发展的机遇已经来到,条件已经具备,时机已经成熟。

3. 制约因素

目前,北部湾经济区总体经济实力还不强,工业化、城镇化水平较低,现代大工业少,高技术产业薄弱,经济要素分散,缺乏大型骨干企业和中心城市带动;港口规模不大,竞争力不强,集疏运交通设施依然滞后,快速通达周边省特别是珠三角大市场以及东盟国家的陆路通道亟待完善,与经济腹地和国际市场联系不够紧密;现代市场体系不健全,民间资本不活跃,创业氛围不浓;近海地区生态保护及修复压力较大;社会事业发展滞后,人才开发、引进和储备不足等。

4. 战略意义

加快推进北部湾经济区开放开发,既关系到广西自身发展,也关系到国家整体发展,具有重要的战略意义。加快推进北部湾经济区开放开发,有利于推动广西经济社会全面进步,从整体上带动和提升民族地区发展水平,振兴民族经济,巩固民族团结,保障边疆稳定;有利于深入实施西部大开发战略,增强西南出海大通道功能,促进西南地区对外开放和经济发展,形成带动和支撑西部大开发的战略高地;有利于完善我国沿海沿边经济布局,使东中西部发展更加协调,联系更加紧密,为国家经济社会发展战略注入新的强大动力;有利于加快建设中国—东盟自由贸易区,深化中国与东盟面向繁荣与和平的战略伙伴关系。

五、广西、云南参与澜沧江—湄公河次区域合作(简称 GMS)

在亚洲开发银行主导下,中国与东盟的流域国家积极参与了澜沧江—湄公河次区域开发合作,在交通、旅游、农业、水电等领域的合作取得了积极进展,成为中国与东盟国家开展区域合作的重要形式。云南早在 1992 年就已经参与了合作,从而为广西参与跨国次区域经济合作,深化双方经济贸易关系提供了可供借鉴的合作模式和经验。2005 年,广西正式加入澜沧江—湄公河次区域合作,使广西和云南融入了该区域合作范畴,为广西、云南的开发合作又提供了难得的发展机遇。

六、中越"两廊一圈"跨国次区域合作进入实质性运作阶段

2004 年 5 月 20 日,越南总理潘文凯访华,提出中越两国合作建设"两廊一圈"的建议。同年 10 月 6 日至 7 日,中国总理温家宝访越,两国政府于 8 日发表联合公报,双方同意合作建设"两廊一圈"。"两廊一圈"是"南宁—河内—海防"和"昆明—河内—海防—广宁"经济走廊和环北部湾经济圈。经过了近两年的论证和磋商,中越"两廊一圈"已经进入了实际运作阶段,无疑将给广西和云南带来跨国合作发展的机遇。

第二节 少数民族与民族地区
经济社会发展可依托的优势

一、政策优势

政策优势往往体现为重大的发展机遇。拥有国家政策的重点倾斜和大力扶持,对于民族地区的发展来说,有着特殊的意义。民族地区同时享有国家对少数民族地区的优惠政策和西部大开发的政策,政策的叠加形成了民族地区发展的比较优势。民族地区可以灵活地运用国家的各项法律、政策,享受国家在财政、税收、金融、投资、人才等方面的一系列优惠和照顾,在文

化、教育、科技、卫生、生态环境等方面得到一般性财政转移支付、专项财政
转移支付、政策性转移支付以及其他多种方式的资金支持。

二、资源优势

资源是发展经济的前提。我国民族地区自然资源丰富,特色优势明显。
例如,西南民族地区的水能资源,西北民族地区的石油、天然气资源,内蒙、
宁夏、贵州等地的优质煤炭资源以及稀土、铜、铅、锌、镍、等矿产资源,可以
为经济发展提供有力的动力和原材料支持。同时,民族地区气候类型、物种
独特,农牧业经济发展潜力很大。此外,西部民族地区由于其独特的自然、
历史、民族文化等条件,旅游资源十分丰富,不仅有多姿多彩的自然景观,而
且还形成了不同风格特点的人文景观。

三、区位优势

我国的少数民族人口绝大多数都居住在祖国的边陲要塞地区,边境地
区的少数民族人口大约占全部少数民族人口的 50% 左右。民族地区在地
理位置上具有开展对外贸易的地缘优势。我国民族地区同十多个国家相
邻,有着与周边国家各民族交往的传统。其中,有 30 多个民族与境外同一
民族相邻而居,语言文字、风俗习惯相同,相互之间交往密切。沿边地区与
邻国大多有铁路、公路或水路相通。

四、后发优势

后发优势是指落后地区通过学习、模仿、借鉴和引进,以更低的成本获
得先进地区的经验、技术、资金,实现经济跨越式的快速发展,是落后地区经
济快速发展的捷径。此外,民族地区具有强烈的忧患意识和发展愿望。

第三节　少数民族与民族地区
经济社会发展面临的挑战

一、生态环境破坏严重

长期以来,由于自然的原因和人们不科学的生产和生活方式导致我国少数民族聚居地区生态环境恶化。森林、草场退化严重,水土流失加剧,土地荒漠化、沙化以致承载能力下降,水资源匮乏、湖泊消亡,环境污染严重,大气污染和水污染状况令人担忧,沙尘暴和泥石流等自然灾害频繁发生,造成的经济损失难以用货币计量。

二、收入水平偏低,生活贫困

制约民族地区发展最重要的因素还是民族地区的贫困问题。长期以来,由于自然、历史等诸多原因,少数民族与民族地区一直处于贫困落后状态。自20世纪80年代中期,国家实施大规模扶贫开发以来,各族干部群众自力更生、艰苦奋斗,取得了前所未有的成绩。但是,由于民族地区贫困面大,贫困程度深,截至2004年,尚未解决温饱的少数民族绝对贫困人口还有1322万,占全国2820万贫困人口的46.9%;低收入贫困人口还有3317万,占全国5825万的56.9%。民族地区的扶贫任务依然十分艰巨。

三、基础设施落后

这是制约民族地区加快发展的一个重要因素。前几年,国家实施积极的财政政策,较大幅度地增加了对民族地区基础设施建设的投资,相继建成了一批重点项目,在一定程度上缓解了基础设施落后对民族地区经济发展产生的"瓶颈"作用。但由于欠账较多,民族地区在水利、交通、通信等方面的基础设施建设仍需进一步加强。

四、产业结构不合理

主要表现在产业结构与资源优势不一致,资源优势难以发挥;产业结构重型化、高级化,设备先进化趋向明显,技术因素没有得到充分的重视;产品和产业结构初级化明显,管理观念和营销水平低,农牧业发展水平低,经济发展的后劲还不强等等比较突出。

五、人口文化素质较低

据第五次全国人口普查资料显示,民族地区文盲占 15 岁及以上人口比例达 12.07%,高于全国 9.08% 的水平,尤其是云南、宁夏等少数民族聚集区域更为突出。这与对少数民族生育照顾政策有很大关系。较高的人口自然增长率,加大了民族地区的人口压力和生态压力。加上基础教育薄弱,教育投入不足,办学条件较差,一些地区"普九"难度大,少数民族青壮年文盲比例较高,教育事业的发展不能满足经济建设的需求。

第二章 少数民族与民族地区经济社会发展的金融支持理论分析

　　理论是从实践中提炼出来并经受了实践检验的人的认识,理论对实践的作用体现在它对实践的指导性。有成熟适用的理论指导实践,可以减少盲目性,提高针对性。少数民与民族地区经济社会发展,同样需要成熟适用的理论指导。发展经济学理论通过对各种发展理论和战略、经济体制和可行性对策进行比较研究,研究不发达条件下经济发展的过程和规律。尽管发展经济学理论的研究对象主要是不发达国家,但其理论内核同样适用于一国中的不发达地区,因此,发展经济学理论对于研究少数民族与民族地区经济社会发展同样具有指导意义。区域经济学理论以地区经济协调发展为主要研究对象,对于少数民族与民族地区经济社会发展有着重要的现实意义。新制度经济学理论是一门用经济理论分析制度的构成和运行,并去发现这些制度在经济体系运行中的地位和作用的经济学分支。新制度经济学理论从人的实际出发来研究人,探讨的问题都是真实世界的问题,因此,对少数民族与民族地区经济社会有着更强的现实意义。此外,以戈德史密斯、麦金农等为代表人物的西方发展金融学,以发展中国家的金融发展研究为目标,其理论对发展中国家的落后地区的经济发展,有着同样重要的指导作用,也是少数民族与民族地区经济社会发展的金融支持不可缺少的理论依据。

第一节 发展经济学理论

一、发展经济学理论观点述评

发展经济学最初是作为经济学的一个分支在西方产生并形成的。第二次世界大战后,面对新兴民族独立国家希望迅速摆脱贫困落后的迫切愿望,传统的经济学理论无法解决发展中国家的经济问题。后来西方经济学家认识到当代不发达国家的经济和发达国家的经济现状和过去的经济历史都有着质的不同,因而对传统的经济学理论进行了修正,但是仍然继承了从古典到现代西方经济学各种流派有关经济发展的主要思想。因此,完整意义的发展经济学理论,应包含早期的西方经济学经济发展理论,代表性理论有亚当·斯密的经济发展理论和凯恩斯的经济发展理论。经济增长不等于经济发展,但它是经济发展的前提。因此,资本主义经济萧条后,在20世纪40年代开始形成的经济增长理论尽管基本上研究的是发达资本主义经济如何保持持续、稳定增长的问题,但增长同样是不发达国家面临的首要问题,因此,在指导不发达国家或地区发展经济问题上,经济增长理论和经济发展理论有着同样重要的作用。代表性经济增长理论有哈罗德—多马经济增长模型等。

狭义的发展经济学理论也可以说典型意义的发展经济学,主要指西方现代经济发展理论,代表性的理论有罗斯托的经济起飞理论和刘易斯的二元结构经济发展理论。基于本课题研究的需要,在对这些经济学家的理论进行评述的时候,更多的侧重于对资本与经济增长关系的评述。

1. 亚当·斯密关于资本—增长关系的分析

1776年,古典学派的代表人物亚当·斯密在其原著《国民财富的性质和原因的研究》(简称《国富论》)一书中分析了资本积累对一国财富增长的重要性。他认为,增加一国国民财富的方法之一是增加生产性劳动者的数量,而"要增加生产性劳动者的数目,必先增加资本,增加维持生产性劳动者的基金。要增加同数量受雇佣劳动者的生产力,惟有增加那些便利劳动、缩减劳动的机械和工具。或者把它们改良……,但无论怎样,都有增加资本的必要"①。斯密的这一观点逻辑地包含着这样的思想,即从一国来看,资本积累在国民收入中的比例状况,影响着该国国民财富的增长。不仅如此,斯密的《国富论》中还谈到了资本形成的另一重要方面,即资本的投向问题。他指出:"一切资本、虽都用以维持生产性的劳动,但等量资本所能维持的生产性劳动量,随用途的不同而极不相同,从而对一国土地和劳动的年产物的价值,亦极不相同。"②在这里,斯密已经认识到了不同经济部门的劳动生产力是不同的,从而使资本的不同投向产生的资本生产力不同,因而告诫人们,为更好地发挥资本的效能,增加国民财富,促进经济增长,必须注意资本的用途。

2. 马克思关于资本—增长关系的分析

马克思关于资本—增长关系的分析,集中体现在他的资本积累理论中。马克思的资本积累理论认为:资本主义生产的实质是扩大再生产,而扩大再生产必须以资本积累为前提,而资本积累的过程就是剩余价值资本化的过程。至于剩余价值如何转化为资本,又是如何推动经济增长的,马克思在其鸿篇巨著《资本论》作了详尽的分析,其基本观点可以归纳为:追加的剩余价值如果能够找到追加的劳动力,并在生产过程中实现结合,剩余价值的资本化,即资本积累就完成了。新资本与原资本一起共同再生产出更多新的剩余价值,新的更多的剩余价值再转化为新的更多的资本,如此循环往复,不断的资本积累就会形成一种螺旋式上升运动,在这个运动中,资本总量越滚越大,社会生产就会在不断扩大的规模上进行,于是,经济便不断增长。与此同时,马克思也同样关注资本的使用效率对经济增长的影响,他指出:"生产逐年扩大是由于两个原因:第一,由于投入生产的资本不断在增长;第二,由于资本使用的效率不断提高。"③在这里,马克思从资本的数量扩张

---

① 〔英〕亚当·斯密:《国富论》(上),郭大力、王亚南译,商务印书馆 1979 年版,第 315 页。
② 〔英〕亚当·斯密:《国富论》(上),郭大力、王亚南译,商务印书馆 1979 年版,第 329 页。
③ 《马克思恩格斯全集》第 26 卷,人民出版社 1973 年版,第 598 页。

和质量提高两方面论述了资本形成与经济增长的正向相关关系。

3. 凯恩斯关于资本—增长关系的分析

在凯恩斯的经济理论中,涉及经济增长问题的是他的宏观经济产出决定理论,凯恩斯在他的《就业、利息和货币通论》中指出,一国经济成功与否的主要衡量指标是它的国民产出水平及其增长,而后者是由一国的总需求决定的。由于总需求 = 消费 + 投资,而"消费倾向是一个相当稳定的函数"[①],因此,"就业量只能伴随投资量的增加而增加"[②]。不仅如此,凯恩斯还在边际消费倾向的基础上,建立了他的投资乘数模型,用以说明投资的变动对国民总产出和总就业的倍数效应。他认为,一个经济单位的一笔初始的投资支出,会成为另一个经济单位的收入,在边际消费倾向一定的情况下,经济单位的收入增加会使支出的绝对量或多或少地增加,这部分增加的支出又成为下一轮收入的增加,如此一轮又一轮地推减下去,就会形成一条无穷的数值不断减少的再支出链条,各轮支出的加总,便是初始支出导致的支出总增加量。因此,投资具有这样一种效应,即投资变动能引起国民支出更大的变动。正是基于这样的理论观点,凯恩斯提出了他的以扩张投资为核心的政策建议,主张在萧条时期通过扩大政府支出,增加投资需求,拉动经济增长。

4. 哈罗德—多马经济增长模型关于资本—增长关系的分析

著名的哈罗德—多马模型,被认为是现代经济增长理论的开端。从 20 世纪 30 年代,哈罗德和多马首先建立起研究经济增长的数学模型开始,经济增长理论经历了数次变革。

今天我们在分析金融与经济增长的关系时,仍然可以以此模型为基础来揭示金融发展对经济增长的作用,从而为以后衡量少数民族与民族地区区域金融对少数民族与民族地区区域经济增长的支持打下理论基础。所有

---

① [英]约翰·梅纳德·凯恩斯:《就业、利息和货币通论》,高鸿业译,商务印书馆 1999 年版,第 101 页。

② [英]约翰·梅纳德·凯恩斯:《就业、利息和货币通论》,高鸿业译,商务印书馆 1999 年版,第 103 页。

经济增长模型的基石,均来源于宏观经济平衡的概念,当投资超过资本的折旧从而导致新一期更大规模的循环时,经济增长为正,经济就会扩张。否则经济就会停滞,甚至收缩。所以,储蓄和投资规模是经济增长率的重要决定因素。这里我们沿用经济学的一些标准概念:t 表示时间,Y 代表总产出,C 代表总消费,S 代表总储蓄。则预算平衡有下面的方程:

$$Y(t) = C(t) + S(t) \tag{2.1}$$

上式对所有时刻 t 成立。用文字表述为:国家的收入被消费和储蓄所瓜分。另一方面生产产出的价值(也等于)必须与用来消费的物品再加上用作投资的量相匹配。即:

$$Y(t) = C(t) + I(t) \tag{2.2}$$

其中,I 代表投资。方程(2.1)和(2.2)是由著名的宏观经济平衡方程:

$$S(t) = I(t) \tag{2.3}$$

或"储蓄等于投资"推导得来。投资使国家的资本储备 K 增长,同时又有一部分资本储备由于折旧被消耗掉。设资本储备的折旧率为 δ,所以有下式:

$$K(t+1) = (1-\delta)K(t) + I(t) \tag{2.4}$$

上式告诉我们资本储备是如何随时间变化的。下面我们定义两个概念:储蓄率和资本产出率。储蓄率只是总储蓄额除以总收入额:$S(t)/Y(t)$,以 s 表示。资本产出率表示单位产出所需要的资本量,即 $K(t)/Y(t)$,以 θ 表示。

联立方程(2.3)和(2.4)得:

$$K(t+1) = (1-\delta)K(t) + S(t)$$

这里如果储蓄对收入的因子 s 是常数,那么 $S(t) = sY(t)$ 对所有时期 t 都成立。

如果资本产出率为 θ,那么 $K(t) = \theta Y(t)$ 对所有时期 t 都成立。将此式

代入前面的表达式中得

$$\theta Y(t+1) = (1-\delta)\theta Y(t) + sY(t) \qquad (2.5)$$

所以

$$\frac{Y(t+1) - Y(t)}{Y(t)} = \frac{s}{\theta} - \delta \qquad (2.6)$$

方程的左边正是经济增长率 g，于是得出：$s/\theta = g + \delta$

5. 罗斯托的经济起飞理论对资本—增长关系的分析

罗斯托的经济起飞理论以不发达国家为考察对象，以经济落后为分析起点，侧重研究不发达国家如何摆脱经济落后，实现经济起飞，从而进入初始的经济发展阶段。

罗斯托的"起飞"概念，是指在工业化初期的较短时间内实现基本的经济和生产方法上的剧烈转变，它不是一个渐进的过程。"起飞"就是突破不发达经济的停滞状态，摆脱纳克斯所说的"恶性贫困循环"困境。罗斯托认为，一个国家最重要的阶段就是起飞阶段，经济发展过程中最困难的也是"起飞"，一个国家一旦超越了传统社会，实现了"起飞"，经济就可以持续增长了。

罗斯托认为大多数发展中国家经济发展的主要障碍是资本形成问题，因此他首先强调的是资本积累要达到一定的程度。罗斯托提出"起飞"的第一个条件也是重要的条件就是资本积累要达到10%以上。10%这一数值是罗斯托在对人口年增长率、资本产出比率作出合理假设的基础上，利用哈罗德—多马公式论证得出的。

罗斯托还特别强调："增长必须以利润不断重新投资为条件"。因为"起飞"的基本条件就是创造一种机制，以便使剩余习惯地进入生产投资的渠道，而不被消费掉。

6. 刘易斯的二元结构经济发展理论对资本—增长关系的分析

1953 年，美国经济学家罗格纳·纳克斯在《不发达国家的资本形成》一书中，系统地研究了发展中国家的资本形成问题。该理论认为，不发达国家中普遍存在着资本供给不足和资本需求不足的约束。在纳克斯看来,资本形成不足是不发达国家的经济发展的主要障碍和约束,如何促进资本形成将是不发达国家经济发展的核心问题。

美国经济学家阿瑟·刘易斯认为,在发展中国家的国民经济中,存在着两个性质不同的部门,一个是以现代方法进行生产的工业部门,另一个是以传统生产方式为基础的农业部门。其经济发展过程就是农业部门剩余劳动力源源不断向工业部门转移的过程,而这个过程要实现,必须保证现代工业部门能够不断实现自我扩张,为此,现代工业部门必须能够不断地获得追加的资本投入。刘易斯实际上把经济发展过程看成是一个持续不断的资本形成过程,他认为:"经济发展的中心问题,就是要理解一个由原先的储蓄和投资还不到国民收入的4%或5%的社会变成为一个自愿储蓄增加到国民收入12%~15%以上的经济过程。"①此外,刘易斯在劳动和资本对经济增长的贡献时也进一步强调了资本形成的重要性,他认为,"辛勤劳动与资本形成是经济增长的一个绝妙的公式,没有辛勤劳动的资本形成也会产生巨大的增长,而没有资本形成的劳动对发展做出的贡献则微不足道。"②

二、发展经济学理论的启示

尽管发展经济学理论各流派的观点不尽相同,甚至在有些问题上还相互对立,但在资本与经济发展的关系上,本质上是一致的,都认为资本是影响一国经济发展的主要因素,资本及资本形成与经济增长具有密切的相关性。因此,一国或地区经济要发展,必须重视资本积累。这是发展经济学理论给我们的重要启示。

发展经济学理论给我们的第二点启示是,资本对发展中国家来说尤其重要,甚至可以说是决定性的因素。原因是资本对于经济增长的重要性因经济发展阶段而异。在经济发展的早期阶段,由于经济处于非充分就业状

---

① [美]阿瑟·刘易斯:《劳动力无限供给条件下的经济发展》,载《现代国际经济学论文选》第八集,商务印书馆1984年版。
② [美]阿瑟·刘易斯:《经济增长理论》,梁小民译,上海三联书店1990年版,第45页。

态,劳动力、土地等基本生产要素充裕而廉价,经济增长主要依靠这些廉价的资源要素的持续投入来推动。当经济发展到工业化阶段,特别是在重化工业阶段,工业生产高度依赖于资本,投资是经济增长的主要支持力量。而随着经济的进一步演进,产业结构不断升级,一国的产业结构从工业社会演化到后工业社会时,经济增长对自然资源、劳动力、资本等基本生产要素的依存度会逐渐减弱,而转向倚重于各种知识型资源。

少数民族与民族地区还处在工业化的起步阶段,为加快城镇化、工业化的步伐,按照科学发展观的要求,少数民族与民族地区提出走新型工业化之路。工业化的发展,离不开强有力的金融支持。少数民族与民族地区对资本的依存度非常高,因此,金融支持问题成为少数民族与民族地区经济社会发展的关键。如何拓展少数民族与民族地区经济社会发展的资金源头、疏通金融支持渠道,是少数民族与民族地区经济济社会协调发展的关键。

第二节 区域经济学理论

一、区域经济学理论述评

区域经济学理论,是在研究解决区域经济发展过程中不断出现的问题而发展起来的理论。区域经济学理论研究的区域,一般不局限于地理区域或行政区域,而是具有某种经济特征和经济发展任务的经济区域。

区域经济学家们在长期研究区域经济发展问题的过程中,提出了许多有影响的理论,如缪尔达尔的累积因果论、纳克斯的贫困恶性循环论、赫希曼的核心区边缘区理论、佩鲁的增长极理论、埃斯达尔等人的梯度转移理论等。

区域经济学理论涉及的范围十分宽泛,既包括区域结构和区域经济组织,也包括区域经济发展要素和环境,还包括区域经济金融政策和区际分工。不同的研究者在研究内容上有着不同的侧重,但区域经济发展过程中的资金问题一直是区域经济学家们共同关注和研究的课题。缪尔达尔提出,政府采取措施,增加欠发达地区的资金供给,是打破"累积循环"的关键;纳克斯认为,资本稀缺是阻碍欠发达地区经济增长和发展的关键,全面的、大规模的投资,是欠发达地区摆脱贫困恶性循环的钥匙;佩鲁强调"增长极"的金融中心功能,认为要实现整个欠发达地区的发展,政府当务之急是采取特殊的政策建立一个经济金融中心,并利用它作为"增长极",来带动周边地区经济的快速发展;梯度转移理论强调资金在促进欠发达地区从低梯度向高梯度转移中的作用。区域经济理论有关资金问题的阐述,对于少数民族与民族地区经济社会发展的金融支持问题的研究有重要的借鉴意义。

1. 缪尔达尔的累积因果论

累积因果论是瑞典经济学家缪尔达尔针对区域经济发展中出现的两极分化现象提出的著名理论。该理论认为,一个国家的发达地区相对欠发达地区来说,存在累积竞争优势,即在市场机制的作用下,发达地区会在发展过程中不断积累有利因素,并进一步遏制欠发达地区的经济发展,从而使欠发达地区不利于经济发展的因素累积越来越多。

累积因果论的核心内容是"循环累积模型"。该模型认为,发达地区由于劳动力素质高、市场机制发育成熟、经济法制健全,要素生产率要普遍高于欠发达地区,从而对资本积累要素构成很强的吸引力,这种吸引力不仅使得发达地区自身的大部分资本仍留在发达地区进行再投资,而且使得欠发达地区的资本、劳动力、技术等要素也会大量地流向发达地区。

缪尔达尔认为,在发达地区和欠发达地区之间,存在着两种效应,一是"回流效应",二是"扩散效应"。所谓"回流效应",是指在市场作用下,欠发达地区的资本等要素向发达地区流动的现象;所谓"扩散效应",是指"回流效应"发展到一定阶段后,发达地区的资源要素价格会逐渐变得昂贵,生产成本会上升,并使得发达地区的部分资本开始流向周边欠发达地区的现象。缪尔达尔经过分析推断,在相当长的一段时期内"回流效应"要大于"扩散效应"。据此认为,地区经济发展不平等、不平衡的趋势是市场自身所无法逆转的,要缩小地区经济发展的不平衡,必须借助政府干预,即采取不平衡发展战略来解决。政策的重点在于增加不发达地区的资金供给,具体措施有两类,一类是增加政府在欠发达地区的直接投资,另一类是对欠发达地区实施优惠政策,以增大对欠发达地区资金吸引力。

2. 纳克斯的贫困恶性循环论

贫困恶性循环理论是美国经济学家纳克斯在《不发达国家的资本形成问题》一书中提出的。该理论认为,发展中国家或一个国家的不发达地区之所以落后,是因为它们存在着资本的供给和需求两个恶性循环。从供给角度看,低收入意味着低储蓄能力,低储蓄能力又造成低收入,这样就构成了供给方面的贫困恶性循环;从需求角度看,低收入意味着低购买力,低购买力又引起投资需求不足,投资需求不足使生产率难以提高,低生产率最终造成低收入,从而构成需求方面的恶性循环。两个恶性循环相互制约、相互加强,任何一个循环都无法自行突破,形成良性循环。如果要打破供给方面的贫困恶性循环,必须要增加储蓄以增加投资,但在居民收入不变的前提下,储蓄的增加势必引起消费的减少,而消费的减少又会导致产品的有效需求不足,从而会降低投资意向,最终会进一步强化需求方面的贫困恶性循环;反过来,要打破需求方面的贫困恶性循环,就要促进消费,提高社会购买力,以便增加厂商的投资意愿,消费的增加势必会减少储蓄,最终的结果是,即使厂商的投资意向增强,也会因储蓄减少而难以扩大投资,供给方面贫困恶性循环的加剧制约了需求方面"贫困恶性循环"的打破。

贫困恶性循环的根源在于资本短缺。纳克斯主张,要想让欠发达地区摆脱贫困恶性循环,政府必须加大对欠发达地区的投资,通过外力打破欠发达地区的资本供给和需求两个恶性循环,以改变欠发达地区的经济落后局面。

3. 核心区与边缘区理论

核心区与边缘区理论最早是由美国经济学家赫希曼在《经济发展战略》一书中提出来的,后来经美国区域规划学者弗里德曼进一步发展。该理论认为,由于历史、文化、地域等多种因素的影响,一个国家的各个区域间的经济发展通常是不均衡的,赫希曼把经济发展水平较高的地区称为核心区,与核心区相对应,周边的落后地区成为边缘区。核心区和边缘区之间存在两种不同方向的效应,分别是"极化效应"(Polarized effect)和"淋下效应"(Trickling－dark effect)。"极化效应"是核心区凭借自己已经在经济发展中的支配地位,吸引各种要素和资源,导致核心区在发展中进一步领先,而边缘区进一步落后的现象。"淋下效应"是指核心区在经济发展过程中,通过购买边缘区的原材料、燃料和向边缘区输出资本和技术,带动边缘区经济发展的现象。由于"极化效应"往往大于"淋下效应",因此,单纯市场的力量只能加剧地区间的不平衡。

赫希曼的核心区与边缘区理论,以及对核心区和边缘区成因所作的"极化效应"和"淋下效应"的解释,与缪尔达尔的"累积因果论"以及对此做出的"回流效应"与"扩散效应"的解释在本质上是基本一致的。与缪尔达尔一样,在地区均衡发展方面,赫希曼同样主张政府干预。他认为,在资源有限的情况下,政府要在边缘区选择经济活动中具有最大的"前向联系"和"后向联系"的产业作为主导产业部门,直接投资或引导投资集中到这些部门;同时为减少"极化效应"的负面影响,政府必须在适当的时候采取相应的措施,强化"淋下效应",以抵消"极化效应",实现欠发达地区的快速增长。

4. 增长极理论

增长极理论最早是由法国经济学家弗朗索瓦·佩鲁(Francois Perroux)于1955年提出的,后来经英美等国的一些经济学家补充、发展、完善而成的指导区域开发与布局的经济发展战略理论。佩鲁认为:受力场的经济空间中存在着若干中心(或极)产生类似"磁极"作用的各种离心力和向心力,每一个中心的吸引力和排斥力都产生相互交汇的一定范围的"场"。经济空间并不是平衡的,而是存在于极化过程之中。因此,佩鲁提出:增长并非同时出现在所有地方,它以不同的强度首先出现于一些增长点或增长极上,然后通过不同的渠道向外扩散,并对整个经济产生不同的终极影响。增长极理论的核心思想是:某些主导部门或有创新能力的企业或行业集中于特定的地区或大城市,形成一种资本与技术高度集中、具有规模经济效益、自身增长迅速,并能对邻近地区产生强大辐射作用的"增长极"。"增长极"通过其吸引力和扩散力作用不断地增大自身规模,对所在部门和地域产生支配性影响,从而不仅使所在部门和地域获得优先增长,而且带动其他部门和地域的迅速发展。在区域经济的空间开发过程中,发展极具有两种效应,即极化效应和扩散效应。

极化效应是区域增长极形成的首要标志,具体表现在四个方面:一是技术的创新与扩散。发展极的大企业不断进行创新,推出新技术、新工艺、新产品,并把这些创新扩散到其他地区,同时还能吸收其他地区新技术和人才,以加速本地区发展。二是资本的集中与输出。发展极吸引、集中大量的资本进行大规模投资,同时也可以向其他地区和部门输出大量资本,满足自己发展需要,支持这些部门和地区的发展。三是产业规模效益。创新企业不仅能够产生内在经济效益,而且由于大量企业集中在发展极,将促使一些共同使用的道路、通信、货币、金融、信息、人才等服务性企业建立,这会大大降低社会成本,产生外在经济效益。四是形成"凝聚经济效果"。人口、资本、生产、技术、贸易等高度集聚产生城市化趋向或形成"经济区域",而这些大城市或经济区域往往又是生产、贸易、金融、信息、交通运输中心,它们可以产生中心城市的作用并形成经济、技术"网络"从而起到吸引或扩散作用,表现为乘数效应又强化增长极的极化效应。

扩散效应是指发展极通过其企业、人口、资金、技术、人才、产品、信息等各种要素,向外围地区扩散并传导其经济动力与创新成果,带动其周围地区经济增长的过程。增长极的扩散效应原因有三:一是增长极自身的发展,客观上要求周围广大地区供应能源、原材料、初级加工品,以及提供各种所需要的生产性或生活性服务,这就必然要向周边地区适当转移生产要素与传导增长动力,从而促使区域生产商品化及产业布局的发展。二是因为增长极规模经济的限制以及增长极产业结构更替与演进的需要,要求向区域内广大地区扩散产业层次和技术层次相对较低的企业与产品。三是增长极周边地区有为推动本地经济增长而接受扩散的内在要求,主动接受扩散,积极争取扩散,扩散成了周边地区发展经济的一种绝好机遇。增长极扩散效应的作用结果,是较大范围地带动区域经济的增长和发展。

增长极的极化效应和扩散效应是相辅相成的。极化效应主要表现为生产要素向发展极的聚集,扩散效应则主要为发展极的生产要素向外围转移,二者都是带动区域经济增长的不同形式。但在区域经济发展的不同阶段,这两种效应的强度是不同的。一般说来,在增长极形成并发挥作用的初期阶段,产业主要集中布局在增长极,增长极的极化效应是主要的;当增长极到一定程度和一定规模时,产业布局及有关企业开始扩散,增长极的极化效应减弱,扩散效应增强;再进一步发展,扩散效应逐渐占据主要地位,从而带动整个区域经济增长。佩鲁认为,如果一个不发达国家或地区缺少增长极,那么,政府当务之急便应该是着手创建增长极。

增长极的形成至少需要具备三个条件:一是产业群的形成。推进型产业率先发展;创新型产业迅速扩张;推进型和创新型的二者空间集聚。二是有创新能力的企业和企业家群体是增长极形成的重要条件。企业家是经济增长的主体动力,由此形成的"增长企业"可造就一种"增长中心"。三是具有规模经济效益和适当的周边环境。"点轴开发"论是增长极开发的延伸。从区域经济成长的过程看,产业,特别是工业先集中于少数点,即增长极,这就是点轴开发中的点。经过点状增长极开发,工业点逐渐增多,由于经济联系的加强,点与点之间必然会建立和形成各种形式的交通通信及其他联系的线路,这些线路就是点轴开发中的轴或轴线。这种点与轴线首先是为产业点的服务而产生的,但它一经形成,对人口、产业和经济活动就具有极大的吸引力,吸引着人口、产业和经济活动向轴线两侧集聚,并进而产生新的点。点轴贯通,就成为一种点轴系统。点轴开发与增长极开发是有区别的。增长极开发是区域经济中一个或若干个增长区位,增长中心的开发,即点的开发,而点轴开发是增长极开发基础上的一种地带开发,在空间结构上是点线面的结合,对于区域经济增长和布局展开的推动作用要大于单纯的点状开发。网络开发是点轴开发的延伸,是区域经济的现代空间结构。在一个现代化的区域经济中,空间结构由三个基本要素构成。一是节点,即增长极的各中心城镇;二是域面,即沿轴线两侧"节点"吸引的范围;三是网络,由商品、资金、技术、信息、劳动力等生产要素的流动交通、通信网组成。增长极开发、点轴开发以集中为特征,网络开发则以均衡分散为特征。网络开发是区域经济开发的一种更完备、更高级的经济开发模式,是区域经济开发逐渐走向成熟和完善的标志。佩鲁认为,在一个缺少增长极的欠发达地区,政府的当务之急是采取特殊政策建立一个增长极,并利用它来带动周边地区经济的快速发展,从而实现整个欠发达地区的发展。

5.梯度转移理论

梯度转移理论认为,不同国家或地区存在着产业梯度和经济梯度,经济技术发展的不平衡是一种客观存在:存在梯度地区技术经济势差,就存在着技术经济转移的动力,就会形成生产力的空间转移。经济的发展趋势是由发达地区向欠发达地区,再向落后地区推进,处于高梯度地区的产业会自发地向处于低梯度的地区转移。利用生产力的梯度转移规律,要从梯度的实际情况出发,首先让有条件的高梯度地区引进和掌握先进技术,当该地区的经济迅速发展一段时间后,区内各项资源会趋于紧张,要素成本上升,区内工业及产业就有向二级梯度甚至三级梯度地区转移的要求,而产业结构的升级或经济环境的可持续发展又使这种转移成为现实。这样,就使得高梯度地区本身的产业结构进入一个更高的层次,而二、三级梯度地区的经济发展则基本上带有重复高梯度地区产业结构的特性。当二、三级梯度地区的经济增长到一定阶段后,又会把它的发展模式推向更不发达地区。这种像波浪一样的动态过程推动着一个区域的经济发展,使地区间产业结构呈现不同的层次性。随着经济的发展,转移的速度加快,可以逐步缩小地区间差距,实现经济分布的相对均衡,从而实现国民经济的平衡发展。

二、区域经济学理论的启示

(一)少数民族与民族地区经济社会发展的关键是资金

无论是缪尔达尔的累积因果论、纳克斯的贫困恶性循环论,还是核心区与边缘区理论、增长极理论、梯度转移理论,都强调资本在地区经济发展中的作用。

缪尔达尔认为,发达地区累积发达和欠发达地区累积落后的关键在于资本从不发达地区向发达地区的流动;纳克斯认为,发展中国家或一个国家的不发达地区之所以落后,是因为它们存在着资本的供给和需求两个恶性循环,而贫困恶性循环的根源在于资本稀缺;赫希曼的核心区与边缘区理论与缪尔达尔的累积因果论本质上是一脉相承的,认为由于"极化效应"往往大于"淋下效应",核心区与边缘区之间的经济联系更多地体现为资本等要素从边缘区向核心区集中,从而导致核心区发展进一步领先,而边缘区进一步落后;增长极理论强调增长极的金融中心功能,认为增长极之所以能对区域经济发展起推动作用,其对资本的积聚和扩散作用是关键;梯度转移理论也同样认为资本是一个从低梯度地区向高梯度地区推移的核心因素。可见,要实现少数民族与民族地区经济社会协调发展、和谐发展,关键是要解决资金的渠道问题。

(二)少数民族与民族地区经济社会发展的金融支持问题解决需要政府的介入

区域经济学理论强调资本在地区经济发展中重要作用的同时,也强调政府必须介入资金问题的解决。

缪尔达尔认为,地区经济发展不平等不平衡的趋势是市场自身所无法逆转的,要缩小地区经济发展的不平衡,必须借助政府干预,即采取不平衡发展战略来解决。纳克斯主张,要想让欠发达地区摆脱贫困恶性循环,政府必须加大对欠发达地区的投资,通过外力打破欠发达地区的资本供给和需求两个恶性循环,以改变欠发达地区的经济落后局面。在地区均衡发展方面,赫希曼同样主张政府干预,他认为,在资源有限的情况下,政府在边缘区选择经济活动中具有最大的"前向联系"和"后向联系"的产业作为主导产业部门,直接投资或引导投资集中到这些部门。增长极理论的代表人物佩鲁认为,在一个缺少"增长极"的欠发达地区,政府的当务之急是采取特殊的政策建立一个"增长极",并利用它来辐射与带动周边地区经济的快速发展,从而实现整个欠发达地区的发展。

区域经济学理论的这些观点给我们以重要的启示,那就是资金问题的解决需要政府的介入。在动员储蓄、配置资本作用的基础上,政府通过制定有效的区域金融政策,促成一个合理融资体制的建立,以此来提高资本的积累效率和配置效率,加速资本从低效率部门转移到高效率部门,提高资本的边际产出,并带动劳动力和资源的转移,实现经济结构的转换与升级,推动欠发达地区经济持续快速增长。

第三节　新制度经济学理论

一、新制度经济学理论述评

新制度经济学就是用经济学的方法研究制度经济学,其代表人物是科斯、诺斯等。把制度作为经济学的研究对象是新制度经济学对正统经济理论的一场革命,经济理论的三大传统柱石是天赋要素、技术和偏好。而新制度经济学强调了制度的重要性,认为制度是经济理论的第四大柱石。

新制度经济学的基本框架包括:交易费用范式、产权分析、制度的构成与制度的功能、制度变迁与制度创新以及制度与经济发展的关系等。[1]

(一)交易费用范式

交易费用的思想最早来自科斯,主要指交易发生之前的工作的代价,后经阿罗、威廉姆森等人的发展,交易费用概念扩展到包括度量、界定和保证产权的费用;发现交易对象和交易价格的费用;用于讨价还价的费用;订立交易合约的费用;执行交易的费用;监督违约行为并对之制裁的费用;维护交易秩序的费用等。

关于交易费用存在的原因,威廉姆森认为,交易费用的存在取决于三个因素:受到限制的理性思考、机会主义以及资产专用性。

关于交易费用的度量,张五常认为,交易费用通常很难度量,但可以在不同国家建立一个协同分析的框架,对不同制度下交易费用做出比较。在

---

[1]　卢现祥:《新制度经济学》,武汉大学出版社2004年版。

不同的制度下,交易费用的差异是巨大的,越有效的制度,单个交易的费用越低;一个国家或地区经济越落后,其单个交易费用越高。

交易费用理论将交易费用导入理论分析框架中,其基本论点有:市场和企业是相互替代而不是相同的交易机制,因而企业可以取代市场实现交易,企业取代市场实现交易有可能减少交易费用,因此市场交易费用的存在决定了企业的存在;企业在"内化"市场交易的同时产生了额外的管理费用,当管理费用的增加与交易费用节省的数量相等时,企业的边界趋于平衡;现代交易费用理论还认为交易费用的存在及企业节省交易费用的努力是资本主义企业结构演变的唯一推动力。

(二)产权分析

产权是指由物的存在及关于它们的使用所引起的人们相互认可的行为关系,产权的形式主要有公有制和私有制两种形式,产权的主要功能是提供激励来引导人们将外部性较大地内在化。

在新制度经济学看来,一种产权结构是否有效率,主要看它能否为在它支配下的人们提供将外部性较大地内在化的激励。德姆塞茨认为,当内在化的所得大于内在化成本时,产权的发展是为了使外部性内在化。在共有产权下,由于共同体的每一成员都有权平均分享共同体所具有的权利,如果对他使用共有权利的监察和谈判成本不为零,则他在最大化地追求个人价值时,由此所产生的成本就可能有部分让共同体内其他成员来承担。且一个共有权利的所有者也无法排除其他人来分享他努力的果实,所有成员要达成一个最优行动谈判成本也可能非常之高,因此,共有产权导致了很大的外部性。以国有产权为例,由于权利由国家所选择的代理人来行使,作为权利的行使者,他对资源的使用与转让以及最后成果的分配都不具有充分的权力,使得他对经济绩效的激励减低,而国家要对这些代理者进行充分监察的费用比较高,再加上行使国家权利的实体往往为了追求其政治利益而偏离利润最大化动机,因而它在选择代理人时也具有从政治利益角度而非经济利益考虑的倾向,所以国有产权下的外部性是极大的。而在私有产权下,私产所有者在做出一项行动决策时,会考虑未来的成本和收益,并选择他认为能使他的私有产权现期价值最大化的方式来做出使用资源的安排,而且他为获取收益所产生的成本也只能由他个人来承担。因此,在共有产权下的许多外部性就在私有产权下被内在化了,从而产生更有效地利用资源的激励。

(三)制度的构成与制度的功能

诺斯认为,制度是社会的游戏规则,是为决定人们的相互关系而人为设定的一些制约,它构成了人们在政治、社会或经济方面发生交换的激励结构。制度的构成包括社会认可的非正式约束、国家规定的正式约束和实施机制三部分。

非正式制度是指人们在长期的社会生活中逐步形成的习惯习俗、伦理道德、文化传统、价值观念及意识形态等对人们行为产生非正式约束的规则,是那些对人的行为的不成文的限制,是与法律等正式制度相对的概念。诺斯把非正式制度分成三类:(1)对正式制度的扩展、丰富和修改;(2)社会所认可的行为准则;(3)自我实施的行为标准。

正式制度是人们有意识建立起来的并以正式方式加以确定的各种制度安排,包括政治规则、经济规则和契约,以及由这一系列的规则构成的一种等级结构,从宪法到成文法和不成文法,到特殊的细则,最后到个别契约等,它们共同约束着人们的行为。

制度构成的第三个组成部分是实施机制。一个制度,不管它是正式的还是非正式的,在其形成之后都面临实施的问题。人们判断一个国家的制度是否有效,除了看这个国家的正式制度与非正式制度是否完善以外,更主要的是看这个国家制度的实施机制是否健全。离开了实施机制,任何制度尤其是正式制度就形同虚设。

制度的功能,概括来说有六个方面。一是制度能降低交易费用。二是制度为实现合作创造条件。三是制度可以提高人们关于行动的信息。四是制度为个人选择提供激励系统。五是制度约束主体的机会主义行为。六是制度具有减少外部性的功能。

（四）制度变迁与制度创新

制度对人类社会的发展起着决定性的作用，但由于制度本身存在着缺陷或不足，制度变迁才会产生，才有制度创新的必要。在现实社会发展中，制度总是借助不断的创新来拓展自身的绩效范围。制度创新的原动力在于：作为国家和社会主体的个人、社团和政府都企图在这一过程中减少实施成本和摩擦成本，从宏观上谋取经济、政治和社会的最大收益，从微观上对不同主体的行动空间及其权利、义务和具体责任进行界定，有效约束主体行为，缓解社会利益冲突。

制度创新主体包括三种：个人、个人之间自愿组成的合作主体和政府机构。具体由哪个层次担当创新主体，取决于哪个层次预期的制度创新收益大于预期成本。在三者都可选择的条件下，一般而言，政府的制度创新更具有优越性。

制度变迁是指制度的替代、转换与交易过程，它的实质是一种效率更高的制度代替另一种制度。制度变迁的原因在于制度的稳定性、环境变动性和不确定性以及人对利益极大化的追求三者之间持久的冲突。从制度变迁的主体来考察，制度变迁分为需求诱致性制度变迁和强制性制度变迁。需求诱致性制度变迁是来自于地方政府和微观主体对潜在利润的追求，改革主体来自于基层，程序为自上而下，具有边际革命和增量调整性质；强制性制度变迁是国家在追求租金最大化和产出最大化目标下，通过政策法令实施的，它是以政府为制度变迁的主体，程序是自上而下的激进性质的存量革命。诱致性制度变迁与强制性制度变迁是相互补充的，当诱致性制度变迁满足不了社会对制度的需求的时候，由国家实施的强制性制度变迁可以弥补制度供给的不足。

（五）制度与经济发展

制度与经济发展的关系是新制度经济学所关注的重要问题之一。新制度经济学的产生和发展在制度与经济发展之间建立了内在的联系。有效率的制度促进经济增长和发展；反之，无效率的制度抑制甚至阻碍经济增长和发展。

和传统的经济增长理论忽视制度因素和视制度为外生变量不同的是，新制度经济学视制度为经济领域的一个内生变量，分析了制度在长期经济增长中的重要性。

新制度经济学研究认为，制度是经济增长的决定因素。科斯证明了由于交易费用的存在，制度安排与资源配置及经济表现是相关的，认为解决市场失败的关键在于制度安排。在运用科斯的交易费用和产权分析方法的基础上，诺斯对制度的重要性进行深入的研究。首先，诺斯通过实证研究发现，在投入要素没有增加的情况下，通过制度创新也能产生经济增长。其次，诺斯认为有效率的经济组织是增长的关键因素。诺斯指出，"西方世界的兴起原因就在于发展一种有效率的经济组织。有效率的经济组织建立制度化的设施，并确立财产所有权，把个人的经济努力不断引向一种社会性的活动，使个人的收益率不断接近社会收益率。"[①]因此，有效率的制度安排是经济增长的关键。

二、新制度经济学理论的启示

新制度经济学的分析表明，国与国之间、地区与地区之间的竞争在很大程度上讲是制度的竞争。在经济活动中，资金、设备短缺可由劳动力替代，劳动力短缺可用机器设备替代，只要市场充分发育或健全，这些问题并不难解决。但是，制度具有"资产专用性"，制度短缺不能由其他要素来替代。一种体制比另一种体制效率高的原因就在于制度的不同。同样的生产要素在不同国家不同地区效益的差异实质上也就是一种制度的差异。因此，要实现少数民族与民族地区的经济社会协调发展，制度是关键，而保证制度发挥作用的条件是关键的关键。

---

① ［美］道格拉斯·诺斯、罗伯特·托马斯：《西方世界的兴起》，中文版，华夏出版社1999年版。

（一）少数民族与民族地区经济社会发展的金融支持需要政府的制度供给

要解决少数民族与民族地区经济社会发展面临的资金问题,制度供给是必不可少的。制度供给包括多个方面,其中最核心的是作用于解决资金问题的制度供给。此外,并不是所有的制度供给都有利于少数民族与民族地区的经济社会发展,只有定位于推动少数民族与民族地区经济社会结构调整和基础设施建设的经济金融政策,才是适当的、合理的。国外开发落后地区的经验和我国开发沿海地区的经验可以借鉴,但不能照搬,只有结合少数民族与民族地区的特有的约束条件,才能充分发挥作用。

（二）少数民族与民族地区经济社会发展的金融支持需要观念更新

新制度经济学告诉我们,制度能否起作用,除了国家规定的正式制度,社会认可的非正式制度也很关键。非正式制度如果与正式制度不相容,必然会抵消甚至阻碍制度作用发挥。非正式制度包括价值观念、伦理规范、道德观念、文化传统等。因此,政府在进行政策创新的同时,还必须进行观念的创新。只有观念的更新,经济社会发展的金融支持才有基础。

（三）少数民族与民族地区经济社会发展的金融支持还必须重视实施机制

没有健全有效的实施机制,制度将形同虚设。检验实施机制是否有效,主要看违约成本的高低,强有力的实施机制将使违约成本极高,行为主体将为其违约行为付出较高代价,从而有效地抑制违约行为的发生,对投资主体而言,由于存在信息不对称,投资面临着各种不确定性,包括交易对手和管理部门行为的不可预测性和投资活动赖以进行的制度环境的不确定性,具体包括政府有关政策的不确定性、多变性、合作伙伴的"欺骗性"等。不确定性通常对应着风险,要吸引投资,就要降低投资风险,因而就必须减少投资人可能面临的不确定性。

第四节　西方发展金融学理论

一、西方发展金融学理论述评

货币在经济增长中的作用历来是经济学最古老、最持久、最重要的问题之一。在长达数百年时间里，西方经济学经历了从实物理论到货币理论的演变过程。今天已经很少有人离开货币谈经济，或者离开经济谈货币了（韩廷春，2002）。

金融发展是指金融总量的增长与金融结构的改善和优化，主要包括金融资产的发展、金融机构的发展以及金融市场的发展。一般认为，金融发展是指金融资产规模相对于国民财富的扩展。戈德史密斯认为金融发展主要是指金融结构的变化，主张用金融相关比率（FIR）指标，即金融资产总量与GNP的比值来反映金融增长的程度。而麦金农和肖的理论则认为金融发展是金融市场的形式和金融行为的完全市场化，他们用M2/GNP指标来衡量金融增长水平。总之，金融发展是指金融资源存量与流量的相对规模的扩大，不论是金融结构的变化还是金融市场的完善，都是金融发展的基本要素。

对金融与经济之间关系的研究，最早可追溯到1911年，Schumpeter（1911）在其著作 *The Theory of Economic Development* 中提出，金融发展是经济发展的推动力。在现代金融史上，对该领域最早进行专门阐述的是美国的经济学家约翰·G.格利和爱德华·S.肖，1955年9月他们在《美国经济评论》发表的《经济发展的金融方面》一文，第一次从金融的角度探讨了金融在经济发展中的作用。1960年，格利和肖在他们合著的《金融理论中的货币》一书中，更清晰地描述了经济与金融的关系，在这部著作中，格利和肖提出，各个经济部门或单位之间的"事前"储蓄和"事后"投资的差异是金融制度存在的前提，金融制度的存在，是在整个储蓄——投资过程中把资金从储蓄者转移到投资者的必要条件，充分发展的金融制度是由多种金融机构、多样化金融工具和金融市场组成,货币和银行只是众多的金融资产和金融结构中比较重要的组成部分而非全部。格利和肖认为,"一国经济能否最有效地运用其资源,在一定程度上取决于它的金融制度的效率。"(Gurley and Shao,1960)这些重要的理论观点即使在 21 世纪初的今天仍然具有十分重要的理论和政策意义。

对金融发展理论更具代表性和权威性的当推 1969 年出版的戈德史密斯的《金融结构与经济发展》(Goldsmith,1969)。在这部关于金融发展理论的经典著作中,戈德史密斯虽然没有对金融发展与经济发展的关系做出严格的定量分析,但提出了衡量金融发展程度的指标——金融相关比率(Financial Interrelations Ratio,FIR),金融相关比率是某一时点上一国金融工具的市场总值与实物形式的国民财富的市场总值之比。戈德史密斯认为一国的 FIR 值与该国的经济发展水平呈同方向的变动,即经济越发达,FIR 值越大。戈德史密斯还提出了金融中介率的概念,并将这一概念定义为:金融中介比率在流量方面被认为是国内金融机构在一定时期内所获取的国内非金融部门和国外部门发行的金融工具净额占发行总额的比率。在存量方面,金融中介比率表现为用未清偿的金融工具总值除以某一特定时期国内金融机构所持有的国内非金融部门和国外部门发行的债务和股权证券的市场价值之商。按照这一定义,金融中介率应是在国内非金融部门融资总额中金融中介机构所占的融资份额,反映了金融的广度和深度。这部著作的影响很大,其所提出和采用的指标至今仍然是衡量金融发展的主要依据。他采用金融中介的资产对 GNP 的比重代表金融发展的水平,运用 35 个国家 1860~1963 年间的有关数据,得出的分析结论是:经济发展与金融发展是同步进行的,经济快速增长的时期一般都伴随着金融发展的超常水平。反之,经济发展趋于缓慢甚至处于停止时期,金融发展的成效也微乎其微。

关于金融发展与经济发展的另一种观点是:金融发展与经济发展之间存在着一种相互抑制的关系,其代表人物是爱德华·S. 肖(Shaw Edwards,1973)和罗纳德·麦金农(Mckinnon Lonald,1973)。20 世纪 70 年代初,他们从不同角度研究欠发达经济的金融发展问题,并于 1973 年几乎同时出版了《经济发展中的金融深化》和《经济发展中的货币和资本》两本著作,较系统地提出了以金融自由化为主的金融深化理论。他们认为发展中国家经济和金融发展停滞不前的重要原因是因为各国普遍建立的以抑制为特征的金融制度,强调经济中的金融部门与经济发展息息相关,如果金融领域本身机制被压制或扭曲的话,金融就会对经济发展产生一定的阻碍和破坏的影响,即"金融抑制"。为此,应推行以金融深化为目的的金融发展战略,消除金融抑制,用价格机制与分权机制代替金融配给机制,拓展储蓄者对投资机会的选择区间,减少人为因素对金融市场的干预,借助市场的力量以实现利率、储蓄、投资与经济增长的协调发展。

上述分析,不论是"平行理论"还是"抑制理论"都表现了金融发展与经济发展之间的关系。两者之间是一种相互影响、相互促进、但又相互制约的交替上升或下降的关系。可见,现代经济发展离不开金融发展的支持,而金融发展又是以经济发展为基础的。金融对经济增长具有推动作用这一基本观点已经得到了普遍认可。著名经济学者卡梅伦(Cameron,1967,1972)和帕特里克(Patrick,1966)等认为,金融发展与经济发展之间存在着一种大致平行的关系,经济飞速增长的时期也是金融发展速度较高的时期,反之,经济发展趋于缓慢甚至处于停滞的时期,金融发展的成效也微乎其微。金融发展与经济发展之间的这种一损俱损、一荣俱荣的平行关系已被社会经济发展的实践所验证。

在尖锐地指出金融抑制的危害的同时,麦金农和肖还严密地论证了金融自由化与储蓄、投资及经济增长的正向关系。以此理论为基础,发展中国家在20世纪70年代初掀起了以自由化为趋势的金融改革浪潮。然而令人失望的是,多数发展中国家的金融自由化的结果与理论相差甚远,由于发展中国家的金融发展水平低,机构组织薄弱,储蓄动员能力差,金融资产收益为负值,金融压抑的局面使得金融自由化似乎并未能增加储蓄和投资,没有形成金融发展和经济发展相互促进的良性循环。在此背景下,经济学家们又提出了"金融约束"论。

20世纪80年代兴起的内生经济增长理论(又称新经济增长理论)为金

融发展提供了进一步发展的空间。20 世纪 80 年代中期以来,以 Romer、Lu-cas 为代表的一批经济学家,致力于技术进步的内生化研究,探讨经济增长的内生机制,从而实现了经济增长理论与研究方法从外生均衡分析到内生机制分析的飞跃。一个国家在经历了主要依靠有形要素(资本和劳动力)的投入、结构的优化配置以及制度上的创新所实现的经济增长之后,都面临着如何能够保持经济持续稳定增长的问题。要实现经济的持续增长,则需要实现从主要依靠要素数量扩充的外延式增长方式,向依靠全要素生产率提高的内涵式增长方式的转变。这种经济增长方式转变的问题促使了内生增长理论的出现。

内生经济增长模型假设资本的边际产出是递增的,并由此引出金融因素。下面就以最简单的 AK 模型来考察内生增长模型长期增长路径的决定:

总产出模型:$Y = Ak$ (2.2.1)

A 为资本的边际生产率;K 为资本存量

根据:$K_{t+1} - K_t = I_t$,代入(2.2.1)式整理得:

$$\frac{\Delta Y_{t+1}}{Y_{t+1}} = \frac{AI_t}{Y_t} - \delta$$ (2.2.2)

I 代表投资;δ 为折旧率;

在 $t+1$ 期的经济增长率 $\frac{\Delta Y_{t+1}}{Y_{t+1}}$ 等于第 t 期的资本边际生产率 A 与资本产出率的乘积减去折旧率。

在均衡条件下,总投资等于总储蓄,$I_t = S_t$ 假定储蓄在向投资转化的过程中存在一定的漏出。θ 为储蓄向投资的转化率,漏出比例为 $(1-\theta)$,实际转化为投资的储蓄率为 θS_t。

$$\theta S_t = I_t$$ (2.2.3)

将(2.2.3)式代入(2.2.2)式,得

$$g = \frac{\Delta Y_{t+1}}{Y_{t+1}} = A \frac{\theta S_t}{Y_t} = As\theta - \delta(2.2.4)$$

方程(2.2.4)为内生经济理论中 AK 模型的表达式。它反映了均衡的经济增长率取决于资本的边际生产率 A、储蓄率 S、总储蓄向投资的转化比例以及折旧率。

内生经济增长模型中,相对于社会边际资本生产率,金融发展对经济增长的影响更多的体现在储蓄—投资转化率和储蓄率上。首先,储蓄—投资转化率。反映的就是金融市场改进资源分配的效率,金融中介为投资动员足够的资源是经济增长的必要条件,而 s 值越高说明金融市场的效率越高。其次,储蓄率反映的是金融中介聚集金融资源的能力。金融市场和信用中介的存在降低了信息与交易费用,其对投资时机更良好的把握可以给储蓄者提供一个相对更高的收益,所以金融中介的存在可以通过更好地动员居民储蓄来聚集现有的金融资源,使投资可以在更高的水平上进行,能使资本生产率得到提高,相应的加速经济的增长。最后,金融中介通过发挥信息的作用,使投资组合多样化进而分散消费者流动性风险,这种生产者的专业化能够提高社会边际资本生产率,从而推动经济增长。

到了 20 世纪 90 年代,许多经济学家如赫尔曼(Hellman)、斯蒂格利茨(Stiglitz)、罗伯特·金(King)和莱文(Levine)在汲取新经济增长理论的基础上,对金融发展理论作出了进一步的发展。他们认为金融抑制模型存在诸多缺陷,而根据这种模型提出的政策主张过于激进,如对发展中国家的经济或转型经济来说,金融自由化并不可取,金融约束才是适宜的政策选择。由此提出了一些不同于金融抑制也不同于金融自由化的政策主张:"金融约束"论。所谓"金融约束",是指政府通过一系列的金融政策,在金融部门和生产部门创造租金机会。创造租金机会指的是超过竞争性市场所产生的收益,而非经济学通常所说的无供给弹性的生产要素的收入。在现实经济发展中,由于存在信息不对称、代理行为以及道德风险等,在市场经济的条件下,资金资源难以被合理有效地配置,因此政府有必要进行适当地干预。金融约束给金融部门和生产部门创造了"租金机会",通过"租金效应"和"激励作用",可以规避潜在的逆向选择和道德风险,鼓励创新,维护金融稳定,从而对经济发展起到正向效应。

由此可见,金融约束论更强调政府干预的重要性,认为选择性的政府干预有助于金融的稳定发展。他们主张各国政府(尤其是欠发达国家)要优先发展金融,不能让金融发展滞后于经济增长。人们把这种发展了的金融发展理论,称为第二代金融发展理论。

此外,罗伯特·金(King,1993)和莱文(Levine,1993)还运用相关分析和回归分析的方法对 80 个国家 1960~1989 年间的金融发展与经济增长间的关系进行了研究,并得出了金融发展与经济增长间存在着显著的正相关关系,在两者的关系中前者为因后者为果的关系的研究结论。金融约束与金融自由化相比,两者并不存在本质上的矛盾之处,金融自由化强调政府放弃对金融领域的过分干预和保护,以此推进金融深化进程。而金融约束并不等于否定政府的干预,认为政府选择性干预有助于而不是阻碍了金融深化。金融约束的最优水平是政府干预金融的广度和深度应随着金融深化的加深而下降。由此可见,在金融约束和金融自由化的关系上,金融深化是最终目的,金融约束和金融自由化都是达到金融深化的手段。

最近的理论和经验研究表明,金融市场在经济增长中发挥重要的作用。效率高的金融体制把资本从储户转移到借款人,把资源引向生产性的可赢利的投资项目。投资越是生产性的,经济增长率也就越高(King and Levine 1993;Zahler 1993)。效率高的金融市场还可以通过分担风险和促进交易来提高增长。正如斯蒂格利茨(Stiglitz,1994)所描述的:"金融市场实际上参与了资源的分配。它们可以被当作是整个经济体制的大脑——决策的重要核心。如果它们失败了,不仅部门利润要比它们成功时低,而且整个经济体制的成绩都要受到损害。"从理论上分析,由于金融中介的存在,一方面金融的发展使储蓄转变为未来消费变得非常容易;另一方面,利息的存在又使储蓄能够带来增值。虽然金融的发展,也有促进消费倾向增加的可能(如消费信贷),但从总体上来看,金融中介可以在一定范围内使储蓄率上升;金融的发展还可以促进储蓄向投资的转化,从而促进资本投入量的增加,如果考虑到金融在现代经济中还可以提供超过储蓄量的信用货币投入,这种促进作用还更加明显;金融还可以促进劳动投入的增长,表现为金融通过资本投入量的增加以吸纳更多的就业人数,以及金融领域自身也直接吸纳了就业。库兹捏茨、丹尼森等人在分析新生经济增长要素时认为,金融不仅能促进要素投入量的增加,还能促进要素生产力的提高,因为金融促进了资本的流动,为资源优化配置创造了条件,任何新生经济增长要素,如技术进步、知识进展、资源配置、规模经济,都不可能离开金融而单独起作用。

二、西方发展金融学理论的启示
(一)金融发展促进经济增长

传统经济理论认为,金融体系仅仅是为了迎合实际经济部门融资的需要而配合这些部门的自主发展,因而其作用是被动的。而现代金融发展理论提出金融发展对经济增长有着因果关系。20世纪90年代至今的最新实证研究成果表明:金融发展促进经济增长,金融中介体和金融市场的发展,能够通过促进储蓄以更高的比例转化为投资,通过提高资本配置效率,通过动员更多的储蓄,来促进经济增长。

帕特里克(Patrick,1966)为这种因果关系的研究设计了一个有用的参考框架,提出了金融发展中的"供给导向法"和"需求导向法"之间的差别。"需求导向"的金融发展是实际经济部门发展的结果。这就意味着市场的不断拓宽和产品的不断增长,要求更有效地分散风险以及更好地控制交易成本,因此金融发展在经济增长过程中起了一个更好的推动作用。另一方面,"供给导向"的金融发展先于实际经济部门对金融服务的需求,因而对经济增长起到自主的积极影响,能够动员那些阻滞在传统部门的资源,使之转移到能够促进经济增长的现代部门,并确保投资于最有活力的项目方面。

帕特里克提出的假设是"供给导向"的金融发展对早期的经济发展有着支配作用,特别是当它能为更有效地包含技术创新的投资提供资金时更是如此。一旦经济发展趋于成熟,"需求导向"的金融发展就该发挥作用了。另外,发展中国家同发达国家之间的差距越大,则越有可能遵循"供给导向"的金融发展模式。这一假设被后来许多研究结果所证明。

(二)金融创新促进少数民族与民族地区经济社会发展

金融创新就是利用新思维、新的组织方式和新技术等在金融领域中建立各种金融要素的一种新的组合,是为了追求利润机会而形成的市场改革,通常包括在金融体系中形成新的金融工具、新的融资方式、新的金融市场、新的支付结算手段、新的金融组织形式以及新的管理方法等。

欠发达地区的金融业发展缓慢,一般体现出特殊的区域金融压抑,金融组织体系设置较为单一,没有发达的金融市场,可利用的金融工具较少,金融市场机制对社会资金配置作用较小,金融体系对外不开放或开放程度较低等。这些区域性表现的金融压抑情况既容易带来资源的浪费,又容易带来区域经济结构的趋同。从而使区域发展形成"瓶颈"约束,金融深化的目的难以实现,金融与经济难以真正增长。要促进欠发达地区的经济增长,必须推行金融创新。

第三章 少数民族与民族地区经济社会发展的条件、特征与效应分析

少数民族与民族地区经济社会发展的问题,从本质上来说是一个区域经济社会协调发展的问题。经济社会的发展离不开金融支持的前提。当前在少数民族与民族地区存在着金融发展总体落后,经济的货币化不足;资本市场发育滞后;区域资金流失严重,加剧了资金供求的矛盾等诸多问题。因此,了解和分析少数民族与民族地区经济社会发展的条件、特征和效应,并基于金融因素分析造成这种问题的原因,对于制定合理的金融支持政策建议有着重要的作用。

第一节 少数民族与民族地区经济社会发展的条件与比较优势分析

一、少数民族与民族地区的区位条件与优势分析

(一)经济区位定理与区位优势形成的机理和少数民族与民族地区的发展定位

区位优势分析是区位经济理论的内容之一,区位经济理论是关于人类经贸活动地域空间组合优化的理论。它的宗旨是寻求人类经贸活动的空间法则,含有微观和宏观两方面的内容。这里所研究的少数民族与民族地区的区位优势是从宏观层面来开展的。经济区位是区位经济学或空间经济学的核心概念,其重点是对区位与经济关系的研究,揭示为什么一定的经济活

动会在一定区域范围内进行,不同的地域范围的经济效果为什么不同,一定的经济设施为什么建立在一定地域范围内。到目前为止,有关经济区位的研究主要是以杜能和韦伯为代表的最小费用区位论、以廖什和克里斯泰勒为代表的最大利润区位论、以俄林和克鲁克曼为代表的国际贸易与区位理论,等等。其中,以廖什为首的最大利润区位论是比较完善和系统的区位理论。廖什在代表作《经济空间秩序》(1939年)一书中,将区位理论界定为工业区位、农业区位和城市区位。他对区位的定义是"一个合适的区位,必然是一个能保证事情会更妥善发展的区位"①包含了最优的经济思想和动态可持续发展的观点两层含义。克鲁格曼从区位论的不完全竞争、规模经济和收入递增等角度研究经济行为,指出贸易在间接进行生产要素交易的同时,也推动了产业区位的发展。从廖什的区位定理和克鲁格曼的新贸易理论那里,我们可以拓展区位优势的概念。

从区位来看,就广西壮族自治区来说,它正从过去"末梢"区位转向前沿区位。最近媒体宣传比较多的中国东盟"一轴两翼"区域合作格局,进一步凸现了广西壮族自治区的区位优越性。环北部湾区域将要成为广西壮族自治区经济社会发展中即将崛起的增长极,也是我国即将崛起的新增长极。通过这个增长极的带动,将会有力地推动广西经济社会进入黄金发展期,从而带动整个西南腹地的发展,为中原崛起助一臂之力。

北部湾为南海西北部向南敞开的海湾,在北部湾广阔的海域和半封闭且曲折的弧形湾畔,有着丰富的自然资源和得天独厚的发展经济优势,是一个不小的聚宝盆,北部湾海域在北纬22度以内,水温高,具有种类多、生态效率较高等特点,是我国海洋生物性最强的地区之一。海洋生物资源丰富,有海洋水产品800多种,其中鱼类500多种,年捕捞量达到50万吨,加之沿岸滩涂广阔,为发展海水养殖和海产品加工业确立了良好的基础。海域中部环流区和北部河口附近是浮游和动植物生物量的高产区,北部湾渔场是

---

① [德]奥古斯特·廖什:《经济空间秩序——经济财货与地理关系》,王守礼译,商务印书馆1995年版,第4页。

沿岸渔民传统渔场和我国重要的热带、亚热带海洋渔业区。北部湾海洋矿产资源也十分丰富，有着极其丰富的油气、石英砂、钛铁矿、粘土、石膏等多种矿产资源，尤其是以油气资源最为著名，是我国油气前景最佳地区之一，已发现6个有开发价值的含油气构造，油气保存条件好，具有极大的社会和经济效益。

北部湾具有丰富的热带、南亚热带光、热、土地资源。我国十分稀缺的热带土地资源，一半以上集中在环北部湾地区，丰富的热带亚热带作物资源为轻加工业，特别是食品工业的发展提供充足的原料。北部湾位于我国大陆最南端，特有的热带海洋风光为发展滨海旅游业提供了广阔的前景。北部湾作为三面陆地环绕、中越共有的海域，海岸线弯曲而漫长，形成了众多天然良港，这在中国沿海地区是不多见的，是名副其实的待开发的"黄金海岸"。港口的发展促进了沿海城市和经济的发展，这些优良港湾和港口为环北部湾区域外部的海上交通运输联系提供了内在的天然条件，丰富的自然资源也为区域经济的全面发展提供了坚实的基础。

在中国东部沿海地区，珠江三角洲、长江三角洲、闽东南沿海和环渤海湾沿岸地区外向型经济已经历了持续高速增长阶段，今后继续保持高速增长受到许多不利因素的制约，如空间狭小、环境污染、资源短缺等等。而环北部湾地区地域较广、环境污染较轻、自然资源丰富、组合较好，同时面临着许多有利的发展机遇，紧紧把握这些机遇将会使本地区经济保持较快发展。

第一，目前我国的双边外交取得重大进展，同东盟等国家间的关系日益紧密、巩固。我国同东南亚国家之间的边境贸易在经历边民互市、以物易物等初级阶段后，客观上迫切需要升级，向更高层次的经贸合作发展，而且东南亚国家经济快速增长态势孕育着巨大的潜在市场。就国际分工来看，我国处于较高层次的加工贸易地位，而东南亚国家处于原材料初级产品加工贸易层次，这有利于环北部湾区域扩大对外开放，增强外向型经济实力，以加工贸易开辟东南亚市场，推进经济国际化。

第二，本区域相对处于较低产业结构层次。只要发挥区位、资源和市场优势就能吸纳港澳和珠江三角洲资本、技术、产业的辐射与扩散，加快自身发展。

第三,开发海洋、创造海洋文明是人类21世纪的战略任务。南海是我国的聚宝盆,蕴藏着丰富的油气和矿产资源。近年我国北部湾和南海油气开发已取得重大进展。随着海洋开发热潮的到来,将有力地促进环北部湾区域临海型重化工业和外向型海洋产业兴起。

由于大西南区域经济发展寻求出海口的需求,为环北部湾提供了建设港口、发展通道经济的历史契机。环北部湾区域地域结构独特,既沿江、沿海,又沿边、沿路,交通便利,区位优势突出,是距西南最近便的沿海地区。它不仅具有联系西南和华南两区"桥梁"的区位优势,而且港湾条件优越,多天然良港,有巨大的开发潜力,将作为区域经济的新兴"增长极"发挥重要作用。随着我国对西部地区开发力度的不断加大,环北部湾地区作为西南地区主要"出海出境大通道"的独特区位优势将日益凸显,并成为西部大开发的直接受益者,将形成以环北部湾地区为龙头、以西南地区为经济腹地,辐射整个西部地区的大区域物流局面。

由于历史、地理、民族习俗等原因,中国与东盟①之间的贸易有着深远的传统。2001年中国与东盟领导人倡导建立"中国—东盟自由贸易区"的主张是高屋建瓴的,尽管建立中国—东盟自由贸易区存在一些制约因素,但它毕竟是顺应了国际经济合作的发展潮流,并符合双方的根本利益。中国与东盟国家同属发展中国家,地缘相邻,文化相通,自古以来就有密切的交往。近年来经过双方的不断努力,双方合作更是不断充实和发展,双方高层往来频繁,经贸合作进一步深化,合作机制不断完善。在新世纪之初全球经济减速的情况下,中国与东盟之间的投资和贸易仍保持显著增长,仅2001年前三个季度的双方贸易额就已达到303亿美元。这充分说明双方的合作具有坚实的基础和旺盛的生命力,潜力巨大,前景广阔。国际上一些专家认

---

① ASEAN,东盟是"东南亚国家联盟"的简称,成立于1967年8月8日,目前有印度尼西亚、马来西亚、菲律宾、新加坡、泰国、文莱、越南、缅甸、老挝、柬埔寨等10个成员国,覆盖了整个东南亚地区,成为一个拥有450万平方公里国土、5亿人口和超过7000亿美元国民生产总值的区域市场,令世界瞩目。

为,在30年内,这一经济体将超越欧盟和日本,成为仅次于美国的第二大经济体。双方通过加强多方面的交流与合作,在当前可以缓解各自所面临的困难,维护本地区经济的稳定和发展;从长远来看有利于紧紧抓住全球化和科技革命带来的机遇,有效应对各种新的风险与挑战。

(二)少数民族与民族地区经济社会发展的区位条件评价

1.区位与经济社会发展

区位资源对一个地区经济社会发展的影响主要是通过地理位置、交通、信息等相互作用、密切联系而发挥作用的,它们共同决定着一个地区的可接近性。一般来说,任何一个地点(或场所)都赋予了各种各样自然的或经济的质的规定性,地点场所不同,其质的规定性也不同。这种地点或场所的属性或质的规定性如果从区位的角度来研究就叫区位条件。但是区位条件是指一个地区与周围诸社会经济事物关系的总和,包括位置关系、地域分工关系、地缘政治关系以及交通、信息关系等。区位条件通过区位因子作用于区位决策,区位因子是指那些对区位决策起决定作用的因子,只有对区位决策起经济性或非经济性作用的区位条件才能成为区位因子。从宏观看,区位条件对经济区域影响主要通过地理位置、交通、信息等相互作用、密切联系而发挥作用的,区位条件的优劣与否,主要取决于位置、交通、信息条件的优劣,而这三者之间又是密切相关的。地理位置优越的地域,往往交通发达,信息丰富且传播迅速,而远离经济中心的地域,往往交通落后、信息闭塞。从工业区位和城市区位的角度看,位置、交通、信息条件在现代产业布局和经济地域的形成发展过程中起着越来越重要的作用。优越的区位条件隐藏着巨大的经济潜力,在那里布局企业、会收到投资少、运费低、企业协作条件好、经济效益高等效果。因此,区位作为经济地域的成长条件是一种重要的经济资源。区位条件作为区域经济成长的基础性物质条件,在实现少数民族与民族地区工业化、城镇化和经济起飞的过程中,起着十分重要的决定性作用。

2.少数民族与民族地区的区位条件评价

①边缘性、边际性和邻边性

我国少数民族与民族地区在地理区位上,从国内的视角看,具有边缘性、边际性和邻边性的特点。所谓边缘性,是指少数民族与民族地区位于我国西部边缘,远离国家的政治核心区和经济核心区;所谓边际性,是指少数民族与民族地区与中原地区及东部沿海地区相比,自然环境比较恶劣,土地边际生产力总体上比较低;所谓邻边性,是指少数民族与民族地区是我国陆地边疆地区,周边邻国众多。这些特征对少数民族与民族地区经济社会发展的作用主要表现在以下几个方面。

第一,区位条件通过生产要素的流动而作用于少数民族与民族地区的经济社会发展。在生产要素自由流动的情况下,根据资源最佳配置条件,生产要素往往倾向于流向区位条件优越的地区,从而有可能实现资源要素的最佳配置。少数民族与民族地区由于地处偏远,交通、信息资源缺乏滞后,直接影响各种生产要素和产品的空间位移,增加了生产部门的转移成本;使生产部门和市场之间难以建立广泛的经济联系,无法保持供需平衡和降低交易成本。

第二,区位上的边缘性进一步强化了少数民族地区的封闭性与落后性。少数民族与民族地区的区位突出表现在其边缘性特征,就全国来说,少数民族与民族地区分布于边疆地区,远离国家政治、经济、文化、交通中心,而成为国家的边缘地带;就大区来说,少数民族与民族地区处于经济核心区的边缘地带。与这种边缘性特征相伴的是多民族聚居,社会经济成分复杂,文化观念,民族习俗等非正式制度对经济社会发展影响深远。另外,市场发育不全,交通不便等,社会的封闭性特征突出。这种区位边缘性的影响,又由于少数民族地区内部人口和经济活动的空间高度分散性,被进一步放大和强化,从而对大区的经济社会发展产生不利影响。一是任何连接边缘地带与中心城市的基础设施建设所需要的投资十分巨大,使资本非常稀缺的少数民族地区望而却步;二是使地区内部的教育、卫生和能源等设施难以形成规模经济,更无法实现生产部门和工业企业的规模报酬递增效应;三是社会经济活动的交易费用高,严重影响了少数民族地区产品的市场竞争力;四是由于少数民族地区地处边缘、布局分散、贫穷,造成这些地区既缺乏与其他地区争夺人才的经济实力,又缺乏吸引人才的区位魅力,区位条件差,人才难以引进,分配的人才难以留住,即使拥有丰富的自然资源,也难以摆脱贫困的困扰。

第三,地缘经济因素通过国际贸易直接影响少数民族地区的经济成长。从经济国际化的角度看,影响区位条件的三个重要因素是:与海洋的相对位置、与经济核心区的相对位置和地缘政治因素。经济发展受到海洋吸引是长期趋势。① 而港口是各国各地区参与国际循环的枢纽和桥头堡。国际贸易理论认为,在商品价格和契约费用既定的情况下,流通费用高低成为交易成败的决定性因素。少数民族与民族地区深处内陆,到最近海港的平均运输距离在 1000 千米以上。可见,少数民族与民族地区与发达国家和地区的货物运输,除海上距离外,还有漫长的路上运输距离,不符合"流通费用最低原则",因而是国家贸易的非理想区位。不仅如此,地缘条件的劣势使少数民族与民族地区的对外联系不方便,难以直接接收发达国家和地区的产业和资源转移,也缺少可以当投资者,又可以当引资者的华人华侨。

第四,基础设施水平低、交通不便、信息不畅,不仅严重影响了少数民族与民族地区的经济交流,也在相当程度上降低了对区内资源的综合开发能力。例如,位于云南省南部边缘,与越南接壤的绿春县,远离区域经济中心,十分偏僻,境内交通十分落后,绝大部分运输靠马驮肩扛,直到 20 世纪 80年代末仍有将近一半的乡镇不通车、不通电,甚至听不到广播。虽然该县水资源、矿产资源、生物资源非常丰富,劳动力也有剩余,但由于地处偏僻,交通闭塞,终归难以发挥优势而陷入贫困之中②。

第五,区位条件决定着区域参与国际分工和接受资金、技术、信息等生产要素辐射的方便程度。近年来,"沿海"被许多地区用来描述自身的区位

---

① John Luke Gallup, Jeffreyd. Sach and Andrewd. Mellinger, "Geography And Economic Development", International Reglonal Science 22,2:179–232(August 1999)。

② 武友德:《不发达地域经济成长论》,中国经济出版社 2000 年版,第72—73 页。

优势。如果毗邻经济发达国家、"沿边"同"沿海"一样有重要的区位优势。例如,墨西哥靠近美国边界的地区发展十分迅速。但若不是这种情况,则"沿边"的意义不是很大。我国少数民族与民族地区地处边疆,有漫长的陆地边境线,但接壤的几乎都是不发达国家,沿边的区位价值明显低于沿海地区。

②少数民族与民族地区的全球区位优势

从全球的情况来看,我们发现少数民族与民族地区的区位具有重要优势。

第一,少数民族与民族地区大部分处于边境地区。相邻的国家有十多个,北与俄罗斯、蒙古相连,西有中亚和阿拉伯各国,南有南亚各国。与这些国家交往,至少有七条通道:一是由内蒙古集宁通蒙古,到俄罗斯;二是由伊犁直接通往哈萨克斯坦;三是由喀什通往阿富汗、巴基斯坦;四是由拉萨可以通往尼泊尔、印度;五是由畹町通往缅甸,只有一江之隔;六是由河口通往越南;七是由广西过友谊关通往越南。

第二,从西北少数民族聚居地区看,新疆地处亚洲的腹地,亚欧大陆桥横贯东西,不仅是我国陆地通往地中海各国和欧洲的主要通道,也是国内伊斯兰教地区进行交往的主要联系纽带。

第三,从西南少数民族聚居地区看,西藏和云南是南亚次大陆的后背基地,不仅可以直接通向印度半岛,也可以直接通向印支半岛,在陆地通道打通后还可以向前通往印度洋。

第四,少数民族与民族地区所处的陆地边境具有很大的优势。第二次世界大战以后,欧美发达国家陆地边境出现繁荣景象,从英国伦敦经过法、比、荷边境、法德边境到瑞士、法意边境、西班牙巴塞罗那,形成西欧发展速度最快的地带。这一地带在地图上的形状像香蕉,称为香蕉带。美国和墨西哥边境地区也同样全线兴旺,墨西哥将整个边境地区称为开放地区。

过去,我国长期处于封闭状态,既缺乏海洋资源观念,又缺乏陆地资源观念,20世纪80年代沿海开放,我们对海洋优势有初步的认识。20世纪90年代陆地边境口岸开放,陆地边境资源观念提升议事日程。陆地边境优势论的理论依据有三个：一是边境的两重性与和平趋势。陆地边境自古有两重功能，一重是政治、军事功能；另一重是经济和文化交流功能。当前，我国陆地边境的经济和文化交流功能处在主导地位。从世界全局来看，和平与发展是主要趋势，我国奉行和平共处五项原则和睦邻政策，改革开放以来，与周边国家的关系不断改善，边境的经济和文化功能不断加强。二是梯度势能和稳定性。陆地边境两侧存在社会、经济和文化的差异，有差异就有势能，差异越大，势能越大。因此，边境两侧的经济和文化交流是不可避免的，交流对双方都有利。对落后一方尤其有利。我国与周边国家的社会、经济和文化差异明显，加上自然环境复杂，边境口岸普遍有较大的势能。例如，俄罗斯和哈萨克斯坦等国家自然资源丰富，重工业和原材料工业发达，轻工业和农业薄弱，劳动力短缺，与我国有很强的互补性。三是过境需求。陆地边境口岸不但为相邻地区服务，还为过境的国际贸易服务。哈萨克斯坦和吉尔吉斯斯坦两国除了与原苏联国家接壤，只与我国接壤。塔吉克斯坦和乌兹别克斯坦的经济重心临近我国。借道我国陆地边境口岸是这四个国家对外贸易的重要方向，每个共和国借道我国早有协议。我国沿海地区同样有借道邻国口岸的出海的需求。西藏借道印度，云南借道缅甸和越南，都有悠久的历史[①]。

　　所有这些，都可能变成少数民族与民族地区经济社会发展的有利条件。由此可见，少数民族与民族地区如果开放的通道改为由东向西，或者说，由面向东部海上通道改为向西边陆上通道，就完全可以把不利条件变为有利条件。

二、少数民族与民族地区的自然资源条件与优势分析

(一)少数民族与民族地区经济社会发展的自然资源评价

所谓自然资源是指自然界中一切能够为人类所利用的自然物质要素。[②]

---

① 郑长德：《西部民族地区大开发与经济发展》，四川民族出版社 2002 年版，第 105—106 页。

② 邬翊光：《经济地理学导论》，华东师范大学出版社 1994 年版，第 26 页。

自然条件或自然资源的基础作用,对于生产力水平较低的欠发达的少数民族与民族地区来说是非常重要的,有没有资源,资源的丰富程度如何、资源的区域组合怎样、资源开发利用的条件,对少数民族与民族地区的产业部门种类、规模、形式,对区域产业结构、甚至区域发展方向等,均有直接的影响。而对产业发展更为重要的,是衡量自然资源的区域组合状况,这种组合是区域产业发展的坚实基础。衡量自然资源的区域组合状况,主要有 3 个指标:

一是资源综合优势度。

$$I = m \cdot n - \sum_{i=1}^{n} d_{ij}/(m \cdot n - n)$$

式中,I 表示某地区资源的综合优势度,m 表示被统计的矿种数,n 表示对比的地区数,$\sum_{i=1}^{n} d_{ij}$ 表示地区被统计的矿种在全国的位次之和。这个指标使我们可以计算出某地区自然资源丰富程度在全国所处的地位。

二是人均自然资源拥有量综合指数。

$$\bar{y} = \frac{\sum_{i=1}^{n} Y_i}{n}$$

式中,$\bar{y}$ 表示区域人均资源拥有量,Y_i 表示区域某类资源占全国的比重。使用公式

$$Z = \sqrt{\frac{\sum (Y_i - Y)}{n}}$$

来计算人均自然资源拥有量的综合指数(Z)。

三是自然资源总丰度。

$$M = \sqrt{I \times Y}$$

根据上述 3 个指标的分析可以知道少数民族与民族地区自然资源的组

合状况。表现在:资源总量丰富,但人均资源占有量少;①资源地区组合状况好,具有开发和利用优势;经济资源的地域分布有着明显的东西、南北地域差异;资源开发利用程度低等特点。

(二)少数民族与民族地区经济社会发展的经济资源评价

(1)土地资源绝对量大,但有限生存空间有限。就广西壮族自治区的情况来看,广西全区域面积23.0万平方千米,占全国国土总面积的2.4%,居西部各省区市第8位。大陆海岸线东起粤桂交界处的洗米河口,西至中越边境的北仑河口,长约1500千米。沿海岛屿有697个,岛屿岸线461千米,岛屿总面积66.9平方千米。其他少数民族与民族地区的情况详见表3－1。

表3－1 西部地区国土面积及耕地面积

地区	国土面积 （万平方千米）	全国占比 （％）	耕地面积总资源 （千公顷）	全国占比 （％）
全国总计	960	100.00	130039.2	100.00
西部地区	683.5	71.20	49573.4	38.12
四川(含重庆)	56.7	5.91	9169.1	7.05
贵 州	17.61	1.83	4903.5	3.77
云 南	39.4	4.10	6421.6	4.94
西 藏	120.0	12.50	362.6	0.28
陕 西	20.6	2.15	5140.5	3.95
甘 肃	45.4	4.73	5024.7	3.86
青 海	72.0	7.50	688.0	0.53
宁 夏	6.6	0.69	1268.8	0.98
新 疆	163.9	17.07	3985.7	3.06

---

① 刘再兴在其主编的《中国区域经济——数量分析和对比研究》(中国物价出版社1991年版,第111页)对广西的资源情况分析数据表明,广西自然资源综合优势度指数为0.7126,在全国排第13位;自然资源人均拥有量优势度指数为0.5146,在全国排第15位;自然资源总丰富度指数为0.6056,在全国排第13位。

内蒙古	118.3	12.32	8201.0	6.31
广　西	23.6	2.40	4407.9	3.39

资料来源:根据《中国统计年鉴》(2004)整理。

(2)水资源储藏量大。就广西壮族自治区的情况来看,广西雨量充沛,河流众多,水能资源十分丰富。全区地表河流总长 3.4 万千米,水域面积约 4700 平方千米,集雨面积超过 50 平方千米的河流 937 条。全区拥有单河理论蕴藏量 1 万千瓦以上的河流 246 条,技术可开发量 1897 万千瓦,年发电量 811 亿千瓦时,居全国第 8 位,是全国优先开发的三大水电建设基地之一。广西水能资源主要集中分布在红水河、郁江、柳江(均属于西江水系),其中红水河占广西水能资源总量的 68%。红水河开发规划自其上游南盘江天生桥至其下游黔江大藤峡,河流总长 1050 千米,总落差 760 米,具有修建高库大坝的有利地形,可开发建设 10 座梯级电站,总装机容量 1291 万千瓦。正在建设的龙滩水电站总装机 540 万千瓦,是目前国内在建的仅次于长江三峡水电工程的特大型水电工程,建成后除本身发电、防洪外,还能起到平衡下游梯级水电站储力的作用。其他少数民族与民族地区的情况详见表 3 - 2。

表 3 - 2　全国水资源状况

单位:亿立方米

地区	水资源总量	地表水资源量	地下水资源量	人均水资源量 (立方米/人)
全国总计	27460.2	26250.7	8299.3	2131.3
西部地区	15338	15072.2	4655.4	17816.5
重庆	590.7	590.7	109.9	1894.3
四川	2589.8	2588.2	596.4	2981.5
贵州	915.5	915.5	247.8	2375.7
云南	1699.4	1699.4	592.2	3902.5
西藏	4757.1	4757.1	1081	177174.7
广西	1901	1901	575.3	3928.1

西南地区①	12453.5	12451.9	3202.6	32042.8
陕西	574.6	537.6	173.1	1560.6
甘肃	247.2	237.3	136.9	951.6
青海	634.7	616.6	273.9	11940.9
宁夏	12.3	10.0	25.4	212.7
新疆	920.1	863.2	604.3	4793.6
内蒙古	495.6	355.6	239.2	2082.7
西北地区②	2884.5	2620.3	1452.8	3590.3

资料来源:根据《中国统计年鉴》(2004)整理。

(3)**矿产资源丰富**。就广西壮族自治区的情况来看,广西是全国10个重点有色金属产区之一。已发现矿种145种(含亚矿种),占全国探明资源储量矿种的45.7%。探明储量的矿藏有97种,其中储量居全国前10位的64种;居全国第一位的有12种;居全国第2～6位的25种。广西铝土矿探明储量6.8亿吨,远景储量超10亿吨,且矿藏分布集中、矿石质量佳、易开采,是我国唯一可直接采用纯拜尔法生产优质砂状氧化铝的基地;锰矿保有储量2.28亿吨,占全国保有储量的39%;锡、锑、铟保有储量分别占全国的28%、33%和32%;铟产量占全世界产量的1/3。非金属矿产也十分丰富。石灰岩分布广泛,储量大,质地好,高岭土、滑石、膨润土等非金属矿储量均居全国前列,可建成中国南方最大的水泥基地。

(4)**生物资源种类繁多**。就广西壮族自治区的情况来看,广西是国内水、土、热资源配合较好的地区之一,物产丰富多样,主要盛产南亚热带水果、蔬菜、甘蔗、麻类作物、桑蚕、药用作物、香料作物、松脂、桐油、三黄鸡、奶水牛、水产品等农产品。目前,全区水果栽培面积1700多万亩,名列全国前茅,主产柑、橙、柚、香蕉、荔枝、龙眼、芒果等;蔬菜种植以秋冬蔬菜为主,

---

① 本课题所指西南地区包括重庆市、四川省、贵州省、云南省、西藏自治区和广西壮族自治区6个省区市。

② 本课题所指西北地区包括陕西省、甘肃省、宁夏回族自治区、青海省、新疆维吾尔自治区和内蒙古自治区6个省区。

面积达 1500 多万亩。广西是世界 10 大产糖区之一,甘蔗种植面积 900 万亩左右,单产和糖份均达到巴西等著名产糖国先进水平。全区共有草山草坡 9700 万亩,可利用面积 70% 以上,年产鲜草 1.6 亿吨以上。广西水牛奶别具特色,现有水牛 400 多万头,占全国水牛总数的 1/5。适宜水产养殖的水域面积 1300 多万亩,对虾、罗非鱼、珍珠、牡蛎等优势和特色产品在海内外占有较大份额。广西是全国最大的松香、松节油产区,松香产量约占全国一半,栲胶、八角、茴油、肉桂等均排全国第一,产量占全国的 50% ~90%。此外,广西有中草药 4623 种,在全国排第 2 位,其中少数民族用药 1021 种,主要有田七、玉桂、罗汉果、砂仁、绞股蓝等。

(5)海洋资源有广阔的开发前景。就广西壮族自治区的情况来看,广西沿海滩涂面积 1005 平方千米;20 米水深以内的浅海面积 6488 平方千米。北部湾的浮游生物十分丰富,浮游植物 2000 个/立方米,浮游动物 150 毫克/立方米,底栖生物 143 克/立方米,是高生物量的海区,也是中国著名热带渔场。鱼类资源有 500 多种,虾蟹类 220 多种。浅海有主要经济鱼类 50 多种、经济虾类 10 多种。盛产驰名中外的合浦珍珠。沿海一带拥有 10.8 万亩的红树林,居全国第 2 位。海洋矿产资源丰富,海岸带拥有大量的钛、石英砂、磷钇矿等矿产。北海市西南附近的浅海海域有一定的石油、天然气等储量。沿海地区具有较大开发价值的海洋能,主要是潮汐能和波浪能,其中潮汐能开发条件良好,年发电量可达 10.8 亿千瓦时。

(6)旅游资源得天独厚。就广西壮族自治区的情况来看,广西旅游资源非常丰富,已开发的景区、景点有 400 多处。其中列为国家级的风景名胜区 3 个、旅游度假区 1 个、历史文物保护单位 7 处、森林公园 11 个;省级风景名胜区 31 处、旅游度假区 9 个、历史文物保护单位 220 处。最著名的是桂林到阳朔的百里漓江风景区,集岩溶风景之大成,素有"山水甲天下"之美称,为全国四大旅游胜地之一。广西旅游资源独具特色,重点可归纳为五大旅游景区:一是以桂林国际旅游城市为领衔品牌,包括堪称世界一绝的桂林市喀斯特地貌和周边县的丹霞地貌的山水资源,以灵渠、龙胜梯田及桂海碑林、桂林愚自乐园等为代表的历史人文资源,以壮、苗、瑶、侗等少数民族丰富的民族民俗资源,以及桂林两江四湖、桂林乐满地、阳朔西街和遇龙河—月亮山等为代表的休闲旅游资源在内的大桂林国际旅游度假区。二是包括桂平西山、贺州姑婆山、玉石林、梧州白云山、陆川温泉、大桂山森林资源、容县真武阁等在内的桂东历史文化名胜自然生态旅游区。三是以金秀大瑶山、宜州刘三姐故乡为领衔品牌的金秀大瑶山生态民俗文化旅游区。四是以百色大石围天坑群为领衔品牌的世界第一大天坑群——百色大天坑群旅游区。五是以北海银滩、德天跨国大瀑布为领衔品牌的北部湾滨海旅游和跨国边关风情旅游区。

(7)人口状况。就广西壮族自治区的情况来看,广西是中国5个民族自治区之一,世代居住着壮、汉、瑶、苗、侗、仫佬、毛南、回、京、彝、水、仡佬等12个主要民族,另有25个其他少数民族成分。汉族人口占全区总人口的61.6%,少数民族人口占38.4%,其中,壮族人口占全区少数民族人口的85.7%。其他少数民族与民族地区的情况详见表3-3和表3-4。

表3-3 2003年底总人口和自然增长率状况

地 区	总人口 (万人)	占全国比例 (%)	自然增长率 (%)
全　　国	129227	100.00	6.01
西部地区	36924	28.57	7.43
重庆	3130	2.42	2.69
四川	8700	6.73	3.12
贵州	3870	2.99	9.04
云南	4376	3.39	9.80
西藏	270	0.21	11.10
陕西	3690	2.86	4.29
甘肃	2603	2.01	6.12
青海	534	0.41	10.85
宁夏	580	0.45	10.95
新疆	1934	1.50	10.78

内蒙古	2380	1.84	3.07
广西	4857	3.76	7.29

资料来源:根据《中国统计年鉴》(2004)整理。

表 3 - 4　西部地区人口素质状况

单位:人,%

地区	15 岁及 15 岁以上人口	文盲半文盲人口	文盲半文盲占比
全国合计	1004154	109955	10.95
西部地区	283180	39682	14.01
重庆	24945	2095	8.40
四川	68569	8046	11.73
贵州	28111	5533	19.68
云南	32286	6941	21.50
西藏	1927	1057	54.85
陕西	28725	3421	11.91
甘肃	19739	4013	20.33
青海	3937	924	23.47
宁夏	4163	731	17.56
新疆	14178	984	6.94
内蒙古	19223	2628	13.67
广西	37377	3309	8.85

资料来源:根据《中国年鉴》(2004)整理。

(三)少数民族与民族地区经济社会发展条件的总体评价

1. 经济总量上升,总体实力增强

目前多采用国内生产总值(GDP)来衡量经济增长状况,表 3 - 5 显示了自 1999 年西部大开发战略启动以来西部地区各省区市的 GDP 的增长情况。就广西壮族自治区的情况来看,广西国内生产总值从 1999 年的 1900 亿元增加到 2003 年的 27 亿元。其在西部和全国所处的位置见表 3 - 5 和表 3 - 6。

表 3－5　全国和西部地区国内生产总值和指数

地区	国内生产总值（百亿元）					指数（％）				
	1999	2000	2001	2002	2003	1999	2000	2001	2002	2003
全国合计	875.53	972.09	1067.66	1180.21	1355.39	1.08	1.09	1.10	1.10	1.12
西部地区	153.54	166.55	182.48	200.81	229.55	1.08	1.09	1.09	1.10	1.11
重庆	14.80	15.89	17.50	19.71	22.51	1.08	1.09	1.09	1.10	1.12
四川	37.12	40.10	44.22	48.75	54.56	1.06	1.09	1.09	1.11	1.12
贵州	9.12	9.94	10.85	11.85	13.56	1.08	1.09	1.09	1.09	1.10
云南	18.56	19.55	20.75	23.32	24.65	1.07	1.07	1.07	1.08	1.09
西藏	1.06	1.17	1.39	1.61	1.85	1.10	1.09	1.13	1.13	1.12
陕西	14.88	16.61	18.44	20.36	23.99	1.08	1.09	1.09	1.10	1.11
甘肃	9.32	9.83	10.73	11.61	13.05	1.08	1.09	1.09	1.09	1.10
青海	2.38	2.64	3.01	3.41	3.90	1.08	1.12	1.12	1.12	1.12
宁夏	2.41	2.66	2.98	3.29	3.85	1.09	1.10	1.10	1.10	1.12
新疆	11.69	13.64	14.85	15.98	18.78	1.07	1.08	1.08	1.10	1.11
内蒙古	12.68	14.01	15.46	17.34	21.50	1.08	1.10	1.10	1.12	1.17
广西	19.53	20.50	22.31	24.55	27.35	1.08	1.07	1.08	1.11	1.10

资料来源：根据《中国统计年鉴》（2003、2004）整理。

表 3－6　全国和西部人均 GDP 变化情况

单位：元

地　　区	1999 年人均 GDP	2003 年人均 GDP
全国	7802	11830
西部地区	4445	6656
重庆	4826	7209
四川	4452	6418
贵州	2475	3603
云南	4452	5662
西藏	4262	6871

陕西	4101	6480
甘肃	3668	5022
青海	4662	7277
宁夏	4473	6691
新疆	6470	9700
内蒙古	5350	8975
广西	4148	5969

资料来源:根据《中国统计年鉴》(2000、2004)整理。

2. 产业结构优化

在改革开放和西部大开发战略的指引下,少数民族与民族地区的产业结构得到不断的优化。就广西壮族自治区的情况来看,广西的产业结构与西部其他地区的产业结构得到了优化。从表3-7可以看出,广西产业结构的调整步伐与全国基本保持一致。表3-8反映了广西1999年与2003年的GDP的构成情况。四年间,三大产业的GDP都有较大幅度的增长。由此可见,广西的工业化进程在加快。

表3-7   全国和西部地区产业结构变化状况

单位:%

地区	1999 年			2003 年		
	第一产业	第二产业	第三产业	第一产业	第二产业	第三产业
全国平均	19.17	43.13	37.69	15.2	45.7	39.1
西部地区	23.53	39.66	36.79	18.6	42.7	38.7
重庆	19.2	40.8	39.9	15.0	43.4	41.6
四川	25.4	41.9	32.7	20.7	41.5	37.8
贵州	29.3	38.2	32.4	32.0	42.7	35.3
云南	22.2	44.5	33.3	20.4	43.4	36.2
西藏	32.4	22.7	44.9	22.0	26.0	52.0
陕西	18.0	43.1	38.9	13.3	47.3	39.4

甘肃	20.5	45.5	34.0	18.1	46.6	35.3
青海	17.0	41.1	41.9	11.8	47.2	41.0
宁夏	19.9	42.5	37.6	14.4	49.8	35.8
新疆	23.0	39.4	37.6	22.0	42.4	35.6
内蒙古	27.0	40.6	32.3	19.5	45.3	35.2
广西	28.4	35.6	36.0	23.8	36.9	39.3

资料来源：根据《中国统计年鉴》(2000、2004)整理。

表 3-8　全国及西部地区及各产业国内生产总值比较

单位：百亿元

地区	1999 年 GDP	2003 年 GDP	1999 年 第一产业	2003 年 第一产业	1999 年 第二产业	2003 年 第二产业	1999 年 第三产业	2003 年 第三产业
全国总计	876.71	1355.39	146.22	171.76	407.57	664.16	322.92	519.47
西部地区	153.54	229.55	36.52	44.50	62.97	98.36	54.05	86.68
重庆	14.80	22.51	2.84	3.36	6.04	9.77	5.91	9.37
四川	37.12	54.56	9.41	11.29	15.57	22.66	12.14	20.62
贵州	9.12	13.56	2.68	2.98	3.49	5.79	2.96	4.78
云南	18.56	24.65	4.12	5.03	8.25	10.69	6.18	8.93
西藏	1.06	1.85	0.34	0.41	0.24	0.48	0.47	0.96
陕西	14.88	23.99	2.68	3.20	6.42	11.34	5.78	9.45
甘肃	9.32	13.05	1.91	2.37	4.24	6.08	3.17	4.60
青海	2.38	3.90	0.41	0.46	0.98	1.84	1.00	1.60
宁夏	2.41	3.85	0.48	0.56	1.03	1.92	0.91	1.38
新疆	11.69	18.78	2.69	4.13	4.61	7.97	4.39	6.68
内蒙古	12.68	21.50	3.43	4.20	5.15	9.74	4.10	7.56
广西	19.53	27.35	5.54	6.52	6.96	10.08	7.03	10.75

资料来源：根据《中国统计年鉴》(2000、2004)整理。

3．开放程度不断提高

就广西在西部地区各省市区的进出口总额、吸引外资等指标来看，均有增长，说明开发程度在提高。但与其他一些内陆省区相比，优势不明显，与其所处的区位优势不相称。详见表 3-9、表 3-10、表 3-11。

表 3 - 9　1999 ~ 2003 年进出口商品总值(按海内目的地、货源地分)

单位:亿美元

年份 地区	1999	2000	2001	2002	2003
全国	3606.30	4742.96	5096.51	6207.66	8509.88
西部地区	149.63	186.13	197.03	228.21	299.96
重庆	13.24	18.51	21.37	20.23	25.59
四川	27.32	27.78	33.60	44.61	57.80
贵州	6.60	8.56	8.67	9.80	15.53
云南	17.22	18.84	21.50	23.28	27.20
西藏	1.65	1.49	1.06	1.25	1.47
陕西	20.77	23.88	26.46	27.84	35.55
甘肃	5.63	6.92	9.14	10.38	12.92
青海	1.89	2.26	2.54	2.34	3.43
宁夏	4.03	5.32	6.34	4.94	7.45
新疆	19.93	25.86	23.68	30.82	48.55
内蒙古	12.65	23.86	21.85	26.65	32.26
广西	18.69	22.85	20.82	26.07	32.22

资料来源:根据《中国统计年鉴》(2002、2003、2004)整理。

表 3 - 10　1999 ~ 2003 年实际利用外商直接投资额(按地区分)

单位:亿美元

年份 地区	1999	2000	2001	2002	2003
全国	399.35	403.33	463.67	524.71	529.40
西部地区	18.37	18.52	19.22	20.05	17.23
重庆	2.39	2.44	2.56	1.96	2.61
四川	3.41	4.37	5.82	5.56	4.12
贵州	0.41	0.25	0.28	0.38	0.45
云南	1.54	1.28	0.65	1.12	0.84
西藏	-	-	-	-	-
陕西	2.42	2.88	3.52	3.60	3.32

甘肃	0.41	0.62	0.74	0.61	0.23
青海	0.05	0.00	0.36	0.47	0.25
宁夏	0.51	0.17	0.17	0.22	0.17
新疆	0.24	0.19	0.20	0.19	0.15
内蒙古	0.65	1.06	1.07	1.77	0.89
广西	6.35	5.25	3.84	4.17	4.19

资料来源:根据《中国统计年鉴》(2001、2002、2003、2004)整理。

表3-11　1999~2003年外商投资企业年度状况

单位:万美元

年份项目 地区	投资总额					注册资本				
	1999	2000	2001	2002	2003	1999	2000	2001	2002	2003
全国	7786	8247	8750	9819	11174	4635	4840	5058	5521	6226
西部地区	496	503	526	569	639	322	326	333	349	379
重庆	73	66	70	69	65	50	44	42	40	35
四川	100	101	109	120	136	70	70	75	81	89
贵州	20	15	16	19	21	15	12	12	12	14
云南	44	48	54	61	73	28	31	34	37	41
西藏	3	3	3	3	4	1	2	2	2	2
陕西	77	83	96	106	116	47	51	58	64	72
甘肃	18	26	25	22	22	12	18	16	14	15
青海	9	6	6	7	8	4	3	4	3	5
宁夏	8	9	11	23	39	6	7	8	9	15
新疆	13	11	11	11	13	8	7	7	8	8
内蒙古	23	25	22	24	38	16	17	15	17	22
广西	109	109	102	104	104	64	63	59	61	61

资料来源:根据《中国统计年鉴》(2001、2002、2003、2004)整理。

4.贫困状况进一步改善

经过扶贫工作和西部大开发,少数民族与民族地区的贫困状况得到了很大的改善。就广西壮族自治区的情况来说,广西的贫困面貌已得到极大改善,人民生活水平有了明显提高。贫困状况的改善首先得益于收入水平的提高。详见表3－12。

表3－12　城乡居民收入状况

单位:百元

地区	城市居民家庭人均可支配收入					农村居民家庭人均可支配收入				
	1999 年	2000 年	2001 年	2002 年	2003 年	1999 年	2000 年	2001 年	2002 年	2003 年
全国	58.54	62.80	68.60	77.03	84.72	22.10	22.53	23.66	24.76	26.22
西部	52.84	56.48	61.72	66.75	72.35	16.04	16.32	16.93	17.92	19.34
重庆	58.96	62.76	67.21	72.38	80.94	17.37	18.92	19.71	20.98	22.15
四川	54.78	58.94	63.60	66.11	70.42	18.43	19.04	19.87	21.08	22.30
贵州	49.34	51.22	54.52	59.44	65.69	13.63	13.74	14.12	14.90	15.65
云南	61.79	63.25	67.98	72.41	76.44	14.38	14.79	15.34	16.09	16.97
西藏	69.09	74.26	78.69	80.79	87.65	13.09	13.31	14.04	14.62	16.91
陕西	46.54	51.24	54.84	63.31	68.06	14.56	14.64	14.91	15.96	16.76
甘肃	44.75	49.16	53.83	61.51	66.57	13.57	14.29	15.09	15.90	16.73
青海	47.03	51.70	58.54	61.71	67.45	14.67	14.90	15.57	16.69	17.94
宁夏	44.73	49.12	55.44	60.67	65.30	17.54	17.24	18.23	19.17	20.43
新疆	53.20	56.45	63.95	69.00	71.74	14.73	16.18	17.10	18.63	21.06
内蒙古	47.71	51.29	55.36	60.51	70.13	20.03	20.38	19.73	20.86	22.68
广西	56.20	58.34	66.66	73.15	77.85	20.48	18.65	19.44	20.13	20.95

转引自殷孟波:《西部大开发资金渠道问题研究》,中国金融出版社2006年版,第106页。

三、少数民族与民族地区的金融发展状况

（一）金融总量和人均量均偏小,金融工具多样化不足

金融机构是理解金融结构和金融发展的关键。由于不同经济主体间的金融需求是有差异的、分层的,所以健全的区域金融机构应是多层次、多元化的金融组织,以满足不同的金融需求。在我国,银行是金融机构的核心。随着对外开放的深入和市场经济体制的初步建立,我国东部地区不断完善其金融机构体系,首先,从构成上已形成了国有商业银行、政策性银行、股份

制商业银行、非银行金融机构和外资金融机构并存的多元化金融格局,并且国有四大行业务所占比例在逐渐下降。另外,在广东、福建、浙江等沿海一带,还存在大量的民间非正规金融。但民族地区金融机构还是以国有四大商业银行为主。

其次,从规模上东部地区的金融机构数量也迅速扩张。我们以中国工商银行为例,2006 年其地区分支机构设置在东部的占有 46%,西部仅有 20.3%,其中广东有 2079 家,江苏有 1493 家、山东有 1631 家。至于其他国有商业银行金融机构设置也存在类似的情况。而对于民族地区金融机构,首先从构成上多元化金融格局尚未最终形成,占有绝对主导地位的仍是国有四大商业银行。招商、民生、光大等十大股份制商业银行虽已登陆民族地区,但其主要是在民族地区中心城市设立少量分支机构。尽管我国加入WTO 后,外资金融机构已大量涌入,可是进入民族地区的少之又少。

民族地区的金融机构的数量少且类别单一的特征,又直接约束了金融工具的多元化发展,直接表现为金融工具的缺乏。金融工具是指对经济单位的债权凭证和所有权凭证。我国金融市场上的金融工具种类本就局限于银行存款、贷款、股票、债券等基础性金融工具,而经济落后的民族地区的金融工具交易数量远远不够,并且缺乏适合民族地区经济发展特色的金融工具,如民族地区投资基金、债券等。

尽管直接金融在过去 20 多年获得了快速发展,但间接金融至今仍是少数民族与民族地区的主体。就广西壮族自治区的情况来说,广西金融机构存贷款规模可以反映广西金融的发展水平。就过去 5 年广西金融机构人民币存贷款规模与全国来比,广西金融的总量和人均量都偏小(见表 3 – 13、表 3 – 14)。

表 3 – 13 2001 ~ 2003 年金融机构人民币各项存款余额广西与全国比较

	2003 年	2002 年	2001 年
广西金融机构人民币各项存款余额(亿元)	3175.34	2784.15	2518.94
全国金融机构人民币各项存款余额(亿元)	208055.59	170917.74	133617.17

广西占全国比重(%)	1.53	1.63	1.75
广西人均存款余额(元)	6538	5774	5261
全国人均存款余额(元)	16004	13306	11255

数据来源:《中国统计年鉴》(2004)、《广西统计年鉴》(2004)。

	2003 年	2002 年	2001 年
广西金融机构人民币各项贷款余额(亿元)	2320.66	1941.07	1764.05
全国金融机构人民币各项贷款余额(亿元)	158996.23	131293.93	112314.70
广西占全国比重(%)	1.46	1.48	1.57
广西人均贷款余额(元)	4779	4025	3684
全国人均贷款余额(元)	12304	10221	8800

数据来源:《中国统计年鉴》(2004)、《广西统计年鉴》(2004)。

广西金融工具多样化不足主要表现为:从已开办的新业务规模来看,广西商业银行新金融工具规模小,在银行整体业务中所占比重低;从品种上看,消费信贷、网上银行、租赁、个人理财业务等只是少量开办,投资银行、国际金融和衍生金融工具业务等还处于探索阶段。就是较为基本的票据业务,也存在着总量偏小、结构不合理现象。例如,截至 2003 年 10 月,广西商业汇票余额 45.5 亿元,全部是银行承兑汇票,贴现余额为 36.9 亿元,其中自 2003 年 8 月建设银行率先办理商业承兑汇票实现零突破以来,广西贴现商业承兑汇票仅为 0.31 亿元;9 月末,广西商业汇票余额仅占广西金融机构贷款余额的 2.03%,与东中部地区的差距很大。上述票据业务主要集中在经济较好的南宁、柳州等地,这两地 2003 年合计商业汇票余额和年累计发生额,在广西的占比分别为 90.27% 和 91.68%,其他地区鲜有此类业务发生。广西能提供此业务的多为国有商业银行,农信社尚没有开办票据业务的资格,其他商业银行(股份制商业银行和城市商业银行)截至 2003 年 9 月末的商业票据累计贴现占广西壮族自治区票据业务总量为 20.89%,南宁市商业银行从 2002 年起开办票据业务,2002 年全年仅办理一笔银行承兑汇票。

（二）商业银行机构设置与信贷状况

就广西壮族自治区的情况来说,2004 年,广西银行业有机构 18 家,经营网点 5906 个,从业人员 4.24 万人。其中,人民银行分支机构 88 个,从业人员 4100 多人;国家开发银行、中国农业发展银行两家政策性银行分支机构 72 个,从业人员 1613 人;工商银行、农业银行、建设银行、中国银行 4 家国有独资商业银行分支机构 2222 个,从业人员 3.83 万人;交通银行、光大银行等股份制商业银行分支机构 102 个,从业人员 1957 人,南宁、柳州、桂林 3 家城市商业银行经营网点 127 个,从业人员 2023 人;农村城市信用合作社经营网点 2499 个,从业人员 2.1 万人;邮政储蓄网点 796 个,从业人员 6585 人;银行资产管理公司 4 家,从业人员 300 人。与全国相比,其占比相当低,详见表 3－15。银行信贷状况详见表 3－16、表 3－17。

表 3－15　银行系统机构、人员

项目	机构个数	年末人数（人）
总计	82453	1800381
中国人民银行	2167	138538
中国工商银行	18764	427383
中国农业银行	28234	478895
中国银行	11019	229740
中国建设银行	14088	300288
中国农业发展银行	2176	59598
交通银行	2607	57323
中国进出口银行	16	908
浦东发展银行	375	10082
国家开发银行	38	4708
中信实业银行	418	14577
中国光大银行	416	9734
中国民生银行	242	9447
华夏银行	294	7761

招商银行	454	20653
广东发展银行	500	12284
福建兴业银行	329	9918
深圳发展银行	240	7142
恒丰银行	76	1402

资料来源:《中国统计年鉴》,中国统计出版社 2006 年版,第 781 页。

表 3 - 16　主要年份全社会金融机构信贷资金来源

（单位:亿元）

资金来源项目	1995 年	2000 年	2004 年	2005 年
一、各项存款合计	1152.32	2269.06	3673.19	4202.84
（一）企业存款	335.68	665.74	959.13	1012.46
（二）财政性存款	35.99	133.65	337.35	419.58
财政存款	21.77	64.91	84.23	100.47
机关团体部队存款	14.22	68.74	253.12	319.11
（三）城乡居民储蓄存款	735.50	1374.42	2240.11	2561.34
其中:定期存款	496.73	800.77	1128.72	1285.29
（四）农业存款	7.24	32.26	62.25	72.73
（五）信托类存款	27.90	2.70		
（六）其他存款	10.01	60.29	74.35	136.73
二、企业债券	0.37		-25.80	
三、国家投资债券				
四、同业往来	116.60		2.20	18.53
五、银行往来	-105.91			
六、汇出汇款	23.81			
七、所有者权益	65.06	-66.73	-46.13	17.13
八、当年结益	-1.49			
九、其他	513.59	-505.29	-614.20	94.26
总计	1764.35	1697.06	3009.26	4332.76

资料来源:《广西统计年鉴》,中国统计出版社 2006 年版,第 159 页。

表3-17　主要年份全社会金融机构信贷运用项目

（亿元）

资金运用项目	1995 年	2000 年	2004 年	2005 年
一、各类贷款合计	1055.67	1613.25	2759.65	3056.86
（一）短期贷款	707.23	942.60	1072.68	1146.90
工业贷款	212.51	251.38	327.76	329.20
商业贷款	226.15	252.33	182.59	169.55
建筑业贷款	18.78	19.00	17.27	21.85
农业贷款	66.10	107.85	206.60	298.44
乡镇企业贷款	59.49	65.04	66.92	19.23
私营及个体工商企业贷款	5.29	10.23	10.86	7.33
三资企业贷款	13.30	29.33	9.27	9.01
其他短期贷款	105.61	207.45	251.41	292.29
（二）中期流动资金贷款		68.94	97.28	
（三）中长期贷款	246.83	514.12	1488.16	1811.76
技术改造贷款	58.67	51.07	26.16	35.72
基本建设贷款	96.36	333.18	783.04	906.01
其他中长期贷款	91.80	129.87	678.96	870.03
（四）信托类贷款	26.75	2.58		
（五）其他类贷款	74.86	84.96	101.53	98.20
二、有价证券及投资	68.76	36.94	41.20	46.59
三、国家投资债券类贷款	0.34	0.04		
四、同业往来	77.22		13.33	0.52
五、金银占款	2.44	3.00		
六、外汇占款	4.71	0.41	0.08	0.60
七、库存现金	41.89	38.11	46.58	54.32
八、其他	512.92	5.31	148.42	1173.87
总计	1764.35	1697.06	3009.36	4332.76

资料来源：《广西统计年鉴》，中国统计出版社2006年版，第160页。

（三）资本市场有所发展，但须待加强

资本市场作为一种直接融资方式，更能体现金融市场交易关系，其建立和发展对于促进我国少数民族与民族地区金融发展和深化具有重要意义。但从总体来看，少数民族与民族地区资本市场发展缓慢，直接融资渠道狭窄，具体表现为：（1）股票市场不发达。包括上市公司数目较少，上市公司融资能力较低，上市公司的经济效益较差且呈下滑之势。（2）债券市场发展更为落后。（3）证券经营机构数量少，发展程度低。①

就一个区域而言，资本市场的发展主要体现在该区域对国内外资本市场的介入与利用程度。从广西壮族自治区的情况来说，广西在这方面的不足主要表现在上市公司数量少，总体规模小。截至 2004 年 8 月，全国已有上市公司 1370 多家，广西的上市公司只有 22 家，仅占 1.52%，在全国 32 个省市中排第 24 位，上市企业的数量明显低于全国平均水平。到 2003 年底，广西上市公司总市值为 353.54 亿元，仅占 GDP 的 12.93%，远低于全国 37% 的平均水平，累计融资总额 86 亿元，只占全国 10000 亿元的 0.86%。上市公司目前只有首发 A 股、配股、增发和可转债 4 种形式，B 股、H 股、N 股发行均为空白。截至 2003 年，通过发行、配售股票共筹集资金 12.18 亿元，同年全国证券市场通过发行、配售股票共筹集资金 1358 亿元相比，仅占 0.9%。（详见表 3 - 18 和表 3 - 19）

表 3 - 18　证券市场基本情况

年份	全国统计	上交所	深交所	仅发 A 股公司	发 A、H 股公司	发 A、B 股公司	仅发 B 股公司
1990	10	8	2	10			
1991	14	8	6	14			
1992	53	29	24	53		18	

---

①　谢丽霜：《西部开发中的金融支持与金融发展》，东北财经大学出版社 2003 年版，第 46—49 页。

1993	183	106	77	183	3	34	6
1994	291	171	120	227	6	54	4
1995	323	188	135	242	11	58	12
1996	530	293	237	431	14	69	16
1997	745	383	362	627	17	76	25
1998	851	438	413	727	18	80	26
1999	949	484	465	822	19	82	26
2000	1088	572	516	955	19	86	28
2001	1160	646	514	1025	23	88	24
2002	1224	715	509	1085	28	87	24
2003	1287	780	507	1146	30	87	24
2004	1377	837	540	1236	31	86	24
2005	1381	834	547	1240	32	86	23

资料来源:《中国统计年鉴》,中国统计出版社 2006 年版,第 789 页。

表 3 – 19　上市公司数量

项目	2004 年	2005 年
境内上市公司数(A、B 股)(家)	1377	1381
境内上市外资股(B 股)(家)	110	109
境外上市公司数(H 股)(家)	111	122
股票总发行股本(亿股)	7149.43	7629.51
国债发行额(亿元)	6923.90	7042.00
企业债发行额(亿元)	327.00	2046.50
证券投资基金只数(只)	161	218
证券投资基金规模(亿元)	3308.79	4714.18

资料来源:《中国统计年鉴》,中国统计出版社 2006 年版,第 791 页。

（四）开发性金融在少数民族与民族地区经济社会发展中的作用凸现

国家开发银行高度重视对少数民族与民族地区经济社会发展的金融支持工作,致力于为少数民族与民族地区的经济结构和产业结构的调整提供全方位的、高效的金融服务,对少数民族与民族地区的经济社会发展的支持作用逐步增强。

1. 积极支持重点项目建设

从广西壮族自治区的情况来说,截至 2004 年 3 月 31 日,开发银行累计向广西壮族自治区投放贷款超过 500 亿元,先后支持了南昆铁路、龙滩水电站、百色水利枢纽、平果铝业、北海电厂、田东电厂、桂林两江机场、天生桥水电站、岩滩水电站、合山电厂、南宁至柳州、南宁至北海、兴业至六景高速公路、南宁机场高速路等基础设施、基础产业和支柱产业的建设。项目覆盖了电力、交通、铁路、林业森工、有色金属、石油化工等行业。在广西基础设施、基础产业中的贷款份额位居第一,是广西中长期信贷市场的主力银行。

开发银行贷款支持的国家重点项目——龙滩水电工程是红水河梯级开发龙头骨干控制性工程,是国家西部大开发的十大标志性工程和“西电东送”战略项目之一。其装机容量占红水河可开发容量的 35% ~ 40% ,是仅次于长江三峡的巨型水电工程。龙滩水电工程是西江流域不可替代的战略防洪工程,也是实现红水河全河通航的关键工程,同时社会效益巨大。该项目总投资为 243 亿元,开发银行承诺贷款 70 亿元。2003 年底,龙滩水电工程顺利实现大江截流,目前工程正在顺利进行。

2. 积极支持城镇化建设

以广西壮族自治区为例,国家开发银行在广西壮族自治区的城市基础设施项目上,已贷款支持了南宁、柳州、桂林、梧州、百色、来宾等市的城市建设。项目包括:南宁市土地储备中心、南宁市快速环道及机场高速路连接线、柳州内环路、桂林“两江四湖”环境综合整治工程、桂林桂磨公路及阳朔西街保护性改造。在防洪综合治理工程中,已贷款支持了柳州市和梧州市的防洪堤项目。

3. 积极支持国有企业的改革与发展

以广西壮族自治区为例,一是完成了 15 个项目,涉及金额达 12. 76 亿元的不良资产剥离工作。二是实施债转股,完成了平果铝业公司的利息转本金及债转股工作,共实施债转股 6. 9 亿元,将 6. 46 亿元贷款利息转为本金。三是用自己的利润核销国有企业的不良贷款,累计核销贷款本息 4. 57

亿元,涉及项目 23 个(其中扶贫项目 13 个,核销贷款本息 12384 万元),有力地支持了国有企业的发展。

4.积极支持贫困地区脱贫致富

以广西壮族自治区为例来说,开发银行在三江、融水、都安、天等、龙州五个定点扶贫县先后支持了 20 个项目,累计发放贷款 17261 万元(其中,核销 10557 万元,剥离 1644 万元,合计占比 71%),项目涉及农业、林业、电力、有色金属、制药、食品、糖业等多个行业。并向五个定点扶贫县累计发放小额扶贫贷款 1452.2 万元。开发银行贷款支持的融水县 11 万伏送变电工程、三江县竹笋基地一二三期工程、龙州糖厂等项目,为推动贫困地区经济发展、提高贫困地区人民生活水平发挥了积极作用。2003 年,开发银行向广西发放贷款 85.37 亿元,是 2002 年的 2.74 倍,支持力度明显加大。按统计局提供的数据测算,每一元的贷款产生 1.3 元的 GDP,85.37 亿元的贷款可产生 110.98 亿元的 GDP,为广西全年的经济增长做出了积极的贡献。

(五)金融发展总体落后,经济的货币化不足

戈德史密斯(Gold smith,1969)的研究表明,经济发展和金融发展之间是平行关系,而且,在许多快速增长时期,"一国的金融上层结构发展要快于该国国民生产和国民财富基础结构的发展"[①],也就是说,一国金融资产总量和经济发展之间存在着大致平行的关系,随着经济总量和人均收入的增加,金融发展的规模也相应扩大,而且,金融资产总量的增长要快于其生产总值的增长。

以广西壮族自治区为例来说,2007 年全年金融业增加值 127.28 亿元,占 GDP 比重仅为 2.16% 左右,占第三产业比重仅为 5.57%,分别比全国低约 1 和 3 个百分点,与广东等沿海发达地区差距就更大。以国有银行各项存贷款为例,计算了国有银行存贷款之和与 GDP 的比值,如图 3－1。可以看出民族地区的国有银行存贷款之和与 GDP 的比值自 1987 年后明显低于

---

① ［美］雷蒙德·W. 戈德史密斯:《金融结构与金融发展》,周朔等译,上海人民出版社 1996 年版,第 45 页。

全国平均水平,由此可见,民族地区的金融发展总体落后,经济的货币化水平不足。经济循环中信贷和货币化的程度较低,一方面是由于民族地区自然经济部门占用较大比例,另一方面是由于民族地区金融机构不发达和结构不合理。

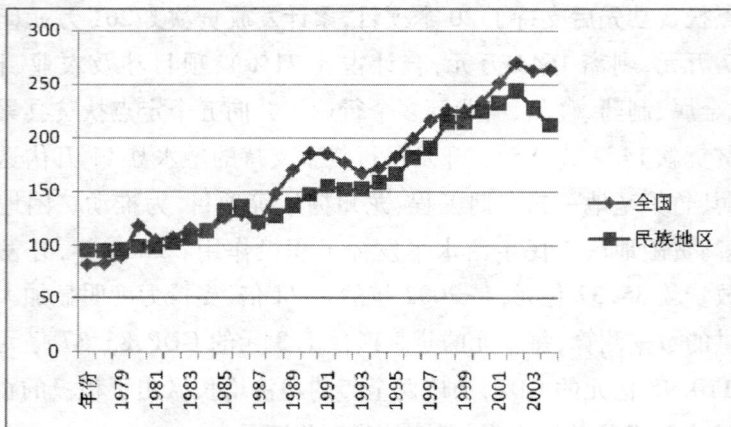

图 3 - 1　民族地区经济与全国国有银行存贷款之和与 GDP 比值的比较
资料来源:根据各年《中国统计年鉴》整理。

(六)区域资金流失严重,加剧了资金供求的矛盾

随着我国市场经济制度的建立和不断完善,推动了要素市场的建立,而要素市场的建立和完善必然打破了要素流动的地域、行业、和企业的束缚,使得要素所有者依据市场经济的规则,权衡收益和成本,把要素投向预期收益高,成本相对较低的地区、行业和企业,这大大提高了资源的配置效率。我国的东部地区经济发展快,投资环境好,资本的边际效率明显高于民族地区,投资风险整体上也低于民族地区,而且分散风险的途径也较多。因而,尽管长期以来,国家为支持少数民族地区经济发展而注入了大量的资金,但同时,少数民族地区资金通过各种途径向东部地区流动。比如信贷资金通过上存资金、资金净拆出、金融机构直接向民族地区以外的地方贷款等渠道外流,特别是大城市和发达地区集中。特别是邮政储蓄的快速增长,其吸收

的资金通过人民银行逐级上划到总行,统一调配使用,直接影响到民族地区资金供给,有人形象地把这种现象称之为"抽水机"。

资本市场上的东西部差距,使得资金通过资本市场更多地在东部地区集聚,加大了民族地区的资金缺口,某种意义上可以说在民族地区的金融机构成为从民族地区抽取资金的潜水泵。

(七)金融发展路径表现出强烈的外生推进特征

从历史上看,在计划经济时代,民族地区的国有银行的设置是与行政区划匹配的,而与当地的经济发展水平没有必然联系,金融发展路径表现出强烈的外生推进特征,现在国有商业银行由于实行改革以后,逐步撤出了一些民族地区,但由于种种原因还保留了为数众多的机构;从财政性存款对金融外生性贡献来看,财政对金融促进作用主要体现在两方面:一是财政性存款在金融机构的存款构成中比例较高;二是财政性存款占金融机构的存款比重是城乡居民储蓄存款的倍数。以西藏为例,在 1995 年以前,西藏财政性存款在存款总额中的比重一直大于城乡居民储蓄存款。

第二节　少数民族与民族地区
经济社会发展滞后的原因

少数民族与民族地区经济社会发展的问题,从本质上来说是一个区域经济增长和发展的问题。经济的发展离不开金融支持的前提。当前在民族地区存在着金融发展总体落后,经济的货币化不足;资本市场发育滞后;区域资金流失严重,加剧了资金供求的矛盾等诸多问题。因此,了解和分析民族地区经济发展特征,并基于金融因素分析造成这种原因,对于制定合理的金融支持政策建议有着重要的作用。

我国民族地区经济以传统的农业生产为主,是一个工业化的后来者。从 1840 年鸦片战争开始,东部地区陆续开始工业化,而民族地区开始工业化的时间至少滞后了 100 ~ 120 年,直到 20 世纪五六十年代才开始正式开始工业化,不仅工业化的时间晚,而且起点极其低下。[①]

　　新中国成立以来,我国采取的总体经济发展战略基本是"赶超发展战略"。这种战略是以实现工业总产值的最快速增长为目标,旨在通过工业的增长,特别是重工业的调整增长,带动其他部门的发展,从而实现全面的现代化,改变"一穷二白"的落后面貌。在产业布局上主要采取的是"均衡布局"战略,强调内地与沿海均衡发展,使得民族地区在非常落后的基础上得到了比较迅速的发展,尤其是"三五"、"四五"时期的三线建设,使得广大三线地区基本上建成了以国防科技工业为重点,交通、煤炭、电力、冶金工业为基础,机械、电子、化工为先导的门类比较齐全的工业体系,促进了我国工业布局的整体均衡和地区差距的缩小。但是,这种行政性的转移支付,人为的制造"增长极",大量的生产要素向边远地区转移,形成的是效率低下的生产群落,其很难和民族地区当地经济融合,难以形成对民族地区经济可持续发展的现实支撑。

　　改革开放以来,总体上实施的是"非均衡的发展战略",从强调地区均衡发展转而着重整体发展速度和宏观经济效益,着重于充分发挥和利用各地区优势,尤其是东部沿海地区的经济技术区位优势,加快了东部沿海地区的发展。这一时期国家虽然对民族地区经济发展十分重视,采取了许多切实有效的政策措施,也不断增加对民族地区的直接投资,结合民族地区的资源优势,形成了一批具有全国意义的生产基地或工业区,如宁夏和内蒙古的煤炭、电力基地,广西的糖业基地,新疆的石油、纺织基地,贵州的有色金属和化工基地,云南的烟草基地等,但总体上来看,国家对民族地区的投资占全部投资的比重比过去下降了不少,民族地区与全国平均水平,特别是和东部沿海地区经济发展水平差距越来越大。

一、造成少数民族与民族地区发展滞后的历史原因

　　一是由于历史的和历代封建统治阶级的民族歧视、压迫政策,这既是我

---

　　① 刘再兴:《中国生产力布局学》,中国人民大学出版社 1981 年版,第 89 页。

国少数民族自古处于边远欠发达省区,政治、经济、文化比较落后的主要原因,也是今天民族主义产生的因素之一。历代的统治阶级,虽然也关注民族问题,但所采取的政策没有使各民族之间的关系真正达到融洽和睦。因为他们在民族关系问题上所采取的政策和措施,一是靠高压政策,即对周边不听其左右的民族进行武力镇压;二是收买各民族的上层人物,暂时给该民族人民一点实惠,接着进行更大的压榨和掠夺。从分布的地域上讲,少数民族各自固定的居住区域基本稳定,少数民族分布于边远疆土。各地自然条件和环境不一,东西南北之间自然屏障很多,自给自足的自然经济始终占统治地位,哪一块土地都能封闭地养活一个民族或一个人类群体。这种条件和环境,使封建文明得到延续和长期稳定。历代封建统治者紧闭国门,杜绝外面的文明,尤其是明清两代统治者变本加厉地闭关锁国,直接造成了中华民族今天这落后于人的局面。而处于边远疆土的少数民族更受其害,更看不到外面的世界正发生着什么样的变化。

二是进入近代以来,特别是当孙中山先生轰轰烈烈地搞资产阶级民主革命时,绝大多数少数民族包括一些汉族民众仍不知道中国在起着什么样的变化,就是当时人口占多数的汉族来说,处在资本主义影响下的人数也是微乎其微,而处于资本主义社会阶段的整体少数民族不曾存在。到了国民党统治时期,战乱、饥饿、灾荒连绵不断,边远少数民族生灵涂炭。一方面受到残酷地压迫和剥削,而另一方面他们又在各民族中间制造种种隔阂,欺负少数民族,使处在边远地区的少数民族和其他兄弟民族一样处于水深火热之中,得不到做人的权利。1921年,中国共产党成立,接着领导工人阶级发动了旨在推翻帝国主义、封建主义、殖民主义及其走狗在中国统治的大革命。但在中国严酷的现实面前革命很快遭到失败。在探索中国革命道路问题上,以毛泽东为首的共产党人,认真总结了失败的经验教训,指出中国的革命实质上就是农民革命,开辟了以农村包围城市的革命道路。这时,处在边远地区的有的少数民族代表,也跟着共产党开始走上革命的道路。但是,对大多数少数民族地区来说,革命影响力波及甚微。当中国共产党领导人民推翻国民党统治以后,多数少数民族地区也一瞬间和平地进入了社会主义社会。新中国成立后,我们进入了社会主义的大规模的建设时期。但是,社会主义的政治、经济、文化建设等理论问题对于我们都比较生疏,因此,解放后,生搬硬套苏联经验,走了很长的弯路。而边远少数民族地区也和全国同走一盘棋,搞穷过渡,其结果搞得越来越穷,到了极"左"思潮肆虐的年代,经济几乎达到崩溃的边缘。党的十一届三中全会之后,才逐步探索出一条具有中国特色的社会主义发展道路。

二、发展机遇意识淡薄是造成少数民族与民族地区经济社会发展滞后的重要原因

今天的边远少数民族与民族地区与改革开放前相比,经济社会有了巨大的变化,人民生活水平有了明显提高。但与东部地区经济发展和人民生活水平相比,却存在越来越大的差距,其原因来自多方面,从主观上分析,多次丧失大好的发展机遇。其中最重要的有以下几方面的原因:一是思想不够解放,观念陈旧、保守,没有竞争意识,缺乏拼搏进取和开拓创新的思想准备,对国家出台的改革措施理解不深或者反应迟钝。民族地区情况特殊等意识普遍存在,往往持等等看的怀疑态度,求变而不变,一步跟不上,步步跟不上,在坐而论道观望中丧失了机遇。二是受小农经济思想影响严重,在行为模式上表现出安于现状,求稳怕乱,缺乏大胆尝试的改革精神和敢为天下先的胆略,造成多次发展机遇的丧失。三是长期的计划经济和中央财力支持,使人们形成"等、靠、要"的心理和思维定势,从而使很多领导干部和部门忙于"跑钱",这与东部地区向上要政策形成极大的反差。还有在决策上往往步人后尘,造成束缚自己手脚的被动局面。四是对发展非公有制经济思想顾虑重重,仍有姓"社"姓"资"和姓"公"姓"私"的困扰,没有发展的紧迫感和危机感。

第三节　少数民族与民族地区经济社会发展的特征

虽然民族地区经济取得了一定成就,但是民族地区与非民族地区的差

距进一步拉大了,而且这种差距还有进一步拉大的趋势。具体表现在:

一、少数民族与民族地区经济总量及发展水平较低

从 3-1 中可看出,少数民族与民族地区的经济发展水平从改革开放以来即就一直落后于全国的平均水平,且呈现出绝对差距不断拉大的趋势。一直到 20 世纪 80 年代末期,民族地区人均 GDP 与全国的平均水平的差距都比较小。例如,1989 年,民族地区人均 GDP 为 1044 元,全国的平均水平为 1519 元,差距只有 475 元;但从 20 世纪 90 年代中后期以来,其差距呈现加速扩大之势,2005 年民族地区人均 GDP 为 9260 元,全国的平均水平为 14040 元,差距拉大到近 5000 元。

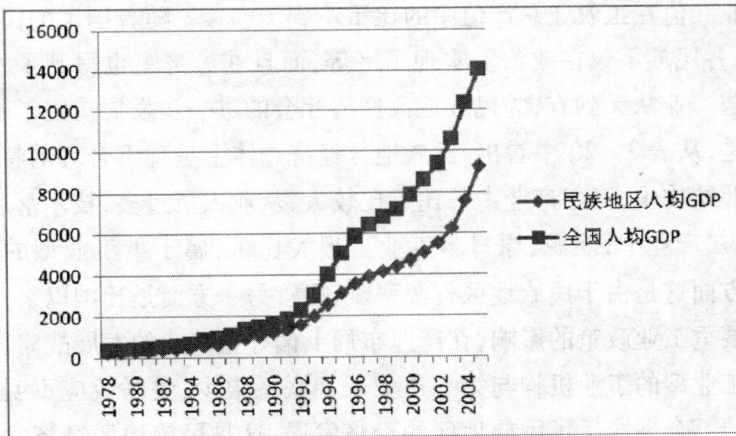

图 3-2　改革开放以来少数民族与民族地区与全国人均 GDP 的比较

单位:元

资料来源:各年《中国统计年鉴》,中国统计出版社。

注:民族地区人均 GDP 是根据统计资料中内蒙古、广西、西藏、宁夏、新疆、云南、贵州和青海 8 个省级单位的各年 GDP 总和除以各年人口算得的。

二、少数民族与民族地区经济社会发展不平衡,产业结构不合理

衡量区域经济发展水平,不仅要考查经济总量和发展速度,同时也应该重视产业结构因素。英国经济学家柯林·克拉克(Colin clark)在1940年出版的《经济进步的条件》一书中指出,经济进步必然伴随着产业结构的变化。因此,合理的产业结构,并适时地进行产业结构升级,对民族地区经济发展至关重要。

建国初期,少数民族与民族地区的生产方式落后,产业结构单一,基本上以农牧业为主。

工业产值在工农业总产值中的比重不到10%。[①] 随着国家的民族政策的实施,各民族不仅在政治上实现了平等,而且在经济上也得到了发展,许多行业与产业从无到有,为民族地区经济社会的进一步发展奠定了基础。

但是,从表3-20中看出,民族地区经济总体上呈现不合理的特征。在整个产业结构中,第一产业占的比重比较大,从业人员过多,技术落后,效率低下;第二产业中,能源、原材料工业占很大比重,属于重工业型的工业机构。一方面这是由于民族地区资源禀赋较高,另一方面是建国以来,受国家优先发展重工业政策的影响,在产业布局上偏好重工业的发展战略。同时,这种重工业型的工业机构与第一产业长期联系很少,关联效应不明显。产业结构的不合理滞后了民族地区的经济发展,这是民族地区经济发展落后的重要原因。

表3-20 民族地区和全国的产业结构(2005年)

单位:%

	内蒙古	广西	贵州	云南	西藏	青海	宁夏	新疆	全国
第一产业	15.1	22.4	18.5	18.9	19.1	11.6	12.7	19.6	12.6

① 参见龙远蔚:《中国少数民族经济研究导论》,民族出版社2004年版,第257页

| 第二产业 | 45.5 | 37.1 | 42.4 | 41.8 | 25.3 | 48.7 | 47.5 | 44.7 | 47.5 |
| 第三产业 | 39.4 | 40.5 | 39.1 | 39.3 | 55.6 | 39.7 | 39.8 | 35.7 | 39.9 |

资料来源:《中国统计年鉴·2006》,中国统计出版社 2006 年版。

三、少数民族与民族地区城乡差别突出,"二元结构"明显

城镇化水平是衡量区域经济社会发展水平的重要内容。从整体上来看,民族地区的城镇化水平较低,城乡差别非常突出,呈现出典型的"二元结构"。

在民族地区,相对发达的城市与落后的农村并存,城乡、区际差异明显。比如,部分省会城市及其他大城市经济、科技、文化、教育均较发达,交通便利,工业发展亦有一定基础,从而成为本区域经济发展的核心;而在边缘的农村地区,交通闭塞,甚至还未解决温饱问题,许多少数民族仍然处于贫困之中。特别是少数民族聚居的桂西北的大石山区、蒙新干旱地区、西藏和青海的高寒山区、滇东南山区等地。城镇化过程的重要特征是农业人口不断向城镇转移的过程,从图 3－2 中可以看出民族地区与全国在城镇化进程中的差距。

四、少数民族与民族地区对外开放程度低

我国的对外开放是从沿海地区开始的,随着时间的推进,逐步形成了经济特区—沿海开放城市—沿海经济开放区—沿边和沿江开放城市和内陆省会城市的总体格局。在政策上相对于东部沿海地区,民族地区对外开放存在着近 10 年的时滞;另外一方面,由于民族地区其本省面临的硬性约束因素,如地处内陆边远地区,周边国家经济发展水平不高,人口素质不高,基础设施落后等不利因素。从图 3－4 可以看出,以 2006 年为例,民族地区的人均进出口总额仅是全国水平的 20% 左右。

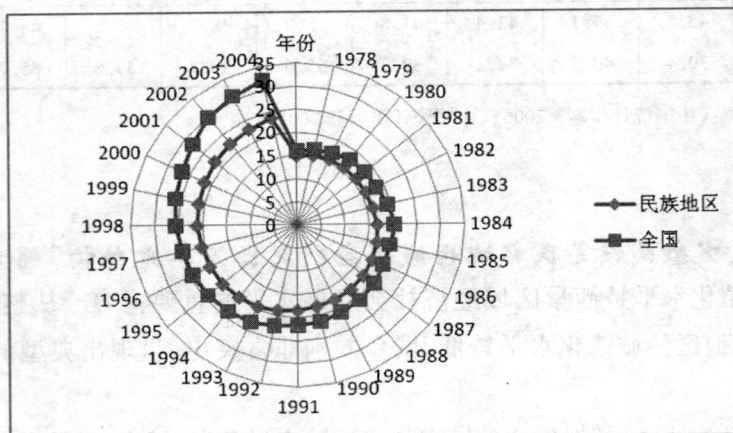

图 3 - 3　改革开放以来各年民族地区与全国的非农业占人口的比重

单位:%

资料来源:各年《中国统计年鉴》,中国统计出版社。

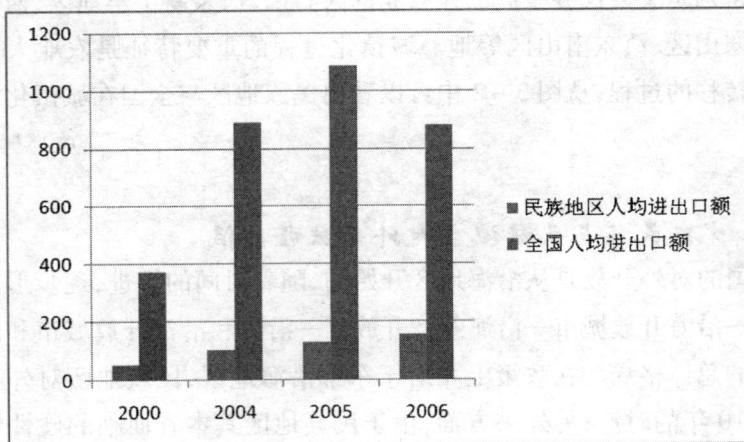

图 3 - 4　民族地区与全国人均进出口额的比较

单位:美元

资料来源:各年《中国统计年鉴》,北京,中国统计出版社。

五、少数民族与民族地区人口增长速度快,劳动力资源整体素质较差

经济的不发达在大多数情况下总是和人口的快速增长相伴生的。民族地区贫困面比较大,存在着"越穷越生,越生越穷"的恶性循环。2006 年,全国人口自然增长率为 5.28‰,而民族地区的自然增长率平均为 8‰,除了内蒙古以外的其余 7 个民族地区的省份,人口自然增长率都超过全国水平,西藏、宁夏、新疆的自然增长率更是在 10‰以上。与人口的快速增长相联系的是民族地区的人口素质不高,人力资本存量低。这一点从各省普通高校在校人数占各省人口的比重中可以看出(见图 3 - 5)。

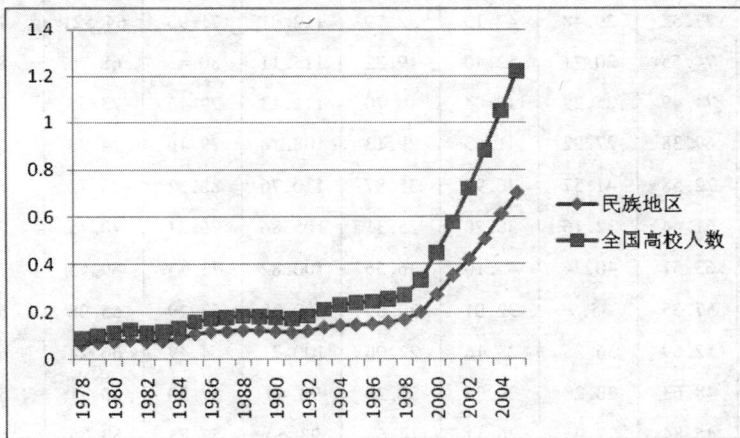

图 3 - 5　改革开放以来各年民族地区与全国的
普通高校在校人数占人口的比重比较

单位:%

资料来源:各年《中国统计年鉴》,中国统计出版社。

六、地方财政入不敷出,金融深化水平低,资本积累不足

少数民族与民族地区经济不发达,税基弱,财政自给率低,地方财政长

期"收不抵支",中央财政补助比重大,这被认为是民族地区经济的一个典型特征。从表3-21中,可以看出:除了1993年云南地方财政略有盈余外,其余所有年份各个地区对中央财政的依存度都为正的,特别是西藏各年对中央财政的依存度都在90%以上,大部分省份有不断加重的趋势。

表3-21　民族地区对中央财政的依存度

单位:%

年份＼地区	内蒙古	广西	贵州	云南	西藏	青海	宁夏	新疆
1978	63.03	31.10	49.10	35.64	103.40	57.35	45.32	58.04
1979	78.32	41.50	50.82	46.55	104.41	66.42	51.58	67.68
1980	77.52	29.48	47.15	32.79	112.81	71.93	64.521	75.15
1981	74.55	20.71	52.40	19.32	113.11	80.43	68.76	88.86
1982	74.49	25.29	49.04	16.70	111.13	79.16	73.38	70.68
1983	69.38	27.92	41.63	29.13	108.18	79.16	74.38	69.74
1984	72.58	41.57	46.99	35.87	110.76	82.32	73.72	69.05
1985	61.44	32.16	38.20	25.31	105.86	76.21	70.45	70.38
1986	63.51	40.24	44.10	36.56	100.82	73.73	69.55	70.95
1987	57.35	35.9	32.01	30.39	100.38	67.29	65.28	65.63
1988	52.69	36.38	28.16	22.06	100.21	64.49	66.28	60.26
1989	48.63	28.28	29.96	22.26	98.84	57.30	60.71	54.07
1990	45.84	27.95	26.11	14.68	98.60	57.73	58.35	54.68
1991	40.48	21.90	19.88	9.96	98.45	51.782	57.57	51.74
1992	45.77	22.01	22.02	10.09	93.45	56.17	51.26	54.18
1993	36.42	10.75	16.16	-2.15	92.78	49.55	44.07	44.16
1994	60.89	50.16	57.91	62.35	80.12	72.35	63.01	59.63
1995	57.23	43.49	54.53	58.16	93.83	70.02	60.93	60.29
1996	54.69	42.35	50.33	51.91	93.38	70.66	57.04	57.95
1997	48.79	41.95	49.11	51.97	92.26	70.05	58.16	54.56
1998	50.61	39.67	50.90	48.71	91.95	70.78	60.66	54.73

1999	52.55	12.66	56.31	54.32	91.41	74.57	66.27	55.95
2000	56.85	43.02	57.43	56.97	91.02	75.29	69.01	50.26
2001	64.98	49.19	63.62	61.50	94.15	80.43	72.79	59.52
2002	67.75	55.52	63.83	60.85	94.69	82.19	77.67	63.38
2003	45.08	54.08	62.43	61.07	93.60	80.47	75.42	65.48
2004	60.31	53.14	64.26	60.21	91.18	80.41	72.40	63.90
2005	50.86	53.71	64.45	59.19	92.27	80.11	71.89	60.21

注:财政依存度=(地方财政支出-地方财政收入)/地方财政支出%

七、思想观念和宗教文化对经济影响深刻

人们的思想观念是社会意识的上层建筑,先进的思想观念是人们认识的指南,落后的思想观念则是人们认识的障碍。观念落后是制约民族地区经济社会发展的软瓶颈,由于少数民族大多居住在偏远地区,长期处于自给自足的简单再生产阶段,有的还未解决温饱问题。特殊的地理位置和生活环境,使他们在接纳新观念、新科技、新信息方面总是比发达地区慢得多,结果西南民族地区与东部沿海地区相比人们的思想观念存在相当大的差距。在民族地区一些陈旧落后的思想观念仍然根深蒂固并左右着人们的行为,其主要表现为"金窝银窝不如自己的草窝"的安贫乐命、不思进取的思想;一切听从村老、寨老和族长调遣的旧道德;重农轻商的思想;见者有份的原始平均主义观念;在婚姻方面早婚早育,多子多福、近亲结婚的风俗习惯;缺乏积累财富的观念,政治宗教意识重于经济意识的观念等等。旧的思想、观念和风俗习惯如果没有较大的转变是不利于民族地区人口思想观念的进一步提高的。这些可以从以下一些具体事例中可见一斑。

另外从风俗习惯来看,我国少数民族居住偏远,经济落后,社会发展一方面缺乏资金,另一方面却存在一些不良习俗,导致了大量财富的浪费。

民族地区人民日常的经济活动及行为,受原始社会平均主义和原始共产社会的观念残余的影响很普遍,导致了许多独特的非理性的行为,例如"有酒同喝,有肉同吃"的风尚,更有些已经断粮数月的人家,还沉醉于消遣

娱乐之中,而吃饭时到别人家去吃,有的带头经商的人家贷款开办的小店,被村里的乡亲无休止的赊吃而拖垮,进而倒闭的。① 由此我们也就不难理解,为什么有些少数民族群众对国家的救济心安理得、泰然处之了;对客人即使力所不及也要倾其所有而盛情款待了。

正是这种心理壁垒和陈旧观念阻碍了民族地区经济社会发展开放。少数民族的陈旧观念阻碍了他们与现代文明的接触,使他们难以分享到人类社会政治经济、文化科技等方面的优秀成果,从而导致夜郎自大、满足现状、不思进取的思想,缺乏发展的愿望不同程度的存在,缺少向外拓展的冒险精神。因此,少数民族在破除其封闭心理和陈旧观念的同时,要重点注意增强或激发民族自尊心和自信心,当前迫切需要树立以下新观念:市场经济观念,先富起来的观念,积累财富的价值观念,人才观念和科技意识等。

此外,民族地区也是宗教文化复杂的地区,数千年历史文化积淀下来的各类宗教,有其弘扬民族文化,保持社会稳定的积极一面,但若不能正确对待和创新,那么在经济社会发展落后的地区宗教文化中的一些不合理因素也会成为消极因素。当前两方面影响值得重视:一是宗教文化中与先进生产力及其所代表的先进文化之间不相容的落后意识会影响到民族地区的经济发展和社会进步;二是由于存在语言、文化、宗教差异等原因,民族关系容易受到国际因素的影响特别是国外敌对势力和极少数民族分裂主义分子相互勾结,从而危害国家统一和安全。因此,必须妥善处理这些问题,保持和营造和谐的社会主义民族关系,积极引导宗教和社会主义市场经济文化相适应,防止和消除来自民族、宗教方面的不稳定因素,为民族地区经济发展创造良好的社会环境。

总体而言,民族地区相对于全国总体水平或平均水平,特别是相对于东部沿海地区,在经济总量、发展水平、产业结构调整、对外开放水平及城镇化水平等方面存在着明显的差距,民族地区经济落后已是不争的事实。造成这一局面的原因是多方面的,改革开放以来,总体上实施的是"非均衡的发

① 龙远蔚等:《中国少数民族经济研究导论》,民族出版社 2004 年版,第 79 页

展战略",民族地区缺乏国家的政策上的支持是造成发展滞后的外部原因。从内部原因来看,民族地区自身改革滞后也在一定程度上造成经济发展的动力不足,而金融支持的弱化则是主要原因之一。

第四节 少数民族与民族地区经济社会发展的模式选择

一、少数民族与民族地区经济社会发展的功能定位

在我国区域经济发展由重点发展东部地区转向重点发展西部地区的历史条件下,少数民族与民族地区的经济社会发展的功能定位也发生了重大转变。因此,我们有必要重新审视少数民与民族地区经济社会发展的地位,也就是要深刻研究少数民族与民族地区经济社会发展的功能定位问题。这个问题体现在两个方面:一是对于整个区域经济发展而言,二是对于西部地区自身而言。

(一)少数民族与民族地区经济社会发展在国家经济社会发展战略中的功能定位

(1)少数民族与民族地区经济社会发展有利于缩小发达地区和欠发达地区的发展差距

区域经济发展理论已经揭示了地区之间经济发展差距可能造成的各种社会经济问题,这些问题的存在不仅对于民族地区经济是不利的,更成为严重阻碍区域经济整体发展的制约条件。因此,少数民族与民族地区的经济社会发展有利于缩小区际经济社会发展的差距,为我国区域协调发展创造了良好的基础条件。

(2)少数民族与民族地区经济社会发展将促进区域之间的资源流动

长期以来,我国区域范围内的资源流动主要是由西向东而行,民族地区的大量资源在一定的行政命令和区域发展全局观的约束下以较为低廉的价格转移到发达地区。随着西部大开发的深入进行,这种局面将逐步改善,少数民族与民族地区和发达地区将逐渐实现资源的相互流动,民族地区的矿产资源和能源将流向东部发达地区,而民族地区发展所缺乏的资金和技术等要素也可以从东部地区获得一定的支持,这在客观上就可以形成资源流

动趋向合理化的局面。事实上,由于地区之间的资源流动,东部地区和西部民族地区实际上可以实现一定程度的"双赢"。

(3)少数民族与民族地区的生态建设项目是保证国民经济持续发展的重要条件

在少数民族与民族地区的经济社会发展中,生态环境建设无疑是最重要的内容之一。近年来,由于资源被过度利用,直接导致了民族地区的环境逐渐恶化。这种环境恶化趋势直接影响着整个国家的生态环境,也对区域经济的持续发展形成了巨大的阻碍。正是基于这个原因,所以要重视生态环境改善问题,以实现国民经济又好又快发展。

(4)少数民族与民族地区的经济社会发展是维护国家边疆安全的重要保证

少数民族与民族地区基本集中在我国的西部地区、边疆地区。如广西就与越南相连,处于中国东盟自由贸易区的前沿,它实际上成为我国南向发展对外关系的桥头堡。同时,在广西壮族自治区域下聚集着 12 个少数民族,这些民族在风俗习惯和宗教传统方面都各具特色。如果西部地区与东部地区的经济发展差距过大,就可能使得西部地区的居民通过地区之间的比较和国家之间的比较而对现实产生不满情绪,这种情绪极有可能被外国势力所利用,从而影响我国的边疆安全。所以,尽快改善广西经济落后的局面也是我国国家战略实施的重要条件之一。

(二)少数民族与民族地区在自身发展中的功能定位

少数民族与民族地区是以发展经济、构建和谐社会作为基本目标的,通过国家实施的大开发政策使得少数民族与民族地区能够更好地利用西部大开发的机会为自身发展创造更好的条件。少数民族与民族地区在民族地区自身发展中的功能主要表现在三个方面:

(1)提高公共服务水平,增强公共服务能力

西部大开发战略将基础设施建设作为重点项目进行支持,其目的就在于提高西部地区经济发展的"硬件"水平。同时,西部大开发为西部地区学习东部地区和国外的先进技术和管理经验提供了一定的有利条件,提高了

西部地区的"软件",使得西部地区的经济体制转变过程有可能花费较短的时间去实现。

(2)促使城镇聚集,形成城乡联动发展

少数民族与民族地区的工业化程度很低,农村地区范围宽泛,这些地区的经济发展之所以迟迟难以进入正常的轨道,资源的聚集程度不够是一个相当重要的原因。实际上,资源的相对聚集是市场体系建立和发展的重要基础,必须加快中小城镇的建设,促使资源能够相对地集中在区位条件较好的地域范围,从而使得中小城镇作为一定地区范围的经济核心,充分发挥其聚集效应以推动所在区域的经济发展。通过经济开发建立一些具有较强影响力的城镇和城市,从而实现以点带面式的经济增长。

(3)发展具有地方特色的主导产业和较为合理的产业结构

少数民族与民族地区经济社会发展的重要内容之一是实现产业结构的调整和优化发展,其实质就是要选择适合自己发展的产业道路,通过主导产业的合理选择推动整个地区的经济增长。同时,各个地区不应当形成相同的产业模式,而必须从自身条件出发建立和发展具有自己特色的主导产业,这样才能构成各种产业相互补充的局面,从而实现多元化的产业体系和较为合理的产业结构。当然,在一定的国际国内宏观背景下如何实现顺利发展,绝不是如此简单的事情,问题的关键在于选择较为合理有效的发展战略去实现其应有的各种功能。

二、少数民族与民族地区经济社会发展的模式选择

作为我国区域协调发展的需要,少数民族与民族地区经济社会发展具有相当重要的战略意义。同时,少数民族与民族地区的经济社会发展是在一定的社会历史条件下实施的,它要求中央政府和地方政府根据民族地区的具体情况作出适当的战略选择,从而为少数民族与民族地区的经济社会实践提供了理论依据和政策依据。少数民族与民族地区经济社会发展战略选择主要包括五个方面:基础设施战略、城市化战略、产业结构调整战略、科技和教育战略、可持续发展战略。基础设施战略着眼于少数民族与民族地

区的基本发展条件;城市化战略和产业结构调整着眼于少数民族与民族地区经济发展的增长点;科技和教育战略、可持续发展战略则强调区域经济的长期发展问题。

(一)基础设施战略

基础设施是区域经济发展的基本条件,它所提供的产品或服务是区域内部经济主体生产和生活的保证。区域经济的稳定发展要求基础设施能够保持劳动力、物质和信息的流动性,这尤其体现在交通运输和邮电通信方面。所以,区域经济政策中的基础设施战略无疑具有相当重要的作用。

基础设施的重要作用主要体现在引导区域经济增长上,它是通过各种效应来产生影响的,主要包括五种效应:其一,连锁效应使得基础设施能够直接带动前向产业和后向产业发展,尤其是它在产业结构中较强的前向连锁效应决定了其区域经济发展中的基础地位;其二,基础设施的空间效应通过区位选择、空间成本节约、区域空间竞争等效应,促使区域范围内的不同地区在空间上具有较为紧密的联系,从而为地区之间的协作创造了条件;其三,效率效应使得基础设施作为公共产品影响着地区的生产效率;其四,选择性增长效应使得基础设施条件在一定程度上决定了区域经济发展的区域选择、投资规模选择和投资方向选择;其五,超前制约效应使得基础设施发展应当快于国民经济发展。由此可见,较为完善的基础设施建设必然会为区域经济发挥创造良好的条件。遗憾的是,虽然改革开放之后我国政府对西部地区基础设施进行了大量投资,但就其力度和规模而言,仍然低于国民经济发展速度,基础设施建设的相对落后实际上成为制约区域经济发展的严重障碍。主要有五个方面的原因:一是中央政府投资比例过低,获得的基础设施投资总额明显低于东部地区;二是投资回报较低的特点限制了基础设施投资规模;三是较为缓慢的经济发展速度导致了基础设施投资不足;四是投资形式单一,私人资本难以介入基础设施领域;五是中央政府的政策扶持不够,融资渠道不通畅。由于基础设施不足将会严重阻碍少数民族与民族地区的经济开发进程。所以,必须在开发过程中调动各种政策工具,有针对性地解决限制基础设施建设的各种问题。

基础设施战略主要包括基础设施布局战略、基础设施融资战略、基础设施建设运作机制。少数民族与民族地区的基础设施布局应当根据资源分布、城市布局、交通条件、人文等因素来作出选择,尤其是在矿产和水能资源丰富的地区兴建大型基础设施,在重要的城市地区重点建设通信设施,在区域经济网络的重要结点建设交通设施。在中央政府财政投入和政策性投融资基础上,采取多种方式拓宽融资渠道,尤其是通过政策优惠吸引外资和私人资本进入基础设施建设领域。中央政府和地方政府应当合理分析,充分调动各种力量参与建设;应当由高度监管体制转向适度监管和适度竞争体制;应当逐步实现基础设施经营的企业化。

(二)城市化战略

城市化战略是基于城市在区域经济发展中的重要作用而提出的。区域经济发展进程要求落后的农村地区逐渐转化为城市地区。城市在区域经济体系的核心地位是由于其内在功能而产生的,它实际上也决定了城市化战略的重要性。区域经济学认为,城市在经济发展中具有两方面的作用:其一,城市具有较强的聚集和扩散功能。聚集效应使之吸引了区域内部的各种社会经济资源,从而成为区域内部的经济活动和资源流动的中心,使得各种资源能够在一定的有利环境下实现更为合理的结合;扩散效应使城市作为区域经济中心的影响将会通过各种渠道传播出去,从而促进周边地区的经济发展。其二,城市化进程有利于区域经济增长,它可以实现投资环境的改善和产业结构调整,可以在一定程度上解决就业和收入差距问题。城市发展深刻影响着区域经济发展,区域经济发展的基础设施建设、产业结构调整、文化科技进步等都是与城市化密切联系在一起的。城市地区实际上成为区域经济发展的增长极,它在一定程度上决定区域经济的发展水平。事实上,城市发展水平较低正是目前少数民族与民族地区地区经济发展落后的原因之一。

城市化战略必须重点关注两个问题:其一,城市化空间布局的合理化。城市空间布局关系到城市作用的发挥,它取决于城市的区位条件和特定城市在区域经济体系中的地位。这两个方面的要求结合在一起,就要求在制定城市空间布局时,既要注重城市发展的难易程度,又不能使城市远离广大的落后地区。其二,城市功能的多元化。由于不同城市在地理位置、资源禀赋等方面的条件不同,所以它们在区域经济体系中发挥的功能也是不尽相同的。这就要求城市化战略必须根据城市自身的特点选择适当的发展方向,从而在少数民族与民族地区形成各具特色、分工不同、相互补充、相互协作的城市体系。

就广西壮族自治区的城市化战略来看,首先,要坚持中心城市带动战略。以建设"四群四带"为重点,以大中城市为龙头,加强各城市之间的分工协作,实现优势互补。南宁市作为自治区首府,要努力建设成为功能完善、经济繁荣、交通便捷、科技进步、环境优美的区域性国际城市。柳州市要努力建设成为区域性的先进的制造业基地、交通枢纽和现代商贸物流中心。桂林市要努力建设成为现代化国际旅游城市。北海、钦州、防城港等中心城市,围绕泛北部湾经济合作,优化产业布局和功能分工,推进城市经济优势互补和重大基础设施共建共享,促进生产要素流动和产业集聚。梧州、玉林、贵港、贺州等中心城市,要发挥各自优势承接产业转移,创建特色城市。百色、河池等中心城市,要建设经济发达、生态良好、富有地方民族特色的工贸城市。来宾、崇左等新设地级市,突出抓好城市基础设施和公共设施建设,辐射带动区域城镇建设和发展。其次,要集约发展小城镇。把小城镇建设与发展县域经济、建设社会主义新农村结合起来,以县域和自治区重点镇建设为重点,加大县城和重点镇基础设施建设力度,培育特色城镇,把小城镇建设成为布局合理、经济繁荣、功能配套、具有地方特色和较强辐射带动能力的农村区域中心。

(三)产业结构调整战略

区域内部的产业发展是区域经济发展的重要基础,区域产业结构则关系到区内产业的发展程度。产业经济学认为,产业结构高级化主要是使得地区产业结构在工业化阶段中按照一定的历史和逻辑序列顺向演进,从而实现产业结构转换;产业结构合理化则要求产业之间保持较高的聚合质量,使得各种产业相互作用而实现整体能力的提高。因此,产业结构调整应当以逐步实现产业结构高级化和产业结构合理化为目标。产业结构的调整将促使区域内部各种产业之间的比例关系不断改善,从而使得各种产业都能够以较快的速度发展,进而推动经济发展。

产业结构调整应当从以资源要素为制定产业规划基础转变为以市场需求作为主要依据,从而使得各种产业具有相当的市场竞争力,这是产业发展必须具备的市场条件。产业结构应当形成多层次的动态模式,在第一产业、第二产业和第三产业之间保持较为合理的比例,并且能够通过技术创新顺利地实现产业结构的升级。根据少数民族与民族地区的具体特点选择适合区域经济持续发展的主导产业,通过主导产业的带动作用实现经济的整体发展。通过各种区域政策措施去实现产业结构的高级化和合理化。

(四)科技和教育战略

科技水平的提高客观上促进了产业经济的发展和区域经济增长。要在较短时间内实现区域经济的迅速起飞,必须对科技和教育战略给予充分的重视。教育落后导致了少数民族与民族地区培养的人才是有限的;同时,由于创业环境的缺陷还使得一些人才流动到东部地区,客观上加剧了人才缺乏的局势。由于民族地区的文盲、半文盲比重较大,目前的教育投入难以满足地区经济发展的教育需求。所以,必须充分调动各种资源条件,将科技和教育战略作为经济发展的重要内容来开展,而不是单纯追求眼前利益,这样才能促进少数民族与民族地区经济的持续发展。

(五)可持续发展战略

可持续发展战略追求的目标是少数民族与民族地区经济在较长的时期内保持持续稳定发展的趋势,其实质是实现人与自然的高度和谐,进而达到人与人之间相互尊重、平等互利的局面。可持续发展战略所关注的主要是生态环境和资源利用问题。要营造治理少数民族与民族地区生态环境的社会支持系统,通过国家宏观调控和市场手段、法律手段的结合来保护生态环境。在维护生态环境的前提下制定产业政策,充分利用少数民族与民族地区丰富的水能资源和矿产资源,但同时又注重防止水土流失和水质污染问题。根据不同地区的具体情况采取不同的生态环境治理方案,对水土流失、森林植被破坏、水质污染等地区采取针对性的解决方法。

（六）工业化战略

首先要加快振兴优势产业。要充分发挥资源和区位优势,以重化工业为重点,围绕延长产业链,打造产业集群,大力发展现代加工工业,提高行业装备技术水平和产品附加值,形成基础产业雄厚、优势产业突出、支柱产业明显的现代工业体系。重点发展以铝原料工业、铝冶炼工业和铝加工业为主的铝生产体系,以及以锡、锌、铟等精深加工为主的有色金属产业链;以汽车系列整车、汽配为主的汽车产业链和以内燃机、工程机械、预应力锚具、数控机床等为主的机械产业链;以原油加工和乙烯、丙烯、精细化工等产品为主的石化产业群;重点发展专用宽厚板、宽带钢卷板、冷轧硅钢片等钢铁系列产品,锰系铁合金、电解金属锰等锰深加工产品,加快延长产业链;在电力工业方面,要深度开发利用水电,继续发展火电,积极发展核电,充分开发利用生物质能、太阳能、风能等可再生能源,加强电网建设,形成经济、安全、稳定的多元能源供给体系。要发展蔗糖深加工及其综合利用,提高农产品附加值,发展高新技术产业;要大力培育林浆纸、水泥建材、现代中药、生物质等产业,积极开发海洋产业。

其次,要培育强优企业。要组织实施大企业战略,通过兼并重组、股份制改造、国内外上市等多种方式,在矿产冶炼、农产品加工、石油化工、汽车零部件、钢铁、工程机械、医药、海洋、建材、高新技术等产业领域,发展一批主业突出、核心竞争力强、带动作用明显的大企业大集团。深入实施品牌战略,着力培育和壮大一批拥有自主知识产权和名牌产品的优势企业。大力发展"专、精、特、新"中小企业,形成大、中、小各类企业相互依存、共同发展的局面。加快建设企业创新体系,培育一批国家级和自治区级创新型企业。

再次,要优化工业布局。就广西来说,按照区位、交通、市场和产业分工协作的要求,科学规划,合理布局,引导工业向交通干线和主要城镇集中,形成"一轴两廊"工业发展新格局。"一轴"就是以南宁—来宾—柳州—桂林为轴线,形成以汽车、机械、有色金属、钢铁锰业、以制糖为主的食品、高新技术、农产品加工等产业为主的贯通广西南北的工业经济带。"两廊",一是以北海—钦州—防城港—南宁—崇左为一廊,形成以临海重化工业、海洋经济、高新技术等产业为主的南部沿海沿边工业走廊;二是以贺州—梧州—玉林—贵港—柳州—河池—百色为另一廊,形成以汽车、以铝为主的有色金属、建材、医药、电力、锰业、纺织服装、农产品加工等产业为主的中部东西横向工业走廊。"一轴两廊"与广东、湖南和我国西南地区相连,与环北部湾地区和东盟各国相通,形成开放式的工业经济布局。围绕"一轴两廊"工业发展新格局,广西将进一步打造各具特色的产业基地,包括改造提升柳州工业,使之成为先进制造业基地,加快建设南北钦防沿海重化工业基地,桂林高新工业基地,百色、河池铝工业和有色金属工业基地,来宾、崇左糖业和锰工业基地,梧州、贺州、玉林、贵港承接东部转移产业基地等。

第五节 少数民族与民族地区
经济社会发展的效应分析

长期以来,经济发展是由技术进步(包括制度变迁)贡献的,短期经济发展是由资本和劳动等投入要素的增加所贡献的。但是,资本、劳动和技术是在一定产业结构中组织在一起进行生产的,对于给定的资本、劳动和技术,不同的产业结构会导致不同的生产。广西实行改革开放以来,随着国家对广西社会经济的大力投资,国民经济获得了巨大发展,同时逐步形成现代三次产业结构体系。为了正确认识产业结构对经济发展的效应。本文选取了 1978 年至 2004 年间广西三次产业的相关数据,运用计量经济模型,对广西产业结构和经济发展进行定量的效应分析,具体分析了各产业对广西经济发展的相对效应大小。

一、经济计量模型设定

刘伟和李绍荣(2002 年)在其论文中提出产业结构对经济发展贡献的分析模型,在此我们采用这个模型进行广西产业结构的效应分析。其原理如下:

不同的产业结构对生产的影响可表示为函数

$$Y = F(X_1, X_2, \cdots\cdots X_n, A) \tag{3-1}$$

其中 Y 表示总产出；$X_i(i=1,2\cdots\cdots n)$ 表示经济的制度和技术水平。

从国民经济核算的统计角度讲，总产出量恒等于所有产业的产出量之和，但在一定的经济制度下，有的产业之间会出现共线性现象，或有的产业自身对总产出没有显著贡献，但与其他产业在一起却对总产出有极大的解释作用，对于这部分产业，我们将其视为经济制度的一部分，而非经济的一个产业部门。因此，上述函数中可能不存在总产出量等于所有产出量之和的恒等关系。对上述函数求全微分得：

$$dY = aY/aX_1 + aY/X_2 dx_2 + \cdots\cdots + aY/aX_n dX_n + aY/aAdA \tag{3-2}$$

上式两端同除以 Y 得

$$dY/Y = X_1/YaY/aX_1 dX_1/X_1 + X_2/YaY/aX_2 dX_2/X_2 + \cdots\cdots + \\ X_n/YaY/aX_n dX_n/X_n + A/YaY/aAdA/A \tag{3-3}$$

其中，$X_i/YaY/aX_i$ 表示第 i 产业的总产出弹性，记为 β；则（3-2）可以改写为

$$dY/Y = \beta_1 dX_1/X_1 + \beta_2 dX_2/X_2 + \cdots\cdots + \beta_n dX_n/X_n + \beta_0 \tag{3-4}$$

其中，$\beta_0 = A/YaY/aAdA/A$ 表示经济制度变迁对总产出的贡献。因而可利用以下计量模型计算产业结构对经济发展的贡献。

$$\mathrm{Log}Y = \beta_0 + \beta_1 \log X_1 + \beta_2 \log X_2 + \cdots\cdots + \beta_n \log X_n + \varepsilon \tag{3-5}$$

二、广西产业结构对其经济发展的效应分析

改革开放以来，广西经济发展取得了长足进步，本文主要以 1978～2004 年这 27 年时间的三次产业数据为研究对象，产业划分和数据来源来自《广西统计年鉴》。主要指标数据有国内生产总值 GDP、第一产业总产值 X_1、第二产业总产值 X_2、第三产业总产值 X_3 及第一产业、第二产业和第三

产业的二级行业的产值,包括农业 X_{11}、林业 X_{12}、畜牧业 X_{13}、渔业 X_{14}、工业 X_{21}、建筑业 X_{22}、交通运输、仓储及邮电通信业 X_{31}、批发和零售贸易餐饮业 X_{32} 等(第三产业的二级指标中应还包括文教卫生、金融保险、房地产业、国家机关等行业的产值,由于无法获得广西关于这方面的完整数据,因此第三产业结构的分析不包括这些方面)。(见表 3 – 22、表 3 – 23、表 3 – 24)通过这些指标,可以研究广西随着时间的变化,各产业对广西经济发展的影响。

表 3 – 22　1978 ~ 2004 年广西生产总值与三次产业产值

单位:亿元

年份	广西生产总值	第一产业总产值	第二产业总产值	第三产业总产值
1978	75.85	30.88	25.81	19.16
1979	84.59	37.43	27.98	19.18
1980	97.33	43.91	30.79	22.63
1981	113.46	52.39	33.01	28.06
1982	129.15	62.93	34.72	31.50
1983	134.60	63.36	37.09	34.15
1984	150.27	66.01	43.26	41.00
1985	180.97	77.18	54.69	49.10
1986	205.46	85.27	69.03	51.16
1987	241.56	99.53	81.79	60.24
1988	313.28	117.72	100.69	94.87
1989	383.44	148.99	109.97	124.48
1990	449.06	175.61	118.45	155.00
1991	518.59	192.68	141.02	184.89
1992	646.60	229.13	187.48	229.99
1993	871.70	245.60	321.10	305.00
1994	1198.29	329.96	469.81	398.52
1995	1497.56	449.64	535.86	512.06
1996	1697.90	531.51	587.37	579.02
1997	1817.25	579.14	614.07	624.04
1998	1903.04	574.25	678.19	650.60

年份	第一产业总产值	农业产值	林业产值	牧业产值
1999	1953.27	554.48	695.83	702.96
2000	2050.15	538.70	748.00	763.45
2001	2231.19	562.52	791.85	876.82
2002	2445.36	595.68	863.96	995.72
2003	2735.13	652.28	1007.96	1074.89
2004	3320.10	811.38	1288.26	1220.46

资料来源:《广西统计年鉴》。

表 3 – 23 1978 ~ 2004 年广西第一产业及其二级产业产值

单位:亿元

年份	第一产业总产值	农业产值	林业产值	牧业产值	渔业产值
1978	30.88	36.99	2.28	6.37	0.53
1979	37.43	45.08	2.88	7.09	0.52
1980	43.91	44.41	4.39	13.64	0.87
1981	52.39	50.49	5.07	17.64	1.21
1982	62.93	59.17	5.20	22.35	1.51
1983	63.36	58.76	5.33	23.29	2.12
1984	66.01	60.53	7.03	24.51	2.95
1985	77.18	66.34	8.09	30.43	3.16
1986	85.27	71.08	10.34	33.39	3.88
1987	99.53	83.74	9.54	39.69	4.95
1988	117.72	93.69	12.26	56.41	6.58
1989	148.99	114.60	13.53	75.86	8.18
1990	175.61	149.69	18.05	75.50	8.98
1991	192.68	164.73	20.87	81.99	10.56
1992	229.13	188.65	26.77	100.71	16.99
1993	245.60	214.24	27.47	114.15	22.76
1994	329.96	283.71	31.78	164.02	36.95
1995	449.64	384.17	32.56	225.57	55.98
1996	531.51	450.52	38.14	263.80	69.09

1997	579.14	482.48	38.64	280.67	80.81
1998	574.25	476.24	37.75	263.96	87.95
1999	554.48	454.85	37.48	261.87	90.58
2000	538.70	418.83	38.76	275.33	96.05
2001	562.52	439.93	39.44	292.34	101.19
2002	595.68	465.47	39.81	306.50	104.72
2003	652.28	500.82	53.80	342.83	115.53
2004	811.38	623.09	58.09	460.68	133.78

资料来源:《广西统计年鉴》。

注:当第一产业以农林牧渔总产值计算,它会高于上述第一产业的值,因为它不仅包括各行政区域的各种经济作物的产量还包括各种生产方式所生产的农产品产量。

表3－24　1978～2004年广西第二、三产业及其二级产业产值

单位:亿元

年份	第二产业产值	工业	建筑业	第三产业产值	交通运输、仓储及邮电通信业	批发和零售贸易餐饮业
1978	25.81	23.29	2.52	19.16	3.67	4.43
1979	27.98	25.12	2.86	19.18	3.71	3.98
1980	30.79	27.78	3.01	22.63	4.79	5.00
1981	33.01	29.71	3.30	28.06	5.06	10.40
1982	34.72	30.98	3.74	31.50	5.36	11.36
1983	37.09	32.39	4.70	34.15	5.93	11.17
1984	43.26	36.97	6.29	41.00	6.88	12.31
1985	54.69	45.92	8.77	49.10	7.70	14.56
1986	69.03	58.41	10.62	51.16	9.04	12.30
1987	81.79	70.96	10.83	60.24	11.53	13.55
1988	100.69	86.38	14.31	94.87	15.72	28.23
1989	109.97	97.11	12.86	124.48	20.44	44.41
1990	118.45	104.79	13.66	155.00	25.79	57.53
1991	141.02	123.66	17.36	184.89	38.65	62.03
1992	187.48	161.44	26.04	229.99	49.14	74.92

1993	321.10	273.03	48.07	305.00	61.16	101.66
1994	469.81	404.59	65.22	398.52	69.52	130.96
1995	535.86	461.25	74.61	512.06	93.02	168.97
1996	587.37	503.32	84.05	579.02	111.95	200.72
1997	614.07	524.49	89.58	624.04	120.06	223.52
1998	678.19	569.90	108.29	650.60	125.04	243.50
1999	695.83	579.26	116.57	702.96	145.30	260.33
2000	748.00	619.84	128.16	763.45	160.87	277.73
2001	791.85	648.19	143.66	876.82	187.66	295.15
2002	863.96	699.16	164.80	995.72	225.81	318.46
2003	1007.96	813.81	194.15	1074.89	248.22	344.78
2004	1288.26	1044.83	243.43	1220.46	286.44	376.49

资料来源:《广西统计年鉴》。

(一)广西三次产业结构增长因素效应分析

根据广西国内生产总值,第一、二、三产业 1987～2003 年的样本观测值(见表 3 – 22,并运用相关的经济计量软件可得到以下的经济计量的回归模型

$$\log(\text{GDP}) = 1.144 + 0.3191\log(X_1) + 0.332\log(X_2) + 0.332\log(X_3) \qquad (3-6)$$

$$(34.19) \qquad (15.32) \qquad (22.94) \qquad (16.15)$$

该回归方程的判决系数为 $R^2 = 0.999937$,调整后的判决系数为 $\text{ADR}^2 = 0.999929$,D—W 统计量为 0.5000,说明回归方程的残差项存在序列相关,方程的参数估计在统计意义上不可信,因此,对该模型进行残差项带一阶自回归的修正,新估计的回归方程为:

$$\log(\text{GDP}) = 1.114 + 0.294\log(X_1) + 0.344\log(X_2) + 0.364\log(X_3)$$
$$+ 0.853ar(1) \qquad (3-7)$$

$$(19.22) \qquad (19.81) \qquad (25.98) \qquad (18.04) \qquad (6.57)$$

该回归方程的判决系数为 $R^2 = 0.999974$,调整后的判决系数为 ADR^2

=0.999969,D—W 统计量为 1.205,说明回归方程的残差项仍然存在序列相关,因而对该模型再考虑进行残差项带二阶自回归的修正,新估计的回归方程为:

$$\log(GDP) = 1.049 + 0.23\log(X_1) + 0.38\log(X_2) + 0.39\log(X_3)$$
$$+ 1.53ar(1) - 0.94ar(2) \qquad\qquad (3-8)$$

$$(49.96) \quad (30.94) \quad\quad (28.75) \quad\quad (16.23) \quad\quad (11.23) \quad\quad (-6.41)$$

该回归方程的判决系数为 $R^2 = 0.999986$,调整后的判决系数为 $ADR^2 = 0.999982$,D—W 统计量为 2.334,说明回归方程考虑了残差项的二阶自相关,当前回归方程的估计结果比前两个方程有了明显进步,回归的残差项不存在序列相关,可用估计出的方程分析三个产业对广西经济发展的贡献。由方程(3-8)可知广西 1978~2004 年这 27 年来第一产业的产出量每增长 1% 会导致国内生产总值增长 0.23%;第二产业的产出量增长 1% 会导致国内生产总值增长 0.38%;第三产业的产出量增长 1% 会导致国内生产总值增长 0.39%。因而,在广西的经济增长中,对经济拉动最大的是第三产业,第二产业对广西经济发展的拉动作用也大,最后是第一产业。

然而,由于第一产业、第二产业以及第三产业在整个生产总值中的比重不一样,2004 年广西的第一产业、第二产业和第三产业在总产出中的份额为 24.46%、38.49% 和 35.63%,由此可知,广西的第一产业增加一个单位的产值,其总产值将会增加 0.96 个单位;第二产业增加一个单位的产值,则广西的总产值将增加将近 1 个单位;第三产业增加一个单位的产值,其总产值将会增加 1.11 个单位;说明第三产业的发展要快于第一和第二产业。因此在考虑到各产业规模结构的条件下,这个结果表明,广西的第三产业相对于第一、第二产业而言发展规模比较小,广西今后的产业发展中要加大第三产业的发展,由现在的"二、三、一"的产业结构发展为"三、二、一"的产业结构。

（二）广西第一产业结构增长效应因素分析

根据历年第一产业总产值 X_1 及其二级产业农业 X_{11}、畜林业 X_{12}、牧业

X_{13}和渔业 X_{14}产值等指标的样本观测值,通过运算,可得如下关于第一产业结构的回归模型:

$$\log(X_1) = 0.699 + 0.618\log(X_{11}) + 0.019\log(X_{12}) + 0.279\log(X_{13}) +$$
$$0.045\log(X_{14}) \tag{3-9}$$

$$(4.918) \quad (20.68) \quad (0.549) \quad (7.288) \quad (1.690)$$

该回归方程的判决系数为 $R^2 = 0.999643$,调整后的判决系数为 $ADR^2 = 0.999518$,说明回归方程显著,具有整体的解释意义,但是 $D-W = 1.0309$,说明方程残差项存在序列相关,因而,方程的各项参数不可信。因此,对模型用残差项的一阶自回归进行修订得新的回归方程:

$$\log(X_1) = 0.471 + 0.69\log(X_{11}) + 0.021\log(X_{12}) +$$
$$0.26\log(X_{13}) + 0.029\log(X_{14}) + 0.70ar(1) \tag{3-10}$$

$$(3.03) \quad (18.23) \quad (0.58) \quad (6.62) \quad (0.40) \quad (2.32)$$

该回归方程的判决系数为 $R^2 = 0.999737$,调整后的判决系数为 $ADR^2 = 0.999672$, $D-W = 1.9072$,说明回归的残差项已不存在序列相关,各参数的 t 统计量均显著,因此可利用该方程分析广西第一产业增长的因素。从方程来看,第一产业总产值除了受四个二级产业产值的影响外,还受到滞后一期的产业产出的影响。总体来讲,在第一产业内部,农业产值 X_{11}、林业产值 X_{12}、畜牧业产值 X_{13} 和渔业产值 X_{14} 各增加 1% ,分别会导致第一产业总产值增长 0.69% 、0.021% 、0.26% 、0.029% 。由此可见,对广西第一产业经济增长拉动最大的是农业部门,其次是畜牧业部门,第三是渔业部门,最后是林业部门,并且林业部门对第一产业的贡献十分微小。

（三）广西第二产业结构增长效应因素分析

根据历年第二产业总产值 X_2 及其二级产业工业产出 X_{21} 和建筑业产出 X_{22} 等指标的样本观测值,通过运算可以得到第二产业的回归方程:

$$\log(X_2) = 0.406 + 0.861\log(X_{21}) + 0.139\log(X_{22}) \tag{3-11}$$

（31.04）　　（149.64）　　（27.78）

该回归方程的判决系数为 $R^2 = 0.999993$，调整后的判决系数为 ADR^2 $= 0.999992$，$D - W = 0.2043$，说明回归方程的残差项存在序列相关。因此，对该模型进行残差项带一阶自回归的修正，新估计的回归方程为：

$$\log(X_2) = 0.388 + 0.8661\log(X_{21}) + 0.1371\log(X_{22}) + 0.858ar(1) \qquad (3-12)$$

（26.36）　　（202.73）　　（38.24）　　　（9.189）

该回归方程的判决系数为 $R^2 = 0.999999$，调整后的判决系数为 ADR^2 $= 0.999998$，$D - W = 1.159$，说明回归方程拟和优度很高，但是回归方程的残差项还是存在序列相关。因此，对该模型进行残差项带二阶自回归的修正，新估计的回归方程为：

$$\log(X_2) = 0.392 + 0.8671\log(X_{21}) + 0.1361\log(X_{22}) + 1.289ar(1)$$
$$-0.434ar(2) \qquad (3-13)$$

（26.98）　　（194.58）　　（38.88）　　（6.159）　　（1.494）

该回归方程的判决系数为 $R^2 = 0.999999$，调整后的判决系数为 ADR^2 $= 0.999999$，$D - W = 1.47$，说明回归方程拟和优度很高，回归方程各参数的 t 统计量均显著，而且基本上消除了自相关，方程对第二产业具有总体解释意义。因此，该模型可以用来分析影响第二产业增长的因素。从模型可以判断，工业产出增加 1%，就会平均导致第二产业总产出增加 0.867%；建筑业产出增加 1%，就会平均导致第二产业总产出增加 0.136%。在广西第二产业的发展中，从总量上看，工业对经济增长的贡献大于建筑业，因此在国家实施西部大开发以及自治区的"富民兴桂新跨越"战略的背景下，加快工业化进程，进一步做好做强优势产业，更加有效地拉动广西第二产业的发展。

（四）广西第三产业结构增长效应因素分析

因为无法获得广西第三产业各部门的产出数据资料，我们就以交通运输、仓储及邮电通信业 X_{31}、批发和零售贸易餐饮业 X_{32} 等代表第三产业，仅分析这些行业对第三产业发展的影响,其他行业的影响都归入到制度和技术因素中去。根据第三产业总产值和这些指标的历年的样本观测值,通过运算得到如下的回归方程:

$$\log(X_3) = 1.644 + 0.341 \log(X_{31}) + 0.602 \log(X_{32}) \qquad (3-14)$$
$$(48.50) \qquad (11.63) \qquad (6.88)$$

该回归方程的判决系数为 $R^2 = 0.99869$,调整后的判决系数为 $ADR^2 = 0.99858$,说明回归方程的拟和优度很高,方程对第三产业具有总体解释意义。但是 $D-W=0.699$,说明方程残差项存在序列相关,方程参数在统计意义上不可信。因此以残差项的一阶自回归修订方程,得到新的回归方程:

$$\log(X_3) = 1.628 + 0.341 \log(X_{31}) + 0.611 \log(X_{32}) + 0.969 ar(1) \qquad (3-15)$$
$$(32.06) \qquad (10.66) \qquad (7.64) \qquad (3.99)$$

该回归方程的判决系数为 $R^2 = 0.999314$,调整后的判决系数为 $ADR^2 = 0.999177$,$D-W=1.934$ 新的回归方程明显得到改善,各参数通过 t 统计量检验,因此可以用来分析影响第三产业的增长因素。从方程看出,广西第三产业产值不仅受到各二级行业的影响,同时还受到滞后一期的影响。从各参数看到,交通运输、仓储及其邮电通信业每增加1%,第三产业平均增加0.34%,批发零售贸易餐饮业增加1%,第三产业产值平均增加0.61%。因此,就分析的指标来看,对广西第三产业贡献最大的是批发零售贸易餐饮业,显然交通运输、仓储及其邮电通信业还待进一步发展以促进广西第三产业的发展。

由上述的经济计量模型和指标分析可知,目前在广西的整体经济中对经济增长拉动力最大的是第三产业,并且以商业批发贸易餐饮业为先;其次是工业;然后是第一产业;最后是建筑业。从所分析的行业对经济增长的贡献可以看出,在广西现阶段的产业结构中,第一产业相对而言是一个比较低效的产业,但从相对量看它还有很大的发展空间;从行业结构的贡献率看工业对经济增长有比较大的拉动作用,但其内部结构不是很稳定;而建筑业相对来讲对经济增长的贡献较低,并且由于它所占的比重较小,即使提高它在整个经济中的份额,它的发展也很难大幅度增加其对经济增长的贡献,因而增加其在整个经济中份额的必要性不大。对于第三产业,虽然所分析的几个行业部门对于经济增长具有高效性,但将第三产业整体作为一个样品观测值与第一产业、工业、建筑业的样品值进行回归时(见回归方程3-16),它的行业结构贡献率为0.354%,贡献很大,但相对来讲,它的贡献并非高效,以下面的带二阶自回归方程进行分析

$$
\begin{aligned}
\mathrm{Log(GDP)} = & 1.201 + 0.255\log(X_1) + 0.331\log(X_{21}) + 0.050\log(X_{22}) + \\
& 0.354\log(X_3) + 1.553ar(1) - 0.936ar(2) \quad\quad (3-16)
\end{aligned}
$$

$$
(35.66) \quad (26.26) \quad (19.22) \quad (3.66) \quad (13.81) \quad (10.49) \quad (-5.86)
$$

$$
\mathrm{R}^2 = 0.999984 \quad \mathrm{ADR}^2 = 0.999979 \quad \mathrm{D-W} \text{ 为 } 2.30
$$

以它在 GDP 中所占的高比重(36.8%),其行业结构的贡献份额却只有0.92个单位,说明第三产业的发展存在着相当大的结构优化及效率提高问题。

第三产业整体行业结构贡献率之所以低下,是因为广西第三产业中,除了零售商业、餐饮和一般贸易业、公路运输等部门之外,其他的大多数部门至今基本上仍是国有经济一统天下或垄断经营,非国有经济由于各种体制原因不能进入或难以进入这些产业部门,也就是说,第三产业中的大多数部门至今基本上还是国有经济在支撑和发展,这样,同一产业中竞争不足,市场机制不能发挥有效的调节作用,导致产业劳动生产率的提高相当缓慢。

(五)结论

效应分析结果表明:(1)产业结构调整和经济发展之间有很强的因果关系。一方面,产业结构调整促进了经济发展;另一方面,经济发展也加速了产业结构调整。(2)从三次产业增长对经济增长的贡献来看。自1978年以来,第一产业对经济增长的贡献逐渐减弱,第三产业的贡献逐渐增强,而第二产业一直是经济增长强有力的助推器。从弹性系数来看,第三产业的增长贡献具有巨大的潜力。因而目前,政府应将产业结构调整的重点放

在大力发展第三产业,注重内部结构调整,用现代化服务技术替代传统服务业,比如发展广西的特色旅游业。此外,调整农业内部结构,发展特色优势的多元农业结构;推进工业结构优化升级,使第二产业由粗放经营向集约型转变。

第四章 少数民族与民族地区经济社会发展金融支持的实证分析(上)

金融发展能够支持经济社会发展的结论在许多学者的研究结果中得到证实,而这一结论是否适用于经济欠发达的民族地区还有待进行实证分析。已有的研究结果在考察区域经济水平时通常只对经济总量进行分析,但民族地区的经济落后是一个复杂的现象,单一的经济总量并不能对其进行全面的概括。本章拟从经济总量、产业结构以及城镇化水平三个方面入手,试图全面揭示造成民族地区经济落后的内在原因,并在金融支持相关理论的基础上结合区域经济和区域金融的相关理论,探讨我国民族地区经济落后与金融弱化的相互关系,以期为实现我国民族地区经济发展的金融支持提供可选择的政策思路。

第一节 模型设计的理论依据

一、金融发展对区域经济的支持

关于金融发展与经济增长的关系,传统金融理论把金融理解为是作用于经济的一个外生变量,是从属于经济要素的,金融发展的水平是经济增长的结果,它的功能就是使自身不断地发展以满足经济事务部门的需要与发展。现代的经济观点则认为金融发展对经济发展起积极的促进作用。越来越多的研究结论证明,金融发展对经济增长具有推动作用,是经济增长的一个必要条件。现代金融理论认为:金融内在于经济,经济日益全球化,经济日益金融化;金融与经济相互融合与渗透,并扩散于整体经济,金融成为经济本身,成为现代经济的核心。综合的观点认为,金融与经济增长是互为因果关系。

一般而言,金融发展与经济发展的关系适用于区域的金融发展与经济发展的关系。金融作为国民经济的重要组成部分,不仅直接反映经济的区域性特点,金融运行和发展也呈现明显的区域性特征,经济发展的区域性政策在很大程度上需要借助金融区域化运作得以实现。作为一个发展中大国,我国除在自然资源、地理位置、气候等方面存在经济差异外,在计划经济转轨的过程中,还存在文化、思想观念、人力资源素质、政策等差异,形成明显的经济和金融差异,表现出不平衡的状态。

金融发展与经济发展的关系适用于区域的金融发展与经济发展的趋势,但是也可能出现不同于一般的特殊趋势。这是因为,在区域内金融资源更可能从外部引入,从而出现非均衡的增长前景。金融资源流入的驱动力可能来自人们的某种收益或安全预期;来自区域的优惠税收政策;来自经济运转高效率带来的高资产收益率;来自投资套利机会;来自直接投资机会等等。分析显示:如果实物资源流入不受区域政策限制,金融资源的流入并不会造成物价的显著上涨,区域就有可能形成所谓的"赶超型"增长。所以,在特定区域内,以区域外融资为主、区域内储蓄转化为辅,通过以金融先行的制度设计和创新来推动经济发展是可能的。另一方面,如果金融过程出现曲折、波动和金融抑制,必将影响经济平稳发展和繁荣,严重时将引起经济停滞和衰退。

二、金融发展对区域产业结构的影响

产业结构的调整、升级、转化离不开金融的支持与协同发展。金融作为经济发展的助推器,可以减少信息交易成本、提高储蓄—投资转化率、改善经济运行环境。不管是优势产业的发展壮大,还是传统产业的升级改造或平稳退出,都需要有健全、完善、便捷的金融服务。金融的作用渗透于其他经济因素之中,通过需求、供给和宏观政策等方面对产业结构的调整产生影响。

金融是现代经济的核心,其本质是在储蓄者与投资者之间建立桥梁,提供资金由盈余部门向短缺部门转化的渠道,金融资源的配置会对宏观经济运行状况和微观企业的运行效果产生重大影响,在产业结构调整中发挥着至关重要的作用。一般而言,产业结构的调整有两种基本方式;一种是存量结构调整,既可能是随供求结构、相对价格结构等内生因素变动而发生的常规调整,也可能是计划者根据一定的价值目标对产业结构失衡做出的积极适应性反应,调整对象是既定的总存量体系;另一种是增量结构调整,一般是对一定的存量结构基础上发生的流量及其变动幅度、速度和方向的调整和控制。

金融对产业结构调整的作用可分为两方面,一是通过金融市场运作影响产业的资金供给和需求,从而作用于产业结构升级;二是通过金融政策,与产业政策一起对产业结构的调整起作用。金融发展支持经济增长的作用机制不仅表现在经济的总量方面,金融的发展同样会对产业结构的变动产生积极的影响。资金的运用结构将决定产出结构的变化(武海华、张旭,2001)。金融作用于产业结构的过程可表述为:金融→影响储蓄、投资→影响资金的流量结构→影响生产要素分配结构→影响资金存量结构→影响产业结构。即金融活动主要作用于资金分配,进而作用于其他生产要素的分配;而在资金存量与资金流量的相互作用时,它首先作用于资金流量,进而作用于资金存量。经济金融化程度越高,这一传递过程就越明显、有效(沙虎居,2005)。金融的发展不仅将产生有效的资金形成机制和资金导向机制,通过改变资金的供给水平和配置领域,将资金引向高效的生产部门,实现产业结构的升级,同时金融发展还由于其在风险管理、公司治理等方面的功能,这将影响企业的投资行为,提高企业和产业的竞争优势。此外,推动产业结构升级的根本动力是技术进步,从这个角度来说,无论是政府主持下的还是企业自行推进技术进步,都需要大量的资金支持。在完善的金融市场和金融制度下,一方面通过制定实施政策性优惠贷款,对商业性贷款的政策担保等金融措施,将资金引向素质好、技术可行和有市场前景的企业和项目上;另一方面,通过鼓励发展风险投资性金融机构,建立和拓展多种形式的风险投资渠道,以解决技术开发的资金困难,有效推动产业技术结构升级和高新技术企业发展。总之,在产业结构调整方面,金融发挥着重要作用,没有金融资源的参与和支持,也就不会有产业结构的调整与完善。金融在产业结构中的作用可归纳为:在一定金融制度下,借助产业政策和宏观货币政策,金融能够调节资金的产业投向、优化产业结构、促进要素投入与生产率的提高。(沙虎居,2005)

三、金融发展对区域城镇化的影响

城镇化水平是衡量一个区域经济发展水平的重要标志。从整体上来看,民族地区的城镇化水平较低,城乡差别非常突出。民族地区农村城镇化对其转移农村富余劳动力,扩大农村消费需求,解决"三农"问题意义重大。金融发展与城镇化发展内含着一种互动机制,金融发展可以通过高比例储蓄转化为投资、提高资本配置效率、优化金融市场结构等方面来促进城镇化的发展。而城镇化水平的提高又可以通过生产要素的不断聚集、市场规模的扩大以及市场机制的作用,促使"市场主导型"资本形成机制的建立,从而促进金融发展水平的提高。

从发展来看,城镇化与金融的互动发展表现出阶段性[①],可分为起步期、成长期和成熟期。起步期以城镇化的发展为核心,以工业带动城镇化,再以城镇化促进金融的发展,这一时期工业占据主导地位,金融作为服务业围绕着工业运转,城镇的功能是为资金、劳动力提供集聚场所,并提供相应的交通通信设施,金融的发展以城镇的发展为前提。成长期以金融的发展带动城镇的发展,特别是特大城市的出现,金融服务业促使分工深化,使企业之间空间距离缩小,交易成本降低。金融服务业的分工细化表现出对于企业的生产服务与对于人口的生活服务能力加强,吸引资金和劳动力进入

---

① 相关研究见中国人民银行石家庄中心支行课题组:《河北省农村城镇化的金融支持》,《中国金融》2006 年第 20 期,第 69 页。

城镇。进入成熟期以后,城镇化与金融的互动发展特征最为明显,一方面,金融、教育等服务业不断扩充内容,并成为第三产业发展的拉动力,带动对劳动力吸纳能力最强的第三产业的发展;另一方面,人口和资金向城镇的流动速度加快,城镇化进程加快。人口规模的扩大扩张了消费市场的范围,资金规模的扩大强化了金融市场的作用,随着市场内容的丰富,城市功能逐步完善,并由工业型城镇向服务型城镇转变。

第二节　模型的设计、变量及相关数据来源

一、模型的设计

由于受统计资料数据的制约,在计量分析中仅仅用时间序列的资料不足以满足大样本的要求,因此本文采用面板数据来解决样本量较小的问题。相对于只利用截面数据和只利用时间序列数据进行经济分析而言,面板数据具有许多优点。

只使用横截面数据(Cross - section Data),或使用时间序列数据(Time - series Data),只是说明变量间关系的一个侧面。截面数据能够说明:对于同一时期的不同国家,各国之间金融发展程度上的不同是否有助于解释经济增长率的差异。时间序列数据能够说明:同一国家不同发展时期金融发展程度上的不同是否有助于解释该国不同时期经济增长率的差异。而在经济分析中,面板数据模型起着二者不可替代的作用。(任燕燕,2006)

贝克(Beck、Levine 2002)和诺曼(Norman Loayza、Romain Ranciere 2002)在最新的研究中都采用了面板数据(Panel data),建立动态计量经济模型来研究金融发展和经济增长之间的关系。面板数据指在时间序列上取多个截面,在这些截面上同时选取样本观测值所构成的数据。面板数据兼有截面数据和时间序列数据的优点,作为数据来源的一组地区相当于试验法中选用的一个试验组,其前后两期的数据相当于实验法中的“试验前”和“试验后”测量的不同数据。因此,与截面数据和时间序列数据相比,面板

数据能更好的在不同时期控制各种其他影响因素,因而能精确的证明因果关系。因此本章在面板数据的单位根检验和协整检验和协整方程的估计来全面地考察民族地区经济发展的金融支持的状况,为民族地区经济发展提供实证依据。

本章在结合民族地区实际情况的基础上,在借鉴 King 和 Levine (1993)、Dimitrisetal(2004)以及杨胜刚(2007)的模型的基础上,建立以下实证双对数模型,取对数的目的是为了消除观测数据的异方差,这不会改变数据原有性质。

$$LnY = C + \alpha LnF_{it} + \beta LnX_{it} + \varepsilon_{it} \qquad\qquad (4-1)$$

二、变量的说明及相关数据来源

1. 因变量 Y_{it}

由于民族地区经济落后集中表现在经济总量 GDP_{it}、产业结构 $CYJG_{it}$ 以及城镇化等三个方面,因此为了全面说明民族地区经济发展的金融支持状况,本文全面选取经济总量指标、产业结构指标以及城镇化水平指标,来考察金融发展对这三个指标的支持作用。

考虑到民族地区的实际情况,本文选取人均实际 GDP 来衡量经济总量的发展水平,时间跨度为 1978 ~ 2005 年。由于获得的统计数据是名义GDP,因此要对数据进行调整,调整的方法为:对内蒙古、广西、西藏、宁夏、新疆、云南、贵州和青海 8 个省级单位从 1978 年至 2005 年的名义 GDP 除以年末人口,得到人均名义 GDP,再以 1978 年的不变价格对其调整,用来表示。

从产业经济学的理论可知,当经济发展水平较低时,第一产业的产出比重最大,第三产业的比重最小;当经济发展到一定阶段时,第二产业的比重上升为最大的产业;随着经济发展到较高阶段,第三产业成为最大的产业。因此本文选取第三产业占 GDP 的比重来作为反映产业结构优化程度的指标,用 $CYJG_{it}$ 来表示。城镇化过程的一个重要表现是劳动力不断向城市和城镇转移,农村人口比重在经济发展中不断下降,因此本文选取非农业人口占总人口的比重来说明民族地区的城镇化水平,并用 CSH_{it} 来表示。

2. 金融发展变量 $JRFZ_{it}$

在做金融发展水平的国家比较时,通常用金融增长(Financial Growth)作为金融发展水平的替代指标,金融增长表现为金融资产规模相对于国民财富的扩展,国际上通常采用戈氏和麦氏这两种指标来衡量金融增长水平。戈德史密斯(Gold smith,1969)意图找出决定一国金融结构、金融工具存量和金融交易流量的主要经济因素,并阐明这些因素怎样通过相互作用而促进金融发展。为此,他创造性地提出了衡量一国金融结构和金融发展水平的存量和流量指标,其中最主要的是金融相关比率(Financial Interrelations Ratio,FIR)。金融相关比率是指某一时点上现存金融资产总额(含有重复计算部分)与国民财富(实物资产总额加上对外净资产)之比。通常,人们将其简化为金融资产总量与 GDP 之比,以衡量一国的经济金融化程度,麦金农(1973)着重研究发展中国家的金融抑制与金融深化。在衡量一国的金融增长时,主要使用货币存量(M_2)与国民生产总值的比重作为标尺。通常,人们一般将其简化为 M_2 与 GDP 之比,以衡量一国的经济货币化程度。很明显,戈氏和麦氏两种指标都是从总体上去衡量一国的金融发展程度的,在此我们引用之,将其作为衡量中国各地区金融发展程度的指标。在作金融地区差距的比较时,由于中国缺乏各地区金融资产和 M_2 的统计数据,无法直接使用戈氏和麦氏指标,而只能利用存贷款的数据作为金融资产的一个片面的衡量指标,去揭示中国金融发展水平。我们主要利用 1978~2005 年的国有银行存贷款之和与 GDP 比值来反映地区间金融资产的配置状况,使其能从总体上衡量一个地区的金融深化水平,并用表示。

3. 控制变量 X_{it}

影响经济增长的因素很多,因此有必要对一些主要的变量进行控制来增强模型的说服力。其中主要包括:地方财政支出占名义 GDP 比重,用来解释政府对经济增长的贡献,用 ZF_{it} 表示;各省固定资产投资额占各省名义 GDP 的比重,用 $GDZCTZ_{it}$ 表示;以各省进出口总额(以人民币计算)占各省名义 GDP 的比重来反映人力资本因素，用 KF_{it} 来表示；以各省普通高校在校人数占各省年末人口的比重来反映人力资本因素，用 $RLZB_{it}$ 来表示。

4. 数据说明

本文利用各省 1978 ~ 2005 年度数据，其中 1978 ~ 1998 年的数据从《新中国五十周年统计资料汇编》中获取，1999 ~ 2005 的数据从 2000 ~ 2006 年的《中国统计年鉴》和《中国金融年鉴》中获取。

第三节 计量方法

为避免虚假回归的问题，本文运用协整理论，建立误差修正模型来分析民族地区经济发展的金融支持状况。协整的经济意义在于，虽然两个变量具有各自的长期波动规律，但是如果它们是协整的，则它们之间存在着一个长期稳定的比例关系。首先对变量做单整性检验，如果均为同阶单整，则再对其进行协整分析，以发现变量之间的协整关系，即长期均衡关系。

一、面板数据单位根检验

面板数据的单位根检验与普通单序列的单位根检验相比方法较多，但每种方法都有不同的优缺点。[1]

对面板数据考虑下面的过程：

$$Y_{it} = \rho_i Y_{it-1} + X_{it}\delta_i + \mu_{it} \qquad (i = 1, 2, \cdots, N \quad t = 1, 2, \cdots, T_i) \qquad (4-2)$$

其中：X_{it} 表示模型中的外生变量，包括各个截面的固定影响和时间趋势。N 表示各个截面成员的个数，T_i 表示第 i 个截面成员的观测时期数，参数 ρ_i 为自回归的系数，随机误差项 μ_{it} 互相满足独立同分布假设。对 (4-2) 式，如果 $|\rho_i| < 1$，则对应的序列 y_{it} 为平稳序；如果 $|\rho_i| = 1$，则对应的序列 y_{it} 为非平稳序列。根据参数 ρ_i 的不同限制，可以将面板数据的单位根检验方

---

[1] 任燕燕：《平行数据模型及其在经济分析中的应用》，经济科学出版社 2006 年版，第 89—104 页。

法划分为两大类。一类为相同根情形下的单位根检验,主要有 Levin – Lin – chu 检验、Breitung 检验、Hadri 检验等;另一类为不同根情形下的单位根检验,主要是 Im – Pesaran – Skin 检验、Fisher – ADF 检验和 Fisher – PP 检验等。

1. LLC(Levin,Lin & Chut)检验

LLC(Levin,Lin & Chut)检验考虑式(4 – 2)所示的模型:

$$\Delta y_{it} = \alpha y_{it-1} + \sum_{j=1}^{\rho_i} \beta_j \Delta y_{it} + X'_{it}\delta + \mu_{it}(i=1,2,\cdots,N \ t=1,2,\cdots,T_i) \qquad (4-3)$$

其中:$\alpha = \rho - 1$,ρ_i 为第 i 个截面成员的滞后阶数,在该模型中允许其截面变化。LLC 检验的原假设为面板数据中的各截面序列均具有一个单位根,被选假设为各截面序列均没有单位根,即 $H_0 : \alpha = 0$,$H_1 : \alpha < 0$。

该检验方法的具体步骤为:

(1)给定各截面成员的滞后阶数 p_i 后,从 Δy_{it} 和 y_{it-1} 中剔出 Δy_{it-j} 和外生变量 X_{it} 的影响,并进行标准化求出代理变量。如果设:

$$\Delta \bar{y}_{it} = \Delta y_{it-1} - \sum_{j=1}^{\rho_i} \hat{\beta}_{ij} \Delta y_{it-j} - X'_{it}\hat{\delta} \qquad (4-4)$$

$$\bar{y}_{it} = y_{it-1} - \sum_{j=1}^{p_i} \dot{\beta}_{ij} \Delta y_{it-j} - X'_{it}\dot{\delta} \qquad (4-5)$$

其中:$(\hat{\beta}_{ij},\delta)$ 和 $(\dot{\beta}_{ij},\dot{\delta})$ 分别为 Δy_{it} 和 Δy_{it-1} 对滞后差分项 Δy_{it-j} 以及外生变量 X_{it} 回归得到的相应参数估计值。

则 Δy_{it} 和 y_{it-1} 的代理变量 $\Delta \tilde{y}_{it}$ 和 $\Delta \tilde{y}_{it-1}$ 分别为:

$$\Delta \tilde{y}_{it} = \Delta \tilde{y}_{it}/s_i \qquad (4-6)$$

$$\Delta \tilde{y}_{it-1} = \Delta \tilde{y}_{it}/s_i \qquad (4-7)$$

其中:s_i 为模型(4 – 2)中对应与第 i 个截面数据的估计标准差。

(2)利用获得的代理变量估计参数 α,即用代理变量作回归 $\Delta \tilde{y}_{it} = \alpha \tilde{y}_{it-1} + \varepsilon_{it}$,估计参数 α。此时获得的参数 α 相对应的 t 统计量渐进服从标准正态分布。

2. Im – Pesaran – Skin 检验

在 Im – Pesaran – Skin 检验中,首先对每个截面进行单位根检验

$$\Delta y_{it} = \alpha y_{it-1} + \sum_{j=1}^{p_i} \beta_{ij} \Delta y_{it-j} + X'_{it} \delta + \varepsilon_{it} \quad i=1,2,\cdots,N \ t=1,2,\cdots,T_i \qquad (4-8)$$

检验的原假设为 $H_0 : \alpha = 0 , for \ all \ i$

$$\alpha_i = 0, for \ i = 1,2,\cdots,N_1$$

备选假设为 $H_1 : \alpha_i < 0 \ for \ i = N_1 + 1, N_2 + 1, \cdots, N$ 　　　　(4-9)

在对每个截面成员进行单位根检验之后,得到每个截面成员 α_i 的 t 统计量,记为 $t_{iT_i(p_i)}$,利用每个截面成员 α_i 的 t 统计量构造检验整个面板数据是否存在单位根的参数 α 的 t 统计量如下:

$$\bar{t}_{NT} = (\sum_{i=1}^{N} t_{iT_i(p_i)}) / N \qquad (4-10)$$

每个截面成员的滞后阶数为 0 的情况下,Im – Pesaran – Skin 检验通过模拟出了统计量在不同显著水平下的临界值。

3. Fisher – ADF 检验和 Fisher – PP 检验

Fisher – ADF 检验和 Fisher – PP 检验应用了 Fisher 的结果(1932),通过结合不同截面成员单位根检验的 p 值,构造出两个统计量,渐进服从于卡方分布和正态分布,用来检验面板数据是否存在单位根。

渐进卡方分布统计量定义如下:

$$-2\sum_{i=1}^{N} \log(\pi_i) \rightarrow x^2(2N) \qquad (4-11)$$

其中:π_i 为第 i 组截面成员单位根检验的 p 值,卡方分布的自由度为 $2N$。

正态分布统计量定义如下:

$$Z = \frac{1}{\sqrt{N}} \sum_{i=1}^{N} \Phi^{-1}(\pi_i) \rightarrow N(0,1) \qquad (4-12)$$

其中:Φ^{-1}是标准正态分布函数的反函数,π_i为第 i 组截面数据单位根检验的 p 值。

Fisher – ADF 检验和 Fisher – PP 检验的原假设和备选假设与 Im – Pesaran – Skin 检验相同。

二、面板数据协整检验(EG 两步法)

协整检验是考察变量间长期均衡关系的方法。鉴于本样本时间序列跨度问题,本文使 EG 两步法。在进行了各变量的单位根检验后,如果各经济变量、金融发展以及各控制变量间都是同阶单整,则对(4 – 1)式进行回归,得到残差序列 E_{it},并建立回归方程:

$$\Delta E_{it} = \rho_i E_{i,t-1} + \sum_{j=1}^{\rho_i} \theta_{ij} \Delta E_{i,t-j} + \alpha_i + \varepsilon_{it} \qquad (4-13)$$

用上述面板数据单位根检验方法检验残差序列的平稳性,如果 E_{it} 是平稳的,说明各变量之间存在长期均衡关系。

三、固定效应面板数据模型设定方法

模型:$y_{it} = \alpha + X_{it}\beta + \mu_i + v_{it} \quad (i = 1, 2, \cdots, N \ t = 1, 2, \cdots, T_i)$ \qquad (4 – 14)

其中:β 是 $k \times 1$ 维向量,μ_i 是不同的常数,μ_{it} 服从于 $N(0, v^2)$

横截面因素影响可以通过常数 μ_i 的差异来说明,固定效应需要在下面四个模型中通过假设检验来选择:

$(1) y_{it} = \mu + X_{it}\beta + v_{it} \qquad (i = 1, 2, \cdots, N \qquad t = 1, 2, \cdots, T_i)$

$(2) y_{it} = \mu_i + X_{it}\beta + v_{it} \qquad (i = 1, 2, \cdots, N \qquad t = 1, 2, \cdots, T_i)$

$(3) y_{it} = \mu + X_{it}\beta_i + v_{it} \qquad (i = 1, 2, \cdots, N \qquad t = 1, 2, \cdots, T_i)$

$(4) y_{it} = \mu_i + X_{it}\beta_i + v_{it} \qquad (i = 1, 2, \cdots, N \qquad t = 1, 2, \cdots, T_i)$

第一个假设检验,原假设 H_0:对所有的 i 和 j 都有 $\mu_i = \mu_j, \beta_i = \beta_j$;

备选假设 H_1:存在 $i \neq j$,使得 $\mu_i \neq \mu_j$ 或者 $\beta_i \neq \beta_j$;

第二个假设检验,原假设 H'_0:对所有的 i 和 j 都有 $\beta_i = \beta_j$;

备选假设 H'_1:存在 $i \neq j$,使得 $\beta_i \neq \beta_j$;

第三个假设检验,原假设 H''_0:对所有的 i 和 j 都有 $\mu_i = \mu_j$;

备选假设 H''_1:存在 $i \neq j$,使得 $\mu_i \neq \mu_j$;

首先进行第一个假设检验,若接受了 H_0 就选择模型(1),若拒绝了 H_0,再进行第二个假设检验;若接受了 H'_0 就选择模型(2),若拒绝了 H'_0,再进行第三个假设检验;接受了 H''_0 就选择模型(3),若拒绝了 H''_0,就选择模型(4)。

四、Hausman 检验和 Redundant Fixed Effects 检验

对面板数据进行回归时,模型的设置有固定效应和随机效应之分,因此要对模型进行检验,常用的方法有 Hausman 检验和 Redundant Fixed Effects 检验,对于此检验的结果将在下文的表中给出。

第四节 实证分析结果

一、平稳性检验结果

用 Eviews5.1 对因变量(GDP_{it}、$CYJG_{it}$、CSH_{it})、金融发展变量($JRFZ_{it}$)以及各控制变量(ZF_{it}、$GDZCTZ_{it}$、KF_{it}、$RLZB_{it}$)分别进行 Levin – Lin – Chu 检验、Im – Pesaran – Skin 检验、Fisher – ADF 检验、PP – Fisher 检验。由于各经济变量均存在时间趋势,因此在进行单位根检验时,选用含时间趋势的模型;表 4 – 1 是各个变量的单位根检验结果。结果表明,各个变量的原始序列没有同时通过四种方法的检验,而在取一阶差分后都同时通过四种方法的检验,说明都是一阶单整的,即 $I(1)$。

表 4 - 1   面板数据单位根检验结果①

变量②		Levin, Lin & Chut	Im, Pesaran and Shin W - stat	ADF - Fisher Chi - square	PP - Fisher Chi - square	是否平稳
因变量	log(GDP)	4.435	8.564	0.635	0.636	否
	Dlog(GDP)	- 4.317 ***	- 5.143 ***	60.602 ***	70.789 ***	是
	Log(CYJG)	- 2.116	- 0.336	19.224	16.005	否
	Dlog(CYJG)	- 10.303 ***	- 10.464 ***	119.779 ***	159.363 ***	是
	Log(CSH)	1.822	4.909	3.395	4.223	否
	Dlog(CSH)	- 1.397 *	- 4.151 ***	46.830 ***	69.701 ***	是
自变量	log(JRFZ)	- 0.115	2.330	5.081	5.315	否
	Dlog(JRFZ)	- 6.396 ***	- 7.104 ***	79.890 ***	114.000 ***	是
控制变量	log(ZF)	- 0.828	- 1.956 **	27.456 **	27.690 **	否
	Dlog(ZF)	- 6.555 ***	- 6.170 ***	79.622 ***	77.939 ***	是
	log(ZB)	2.911	1.678	12.851	4.758	否
	Dlog(ZB)	- 4.819 ***	- 8.456 ***	96.356 ***	122.731 ***	是
	log(RLZB)	8.113	9.066	0.050	0.107	否
	Dlog(RLZB)	- 5.011 ***	- 4.713 ***	51.326 ***	52.060 ***	是
	log(KF)	- 2.274 **	- 1.063	17.726	21.435	否
	Dlog(KF)	- 6.761 ***	- 8.340 ***	97.929 ***	121.929 ***	是

二、协整检验及协整方程的估计

由于各个变量都是一阶单整序列,因此存在协整的可能。协整的经济意义在于,虽然两个变量它们具有各自的长期波动规律,但是如果它们是协整的,则它们之间存在着一个长期稳定的比例关系。用 Eviews5.1 对(4 - 1)式进行估计,进行经协方差分析检验并选用等斜率模型较优,再进行 Hausman 检验和 Redundant Fixed Effects 检验。结果表明,选择截面固定效

---

①   文中后边经验分析中的 * * * 、* * 、* 分别表示统计检验在 1% 、5% 、10% 水平下显著;括号内为 t 统计量。

②   在原始变量前加 D,表示对此变量进行一阶差分处理后的新变量,即一阶差分变量。

应与无时期效应模型较好。最终的回归分析结果(见表4-2,其中截面虚拟变量没有列出)得到三个残差,分别为 E_{1it}、E_{2it}、E_{3it},对残差序列进行 Levier 检验、n-Lin-Chu 检验、Im-Pesaran-Skin 检验、Fisher-ADF 检验、PP-Fisher 检验,若残差序列平稳则说明变量间存在长期的均衡关系,协整关系成立,反之则不成立。

　　模型的估计结果显示,F-statis 统计量显著性水平都在1%以下,调整后的可决定系数分别为 0.98、0.79、0.99,说明模型的解释力还是比较强的。金融发展变量的系数在5%的显著性水平下为正,表明民族地区的金融发展能够促进经济总量的增长、产业结构的优化以及城镇化水平提高。这说明民族地区银行部门的发展,可以动员储蓄、加速资本积累、优化资金配置效率等功能,从而促进经济发展;但同时,也应该看到金融发展变量的系数比较小,这说明金融支持的效率较低。控制变量中固定资产投资总额的系数为正,符合正常的预期,这也与 Rioja 和 Valev(2004)、杨胜刚(2007)研究结果基本一致。即经济落后地区的金融发展主要是通过加速资本积累促进经济增长的结论,在我国民族地区也同样适用,只是系数值较小,说明效率较低。

　　政府财政支出 ZF_{it} 的系数为负,这一方面表明政府的干预可能对私有部门的投资产生了挤出效应,使得民族地区私有部门没有得到金融机构的有力支持,从而影响了这一地区的经济发展;另一方面表明我国民族地区政府投资对象主要是国有企业,而这一地区的国有企业管理水平不高,技术水平普遍不高,企业效率低下,经济活力不足,存在预算软约束现象。对外开放变量对经济总量和产业结构系数为正,这说明对外开放水平的提高,对经济发展作用是正面的;而对城市化的系数为负,但是 t 统计检验不显著,因此无法判断对外开放对民族地区城市化进程的影响。而人力资本因素对被解释变量(GDP_{it}、$CYJG_{it}$、CSH_{it})均具有明显的正向效应,尤其是对经济增长变量(GDP_{it})作用显著。

　　对三个残差(E_{1it}、E_{2it}、E_{3it})进行平稳性检验,检验结果见表4-3。结果显示,残差项均不存在单位根,这意味着长期来看,我国民族地区金融发展对经济总量的增长、产业结构的优化、城市化水平的提高的支持是明显的。

表4-2　面板数据回归结果①

自变量 \ 因变量	GDP_{it}	$CYJG_{it}$	CSH_{it}
$JRFZ_{it}$	0.103** (1.683)	0.062** (2.363)	0.118*** (8.283)
ZF_{it}	-0.364* (-8.273)	-0.079** (-2.219)	-0.128*** (-9.709)
$GDZCTZ_{it}$	0.077** (1.918)	0.086* (1.674)	0.042*** (3.624)
KF_{it}	0.072*** (3.470)	0.068*** (3.257)	-0.005 (-0.734)
$RLZB_{it}$	0.631*** (16.931)	0.131*** (5.216)	0.110*** (18.099)
C	10.256*** (47.490)	-0.209 (-1.080)	-1.120*** (-22.258)
R^2	0.972	0.790	0.991
F - statistic	91.338***	66.009***	2213.199***
Redundant Fixed Effects Test(p)	0	0	0

表4-3　残差的单位根检验

变量	Levin, Lin & Chut	Im, Pesaran and Shin W - stat	ADF - Fisher Chi - square	PP - Fisher Chi - square	是否平稳
E_{1it}	-2.511***	-4.235***	47.022***	42.286***	是
E_{2it}	-2.248***	-3.121***	37.029***	33.743***	是
E_{3it}	-2.922***	-1.634***	25.483***	11.947**	是

---

① 文中经验分析中的 *** 、** 、* 分别表示统计检验在1%、5%、10%水平下显著;括号内为 t 统计量。

第五章 少数民族与民族地区经济社会发展的金融支持实证分析(下)

——基于广西县域经济发展的金融支持实证分析

县域经济是国民经济的重要组成部分,推动县域经济又好又快发展有着特别重要的意义。广西大部分人口生活在县域,农村大部分劳动力就业在县域,农民大部分收入来自县域。近年来,广西高度重视县域经济的重要地位和作用,把县域经济作为建设新农村的重要切入点,统筹城乡产业布局,引导劳动密集型、资源加工型产业向县域集聚,鼓励农产品加工业向主产区集中,加快把农产品加工业培育成为县域经济的主导产业。从全区来看,县域经济发展取得了可喜的成绩,2003~2006年广西生产总值年均增长12.2%,速度之快,时间之长,稳定性之好是历史上少有的。其中,县域经济的贡献率为62.2%,成为广西经济社会发展的重要力量。

首先,县域经济发展是解决"三农"问题,建设新农村的根本出路。

广西人口82.6%以上都居住在县域范围内,农业、矿产资源等主要以县为载体或蕴藏在县域之中,县域经济的基础依然是农业经济,农业仍将是广西县域经济的根。现阶段,广西"三农"问题面临新情况,农村劳动力转移就业面临新挑战,县域收入分配关系矛盾较多,农村基础设施薄弱,农村保障体系,教育、卫生等事业发展需要更加关注和重视。解决面临的矛盾和问题,推进农村物质文明、政治文明、精神文明建设、和谐社会建设,必须建立在大力发展经济的基础之上;朝着"生产发展、生活宽裕、乡风文明、村容整洁、管理民主"的社会主义新农村目标推进,必须大力发展县域经济。

其次,县域经济发展是促进区域协调发展的迫切需要一是县域财政收入低,根据《广西各地市财政收入表》:2006 年广西县均 GDP 仅为 35.96 亿元;只有 6 个县财政一般预算收入超过 5 亿元,其中只有平果县超过 10 亿;县财政收入最低的是凤山县和金秀县,仅约为 0.45 亿元,而平果县约为 13.5 亿元;没有一个县进入全国百强县(市)。二是县域经济发展不平衡,表现为较发达县,欠发达县、贫困县。三是县域经济发展遇到了一些阶段性困难,集中表现为农村有效需求不足、中小企业发展困难、农民增收慢等。这些问题都有待进一步研究和解决,但解决问题的基本办法是通过增量扩张,即在加快发展中加以解决。

广西县域经济发展问题,本质上讲是区域经济增长和发展的问题,经济增长和发展离不开金融的支持,金融发展直接制约着经济发展的速度和质量,同时也是衡量一国经济和地区经济发展的重要尺度。当前,广西县域经济的农业现代化、产业化、工业化、城镇化以及民营企业的发展壮大、基础产业的建设与调整等对资金产生了巨大的需求。而广西县域经济建设中,却存在着金融资产总量不足、质量较低;金融组织体系不健全、结构不合理;金融支持体系单一性与建设需要多样化的矛盾;缺乏区域化的金融政策;以及县域机构收缩和资金外流等诸多问题。因此研究广西县域经济发展中的金融支持,是实现县域经济持续发展的基础,也是解决当前经济发展中农村有效需求不足、农民增收难、中小企业困难等难题的关键。

然而,目前关于金融支持与经济增长关系的文献资料很多,但大都是从国家或一个地区的角度出发进行分析,却鲜见于关于广西县域经济发展的金融支持研究的专门著述。这可能是由于:经济开发的早期阶段和经济欠发达地区,经济发展更多地依赖财政的支持;广西县域金融发展比较慢,金融支持的作用未能充分、全面体现,使得人们对金融的作用有所忽视;有关广西县域金融发展的数据收集比较困难,不便于进行更深入的研究。因此本文就从属于欠发达地区的广西县域经济发展角度出发,将县域经济发展的问题与金融支持结合起来进行研究,分析县域经济发展中金融支持存在的问题和影响因素,从金融支持县域经济发展的角度,探讨金融支持县域经济发展的新思维、新思路,从而解决经济发展中的资金问题,促进广西县域经济的进一步发展壮大。

第一节 广西县域经济发展的综合评述

一、县域经济是广西经济的基础,但其发展水平低,市场竞争力差

2006 年,广西共有 88 个县及县级市(区),其中县 56 个、自治县 12 个、县级市 7 个、县级区 13 个。县域土地面积 22.70 万平方公里,占全区总面积的 91%;县域人口 4427 万人,占全区的 82.6%,县域就业的人数占全区就业人数的 80% 以上;广西境内的江河、湖泊、水库、森林、矿藏、海洋、动植物资源及公路、铁路、机场、水路、电站等主要分布在县域,县域资源优势突出。

2006 年广西县域单位实现国民生产总值 3164.8 亿元,县域平均生产总值达到 35.96 亿元,88 个县域单位 GDP 汇总数占全区 GDP 比重为 65.9%,对全区经济增长的贡献率达到 62.2%[①]。2006 年 88 个县域单位财政收入为 216.20 亿元,占广西财政收入的 38.1%,县域平均财政收入超过 2 亿元,达到 2.46 亿元,2006 年广西县域平均税收收入达到 1.88 亿元,占财政收入的 76.6%,财政收入质量进一步提高。2006 年,88 个县域全社会固定资产投资突破 1500 亿元大关,达到了 1598.95 亿元,占全区投资总量的比重 71.2%[②],因而县域经济是广西国民经济的基础,具体情况见下表。

---

① 数据来源:根据 2007 年广西统计年鉴整理
② 来源于中郡县域经济研究所编辑整理:《广西壮族自治区县域经济发展情况》,中国县域经济网。

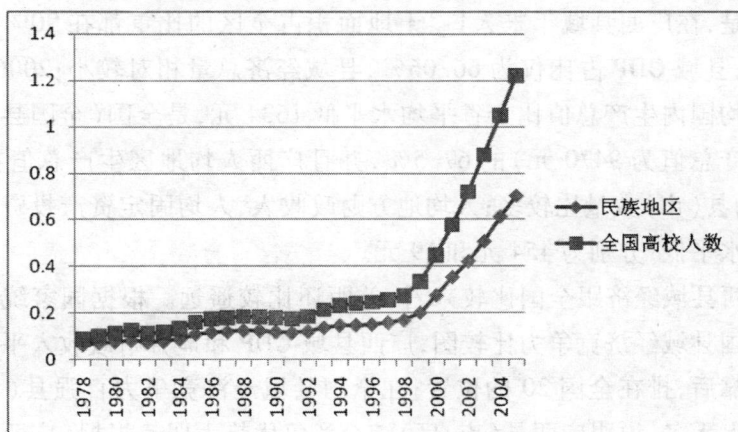

图 5-1　广西县域单位示意图来源:中国县域经济网。

表 5-1　2003~2005 年广西县域经济发展相关指标比较

单位:亿元

	2003 年	2004 年	2005 年	2006 年
全区县域 GDP	1795	2148.5	2692.63	3164.8
全区 GDP	2821.11	3433.5	4075.75	4802.43
县域 GDP 占比(%)	63.63	62.67	66.06	65.9
全区县域固定投资	513	758.69	1194.77	1598.95
全区固定投资	987.31	1263.65	1769.07	2245.72
县域固定投资占比(%)	62	60.03	67.54	71.2
全区县域财政收入	143.4	153.84	181.6	216.20
全区财政收入	341.42	403.74	475.37	567.45
县域财政收入占比(%)	42	38.1	38.2	38.1

资料来源:2004~2007 年《广西统计年鉴》。

注:县域 GDP 占比指全区县域 GDP 占全区 GDP 的百分比。县域固定投资占比和县域财政收入占比类似。

但是,在广西县域年末人口、土地面积占全区的比重都在90%以上的基础上,县域 GDP 占比仅为 66.06%,县域经济总量相对较小;2006 年,县域的人均国内生产总值比全省平均水平低 1634 元,是全国(全国县域人均地区生产总值为 9470 元)的 67.5%,并且广西人均地区生产总值在 4500元/人的县(市)数量比较多;人均地方财政收入、人均固定资产投资均比全省平均水平低,分别为 454 元和 19 元。

广西县域经济跟全国比较来看,差距还比较遥远。根据国家统计局第六届全国县域经济竞争力比较图,广西县域 GDP 和地方财政收入平均规模都比较靠后,排在全国 20 的位置;在全国县域经济竞争力百强县(市)中,广西榜上无名,说明广西县(市、区)综合竞争优势太弱。根据《广西县域经济发展情况概要》记载,广西壮族自治区县域经济平均规模:人口 48.64万,GDP19.37 亿元,地方财政收入 0.98 亿元,人均 GDP 4284 元,分别是全国县域经济平均值的 1.07 倍、0.60 倍、0.81 倍、0.63 倍,在全国排 13 位、20 位、17 位、20 位。第七届中国西部百强县(市)在西部 12 个省(市、区)中,虽然广西有 10 个,但排在后 50 的位置。因此,广西县域的整体经济实力还很薄弱,经济发展水平不仅落后于西部县域,还明显滞后于全省经济发展的总体水平。

二、三产业都有一定发展,但仍比较滞后

广西近年来,不断调整农业和农村经济结构,其县域产业结构得到了改进。2006 年 88 个县域单位 GDP 三次产业保持较快增长,增长速度分别为6.9%、19.2% 和 13.8%,县域 GDP 三次产业结构也发生了重大变化,2002年三次产业结构分别为 41.7∶25.2∶33.1,属一三二型;2006 年调整到 30.5∶38.9∶30.6,变为二三一型。2006 年与 2002 年相比,第一产业和第三产业分别下降了 11.2 和 2.5 个百分点,而第二产业则上升了 13.7 个百分点。县域第二产业比重超过第一产业,结构调整进一步优化。

广西历来非常重视工业强县,2006 年县域工业增长 19.8%,对经济增长的贡献率达到 45%,比 2002 年提高了 30.2 个百分点;工业增加值占县

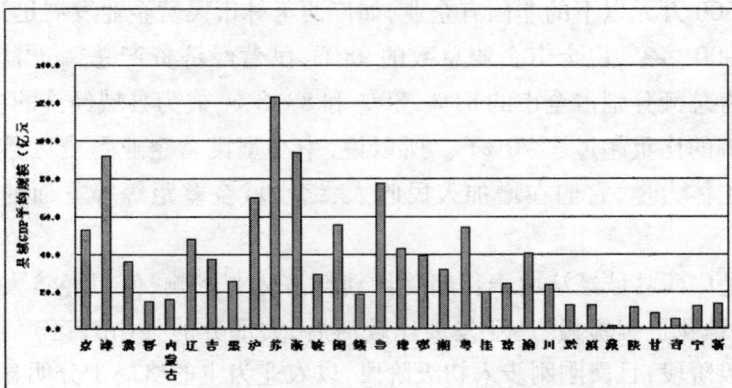

图 5 - 2a 全国各省市区县域 GDP 平均规模比较图

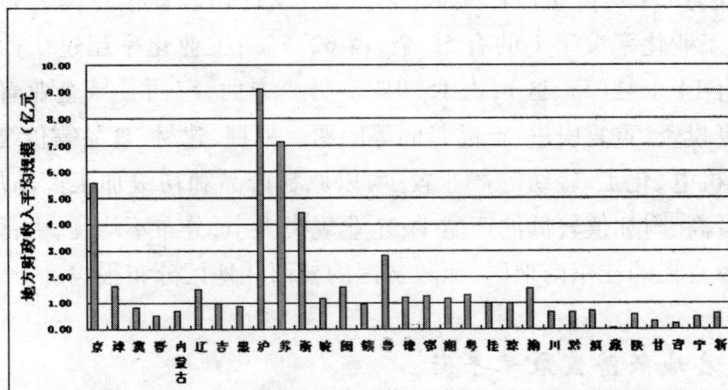

图 5 - 2b 全国各省市区县域地方财政收入平均规模比较图

来源:广西县域经济网。

域经济的比重达到33.3%,比2002年提高了12.5个百分点。2006年,全省有30个县域的第二产业增加值所占比重在三个产业中最大,就属于工业主导县域,占全省县域总数的34%,工业主导县域经济的发展强有力地推动了全省县域经济的发展。其中,在县域经济工业中贡献最大的是年销售收入在500万元以下的非国有企业,如广西玉林市民营企业发展迅速,已发展到18900多家,占全市企业总数的98%,民营经济资产总额、出口额、消费品零售总额分别占全市的81%、80%和83.8%,成为县域经济的主体,占县域经济的比重超过了70%①。所以说,中小型民营企业是全区县域经济发展的主体力量,它们在增加人民收入、缩小城乡差距等等方面的贡献巨大。

但是广西县域经济由于长期受计划经济体制影响,使得经济发展动力不足、城镇化进程缓慢,产业发展比较滞后,大部分的县(市、区)仍处于工业化初级阶段,且属刚刚步入初级阶段,以农业为主的格局十分明显。2006年广西县域三次产业结构为30.5:38.9:30.6,与全区21.5:39.2:39.3的结构相比,第一产业比重偏高,第二产业、第三产业比重偏低。广西县域工业化率仅为1.09,低于广西全区的1.55。从广西统计信息网公布的数据看,各县工业化率大于1的有55个,占62.5%;工业化率超过广西平均水平的只有14个县(市、区),占15.9%。另一方面,广西县域企业普遍存在存在重复投资、重复引进、产品趋同等问题。采掘、建材、食品等传统产业比重过大,机电、化工、轻纺等产业较少,以原料产品和初级加工产品居多,而技术含量高、附加值较低的产品少;企业规模太小,分布不均衡,大部分企业分布在较富裕的桂东南地区,而较贫困的桂西北地区分布很少。

三、县域经济发展不平衡

县域经济由于受不同的地理位置、资源条件、生产力水平、市场需求、人文历史等各方面条件的影响,在经济发展水平上存在着差异。姜雄飞、吴玉鸣采用因子分析法,依据各个主因子的得分和综合得分对广西77个县进行排序,得出了发达县域、较发达县域、欠发达县域、贫困型县域四种类型,如下表:②

---

① 来源于玉林市第三届人民代表大会第一次会议的政府工作报告,htpp://www.gx.xinhua-net.com/

② 姜雄飞、吴玉鸣:《广西县域经济增长的地区差异分析》,《改革和战略》2006年第3期。

表5－2 广西县域经济发展水平分类

类型	得分	县域
发达县域	>0.5	凭祥市、平果县、东兴市、南丹县、全州市、鹿寨县、合浦县
较发达县域	0.5～0	武鸣县、天峨县、宜州市、合山市、北流市、崇左县、荔浦县、灵山县、全州县、兴安县、浦北县、大化瑶族自治县、宾阳县、灵川县、柳江县、扶绥县、柳城县、隆林各族自治县、岑溪县、藤县、博白县、横县、容县、永福县、田东县、钟山县、临桂县、龙胜各族自治县、平乐县、蒙山县、恭城瑶族自治县、陆川县、上思县、田阳县
欠发达县域	0～ -0.5	苍梧县、大新县、宁明县、都安瑶族自治县、桂平市、阳朔县、忻城县、隆安县、象州县、平南县、兴业县、资源县、罗城仫佬族自治县、武宣县、富川瑶族自治县、灌阳县、环江毛南族自治县、龙州县、融安县、靖西县、上林县、昭平县、融水苗族自治县、田林县、金秀瑶族自治县、天等县、马山县、巴马瑶族自治县、东兰县、三江侗族自治县、德保县
贫困型县域	< -0.5	乐业县、西林县、那坡县、凤山县、凌云县

表5－3 发达型县域与贫困型县域的比较表

县域	人均GDP（元）	城镇在岗职工可支配收入(元)	农民人均收入(元)	第一产业比重（%）	第二产业比重（%）	第三产业比重（%）
发达型县域						
凭祥市	10743	7862	2331	14.7	15.8	69.5
平果县	13394	9344	2072	11.3	71.4	17.3
东兴市	12583	9257	3287	30.8	25.1	44.1
南丹县	8266	8134	2227	22.1	45.8	32.1
全州县	7312	7121	3083	33.8	44.1	22.1
鹿寨县	9356	8630	3008	29.2	39.0	31.8
合浦县	7297	8508	3195	36.5	34.9	28.7
贫困型县域						
乐业县	3083	6668	1428	36.3	17.3	46.4
西林县	3922	6329	1704	46.2	24.1	29.6
那坡县	2537	6877	1455	42.6	17.5	40.0
凤山县	3151	5253	1510	35.4	28.9	35.7
凌云县	3660	6661	1407	42.6	29.3	28.1

　　根据上表可得,广西发达县域人均 GDP 以及城镇在岗职工可支配收入和农民人均收入都比贫困县域高出许多,并且相对来说发达县域第一产业占比相对较小,第二产业占比相对较高,产业结构比较优化。

　　广西县域经济发展极不平衡,经济总量居前 10 位的县(市、区)GDP 总和为 804.11 亿元,占县域经济总量的 25.4%,是总量居后 10 位的县(市、区)GDP 总和的 9.78 倍;财政收入居前 10 位的县(市)合计为 56.83 亿元,占县域财政收入的 26.3%,是财政收入居后 10 位的县(市、区)总和的 8.7 倍。县域经济总量最大的玉州区,2006 年 GDP 为 117.56 亿元,比排位居后 13 位的县(市、区)GDP 总和还多。县域财政收入最大的平果县,2006 年财政收入达到 13.52 亿元,相当于排位居后 17 位的县(市、区)财政收入总和。人均 GDP 排第 1 位的玉州区为 20870 元,而排第 88 位的都安县为 2569 元,差距 18301 元,相差 8.12 倍;人均财政收入最高的平果县为 2906 元,而最低的港南区 156 元,差距 2750 元,相差 18.6 倍;农民人均纯收入最高的兴安县为 3818 元,而最低的罗城县为 1557 元,差距 2261 元,相差 2.45 倍[①]。

四、城乡收入有所提高,但差距进一步拉大

　　2006 年,广西县域农民人均纯收入达到 2870 元,比 2002 年增加 1064 元,2003 年至 2006 年县域农民人均纯收入增长速度分别为 6.2%、11.0%、12.3% 和 14.2%,连续三年增幅达到两位数,呈现逐年加快增长的趋势。县域城镇居民人均可支配收入进一步增加,2006 年广西县域城镇居民人均可支配收入达到 9320 元,其中突破一万元的县(市、区)有 21 个,占县域单位的 23.9%,而 2004 年一个也没有。随着城乡居民收入大幅增加,城乡居民生活质量不断提高。2006 年广西农村居民家庭恩格尔系数为 49.5%,比 2002 年下降 2.4 个百分点;城镇居民家庭恩格尔系数稳定在 42.1% 左右,比 2004 年下降 1.9 个百分点。

---

① 《广西县域经济发展与主导产业研究》,广西统计信息网。

但是广西有 4960 多万人口,农村总人口达 3240 万人,农村人口比例高达 65.4%,农村消费只占全区消费品市场的 41%。1996~2006 年广西县域农村居民人均纯收入年均增长 6.1%,低于全国平均水平 1.7 个百分点。2006 年,广西县域农民人均纯收入为 2870 元,比全国平均水平低 716 元,居全国 23 位。1996~2006 年,广西农村居民人均纯收入年均增长率为 6.1%,低于同期城镇居民可支配收入年均增长 0.7 个百分点(其间,2000 年农村居民收入还出现负增长)。城乡收入之比由 1996 年 3.0∶1 扩大到 2006 年的 3.6∶1,且 2002~2006 年连续五年维持在 3.6∶1 左右。

1996~2006 年,全区农村消费市场年均增长 8.6%,低于城市市场 5 个百分点。1996~2006 年县及县以下农村实现零售额在全区社会消费品零售额中所占比重逐年下降,由 1996 年的 50.5% 逐年下降到 2006 年的 41.0%。目前,全区农民的总体消费水平比较低。2006 年农村居民人均生活消费性支出为 2413.93 元,而城镇居民人均消费性支出 6792 元,它们之比为 1∶2.8①。

五、县域资金投入不足

县域经济发展的资金来源主要是由县域内的金融机构信贷资金投入、政府的财政资金投入、企业和居民个人投入和县域外资金投入。但是由于县域经济总体运行质量差,总体经济发展水平不高,财政收入困难已经成为县域经济发展的普遍现象。2006 年,在 88 个县域单位中,41 个县(市、区)财政收入在 2 亿元以下,占 46.6%,其中 12 个县(市、区)财政收入在 1 亿元以下。县域人均财政收入不到 500 元,其中 40 个县人均财政收入在 400 元以下,19 个县人均财政收入在 300 元以下,2 个县人均财政收入低于 200 元。

在县域财政实力不能支持县域经济发展的同时,县域金融也没有发挥

---

① 《购买力不足制约广西农村消费市场快速扩张》,广西壮族自治区统计局,http://www. stats. gov. cn.

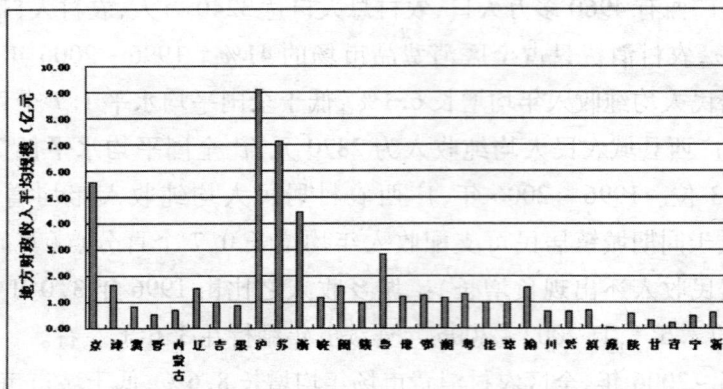

图 5 - 3 广西农村消费品零售额所占比重变化情况(%)
资料来源:广西壮族自治区统计局。

应有的作用。2006 年县域金融机构的各项存款余额为 1797.0016 亿元,而全省为 4202.84 亿元,县域金融机构的各项存款余额占全省金融机构各项存款的 42.76%;全省县域金融机构各项贷款余额为 871.4548 亿元,而全省为 3056.86 亿元,县域内金融机构各项贷款占全省金融机构各项存款的 28.51%。县域金融机构的存贷差为 925.5468 亿元,存贷差都占到了存款余额 51.51%。县域信贷资金投放偏少、资金外流比较严重,金融支持县域经济发展的力度明显不足。金融机构的贷款偏向于大城市、大行业、大企业集中,县域内民营中小企业发展所需资金难以获得银行的贷款。

目前,广西县域经济发展水平整体比较低,财政投资力度乏力,而规模狭小的中小企业和农户自身积累扩大投资的能力也比较低。因此,想要打破县域经济发展资金瓶颈,必须要大力发展县域金融,加强县域金融支持县域经济的发展,并利用各种资源吸引县域外资金的投入。

第二节 广西县域经济发展的主要影响因素

一、模型的设定与备选变量

为了从定量上说明县域经济发展主要受那些因素影响,本文对广西 2006 年 88 个县的县域经济进行实证分析,并检验各因素对县域经济发展水平的影响程度。于凤艳等一般采用 C－D 生产函数方法对县域经济进行实证分析①,在此也运用 C－D 生产函数的双对数线形模型进行分析,从而确定广西县域经济主要受那些因素影响。模型如下:

$$LnY = C + \sum BiLnX_i + e$$

其中:Y 为反映县域经济发展状况的指标;X_i 为各影响因素;C 为常数项;B_i 为待估参数;e 为误差项。

根据理论分析并结合广西壮族自治区县域经济发展的实践,我们选择了城乡居民收入、国内生产总值、财政总收入三项指标作为反映县域经济可持续发展的综合指标(被解释变量),选择财政支出、年末金融机构各项贷款余额、粮食总产量、工业总产值、境内公路里程、限额以上批发零售贸易业商品销售总额(简称批零贸易总额)等 13 项指标作为影响县域经济可持续发展的因素指标(解释变量)。

二、数据来源与变量选择

由于本文的研究对象是县域经济,因此,采用分县区的水平数据效果较好。本模型采用的数据为 2006 年广西 88 个县(市、区)社会经济基本情况年报数据,具有可靠性、代表性和真实性。经过对上述备选变量进行筛选和计算,确定模型的最终形式如下:

---

① 于凤艳:《辽宁省县域经济增长的影响因素分析》,《环渤海经济瞭望》2006 年第 11 期。

$$Ln(GDP) = C + B_1Ln(FISCAL) + B_2Ln(CREDIT) + B_3Ln(GRAIN) +$$
$$B_4Ln(ROAD) + B_5Ln(IV) + B_6Ln(INDUSTRY) + B_7Ln$$
$$(ED) + B_8Ln(TRADE) + B_8Ln(POST)$$

其中:GDP 为国内生产总值;FISCAL 为财政支出;CREDIT 为年末金融机构各项贷款余额;GRAIN 为粮食总产量;ROAD 为境内铁公路总里程;INVESTMENT 为当年全社会固定投资;INDUSTRY 为工业总产值;EDUCATION 为普通中小学生在校人数;TRADE 为社会消费品零售总额;POST 为邮电业务总量。

三、计量结果与分析

利用最适合截面和调查数据的 SPSS 软件进行分析,模型结果如下(表5-4):

Coefficients(a)

Model	Unstandardized Coefficients		Standardized Coefficients	t	Sig.
	B	Std. Error	Beta		
(Constant)	−10109.147	17152.316		−.589	.557
CREDIT	.117	.066	.075	1.768	.081
FISCAL	1.560	.902	.083	1.729	.088
INVESTMENT	.229	.071	.114	3.238	.002
GRAIN	.489	.087	.267	5.628	.000
TRADE	.360	.076	.163	4.710	.000
ROAD	3.740	4.336	.024	.863	.391
EDUCATION	−.019	.023	−.023	−.813	.418
POST	−.155	.606	−.011	−.256	.799
INDUSTRY	1.239	.108	.502	11.517	.000

a Dependent Variable:GDP
IN,FISCAL
b Dependent Variable:GDP

Model Summary(b)

Model	R	R Square	Adjusted R Square	Std. Error of the Estimate	Durbin – Watson
1	.974(a)	.950	.944	47408.57103	2.003

a Predictors:(Constant), INDUSTRY, EDUCATION, ROAD, TRADE, POST, INVESTMENT, CREDIT, GRAIN, FISCAL

b Dependent Variable:GDP

ANOVA(b)

Model		Sum of Squares	df	Mean Square	F	Sig.
1	Regression	3301324110589.230	9	366813790065.470	163.204	.000(a)
	Residual	175310663321.634	78	2247572606.688		
	Total	3476634773910.865	87			

a Predictors:(Constant), INDUSTRY, EDUCATION, ROAD, TRADE, POST, INVESTMENT, CREDIT, GRAIN, FISCAL

b Dependent Variable:GDP

复相关系数 R^2 表示县域 GDP 与各影响因素之间的相关性,$R^2 = 0.942$ 表明它们之间有显著的线性关系,该模型具有较高的使用价值;从 D – W 检验来看,D – W = 2.003 说明其随机误差的相关性不显著是相互独立的;从 F 值来看,F = 163.204,F 值具有显著性,该模型联合显著。因此所建模型是比较合适的。

由于模型采用的是双对数模型,各解释变量的系数即为各变量对县域 GDP 的弹性;另外,在进行回归分析中,由于变量之间量纲不同,比较自变量对因变量作用的大小时,应该采用标准化回归系数。按对县域经济贡献程度不同,诸解释变量可以分成三个层次:

第一层次是对国内生产总值增长贡献最为显著的工业总产值、社会消费品零售总额和粮食总产量。这三个因素对县域国内生产总值的增长影响系数都在 0.1 以上。其中工业总产值系数最大,为 0.502,即工业总产值每增加 1%,县域国内生产总值就会增长 0.502% 。这说明,目前,县域经济的发展主要是依靠工业,工业越发达的县区,其经济增长越快,这表明广西县域经济的发展与整个国民经济产业结构调整重心向第三产业转移还存在着较大差距。社会消费品零售总额和粮食总产量对县域国内生产总值的弹性系数分别为 0.163 和 0.267,其经济学含义是农业和第三产业对广西县域经济的影响还是比较大,这跟广西农业主导县占多数是相符合的。

第二层次是对县域经济增长贡献较为显著的财政支出、年末金融机构各项贷款余额、全社会固定投资和境内铁路、公路总里程。其弹性系数均在 0.01~0.1 之间。财政支出、年末金融机构各项贷款余额、全社会固定和境内铁路、公路总里程对县域国内生产总值的这几个弹性系数都不高,其经济含义是资金投入和基础设施建设仍是制约县域经济发展的瓶颈因素,只要适量增加金融机构的贷款投入及加强基础设施建设,就会显著促进县域经济的发展。

第三层次是对县域经济增长呈负向变动的普通中小学生在校人数和邮电业务总量。普通中小学生在校人数和邮电业务总量对县域国内生产总值的弹性系数为负,说明普通中小学生在校人数和邮电业务发展得很不够。因而广西应该加大教育和邮电设施的资金投入和建设,争取科技兴县。

总的说来,县域经济的可持续发展亟需资金支持。计量经济分析表明,资金是影响广西县域经济发展的制约因素。广西县域经济的发展对资金的需要量很大,不论是金融机构的贷款,还是财政支出和固定资产的投资,以及基础设施和科技教育的投入,对县域经济的增长贡献都不是很显著甚至影响了经济的发展,没有真正发挥对县域经济的促进作用。同时,也反映了广西县域经济对不同渠道来源的资金的多种需求,以及目前广西县域经济发展对贷款和财政支出的依赖。

第三节 广西县域经济发展的实证分析

一、金融与县域经济发展的因果分析

国内关于金融发展与经济增长的研究很多,例如刘仁伍(2003)、韩廷春(2002)、周立和王子明(2002)等。其中周立和王子明将研究的范围扩展到地区层面上,利用一元回归模型,得出了区域金融发展与区域经济增长存在高度相关性的结论,并认为一定时期的金融发展对长期的经济增长有促进作用。但是艾洪德等指出:这样的结论缺乏稳健性,由此不能证明金融发展与经济增长的因果关系,并且颠倒二者因果关系和相关性的做法是不合适的[①]。所以本文先对县域金融与县域经济发展进行因果分析,然后再对金融对经济增长的贡献做分析。

由于县域经济统计时间较短,数据不全面,因此本文随机选择了 A 县从1990 年到 2006 年的各项经济指标,进行金融与县域经济之间的因果分析。改革开放以来,金融对县域经济发展的支持主要表现为向县域内的经济主体提供贷款,本文选择了金融机构贷款余额指标作为金融变量。同时,为了比较全面地考察金融对县域经济发展的影响,本文还选取了 GDP、地方财政收入、工业总产值、农业总产值指标作为经济发展变量(见表 5 - 5)。

表 5 - 5 A 县 1990 ~ 2005 年主要经济指标

单位:万元

年份	GDP	地方财政收入	工业总产值	农业总产值	年末金融机构贷款余额
1990	40601	4233	27071	29780	23362
1991	45062	4670	34421	34579	27134

[①] 艾洪德、徐明圣、郭凯:《我国区域金融发展与区域经济增长关系的实证分析》,《财经问题研究》2004 年第 7 期。

1992	55986	4923	35811	35117	27621
1993	63210	4786	29651	39001	32119
1994	119106	4864	87963	67336	41391
1995	141400	6537	98018	62006	53726
1996	185392	9846	110963	64911	65543
1997	208726	10064	110916	63252	75095
1998	190868	11467	185890	64303	84084
1999	195794	11538	180582	76759	92268
2000	206462	10752	186992	72874	103151
2001	222951	16147	215132	79105	91092
2002	242215	17813	238380	87580	98394
2003	248781	20039	242622	89986	110495
2004	349947	13451	270000	154100	134515
2005	451231	14100	417945	158795	146860

资料来源:A 县人民政府网、统计局、广西统计年鉴(1991 - 2006)。

在实际问题中,当我们取得随机时间序列的样本数据时,首要的问题是分析各经济指标的数据特征,判断它的平稳性。常见的时间序列平稳性的检验是图解法检验;利用样本自相关函数进行平稳性经验;ADF 经验;单位根检验。本文利用 A 县的各经济指标生成图形,来观察各变量的变化。

图 5 - 4 中,Y、X_1、X_2、X_3、X_4 分别代表国民生产总值、地方财政收入、工业总产值、农业总产值、金融机构贷款余额。

从上图看出,A 县各经济变量的变动,总体上均呈现持续增长的趋势。因此,这几个变量都是非平稳性变量。当时间序列具有不平稳性,建立的回归模型会出现"伪回归"现象,会导致各种统计检验毫无意义,所建立的模型是不可靠的。现代经济计量学以非平稳性为特征,因此本文采用葛兰杰因果检验法来研究贷款余额与其他经济变量之间的相关关系。由于葛兰杰因果检验,要求各变量之间因果关系的确立,仅当各变量的单整阶数相等才有效,因此需要讨论变量的单整阶数。

在图 5 - 5 中,G、F、I、A、L 分别代表对国民生产总值、地方财政收入、工

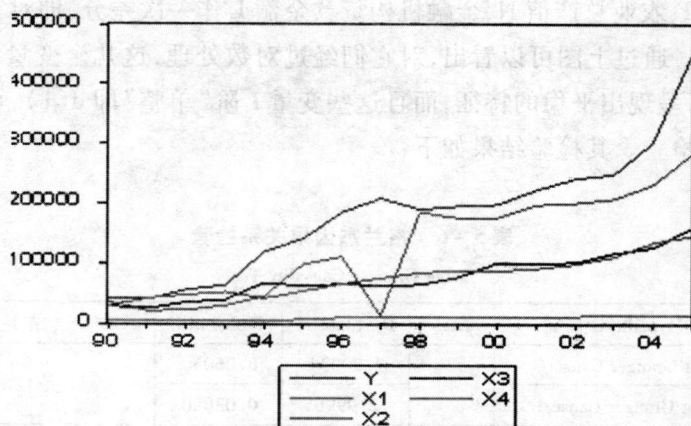

图 5 - 4　A 县各经济指标生成图

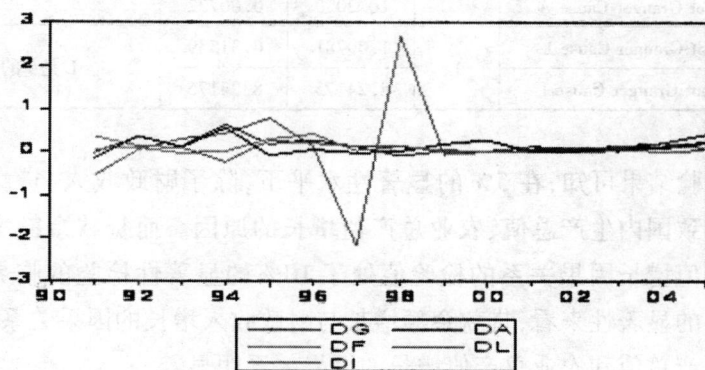

图 5 - 5　A 县各经济指标差分图

业总产值、农业总产值、金融机构贷款余额取自然对数。

　　为了克服"伪回归",通常的办法是对随机游走变量进行差分使其变换为平稳序列。对不少非平稳性序列作差分变换都是平稳序列,但并不是所有非平稳性时间序列的差分序列都是平稳的,许多非平稳性时间序列的差分序列仍然是非平稳的。因此我们对国民生产总值 G、地方财政收入 F、工业总产值 I、农业总产值 N、金融机构贷款余额 L 作一次差分,即对它们进行对数处理。通过上图可以看出,对它们经过对数处理,这几个变量都围绕 0 上下波动,呈现出平稳的特征,而且这些变量 1 阶"单整"即 d(1),可用于葛兰杰因果检验。其检验结果如下:

表 5 - 6　格兰杰因果关系检验

Table Granger Causality Tes

Null Hypothesis:	Lags	F - Statistic	Probability	结　论
L does not Granger Cause G	4	7. 90034	0. 06050	L 是 G 的因
G does not Granger Cause L		12. 99965	0. 03080	
F does not Granger Cause L	4	7. 26044	0. 06760	L 是 F 的因
L does not Granger Cause F		5. 53755	0. 09562	
A does not Granger Cause L	1	4. 20852	0. 06271	L 是 A 的因
L does not Granger Cause A		10. 2020	0. 00772	
I does not Granger Cause L	1	1. 09781	0. 31539	L 是 I 的因
L does not Granger Cause I		8. 24175	8. 24175	

由检验结果可知,在 5% 的显著性水平下,除了财政收入,贷款余额的增长是导致国内生产总值、农业总产值增长的原因。而贷款余额增长与工业生产总值增长因果关系的检验值处于 10% 的显著性检验的临界点。从因果关系的显著性来看,贷款余额增长与财政收入增长的因果关系,没有其与国内生产总值和农业总产值增长的因果关系明显。

根据检验结果,可以得出以下结论:广西县域经济与金融发展具有因果关系。但是从因果关系的显著来看,经济增长促进金融发展没有金融促进经济增长那么显著,这是因为金融体系相对县域经济来说具有相对的独立性,县域金融机构的业务与经营受上级行的控制,从而影响了经济与金融的良性互动。同时也在一定程度说明了广西县域经济的发展对金融产生强烈的需求,但是由于资金外流、金融组织体系不完善、金融市场不发达以及县域金融机构几乎没有贷款权等原因,金融发展受到抑制,金融没有很好发挥对县域经济的促进作用。

二、广西县域经济增长的金融支持分析

利用格兰杰因果关系检验的结果,分析广西 A 县金融机构贷款余额的增加对县域经济增长的各项指标的贡献,如表 5 - 7。

表 5 - 7　A 县贷款余额增加对县域经济增长的影响

估计方程	A	F	I	G
截距项 C	- 0.892492	- 1.569742	- 8.036881	- 4.453147
L 系数	1.075581	0.950689	1.736906	1.464107
R	0.813760	0.897643	0.678385	0.835025
调整的 R	0.800457	0.890332	0.648270	0.823241
F 统计值	61.17175	122.776	19.20568	70.86143

从表中可以看到,LNCRED 与各指标的回归系数均为正值,且在 1% 的显著性水平上显著,说明贷款余额的增加对县域经济增长具有正贡献。由于采用对数估计,LNCRED 的系数可以直接解释为贷款余额对县域经济增长的弹性贡献,即金融机构贷款余额每增加 1%,县域国内生产总值可增长1.46%,财政收入增长 0.95%,农业总产值增长 1.46%,工业总产值增长1.73%。从贡献大小来看,贷款余额的增加对工业总产值增长的贡献最大,以后依次为县域 GDP、县域农业总产值,最小的是县域财政收入。因此 A 县的实证分析表明,金融机构的贷款对县域经济增长有积极的作用。

第四节　广西县域经济发展的金融深度特征

依据麦金农"金融深化"理论,金融深度通常是以 M/GDP 作为刻画社会经济金融化程度的指标,它反映着一个国家或地区经济发展进程中金融化不断加强和深化的过程。伍旭川指出:由于金融深度指标并不完全是由

银行负债产生的,其他的一些机构也发生类似负债,因此国外有些学者还广泛采用另外一个指标——银行信用(bankcredit),它是商业银行和吸纳存款银行对私人部门负债的总和,即用金融资产/GDP 来衡量。所以在现实生活中,常用 M_2/GDP 和金融资产/GDP 这两个指标衡量金融深度。为了方便起见,本文采用存贷款总额与 GDP 的比率(FDR)这个指标表示[①]。

为探究县域经济发展中金融宽度的实况,本文从广西三个设区市并按经济条件相对好、中、差分别选取了 A_1、A_2、B_1、B_2、C_1、C_2 6 个样本县作为研究对象,其中 A_1、B_1、C_1 县为新兴工业县,A_2、B_2、C_2 县为传统农业县。从 6 个样本县域金融深度数据资料可见(详见图 5-6),县域金融深化程度总体上是逐年下降的除了 2002 年稍微有上升,表明广西金融发展受到抑制,金融深度发展呈现出非均衡发展的特征。主要表现:一是其他县金融深度提高的幅度在 2001~2005 年间均有所不同,更为重要的是金融深度指标值都相对比较低;二是新兴工业县域与传统农业县域的金融深度指标值各异;三是县域金融深度的发展与国家支农政策密切相关,如自 2001 年以来,国家调整农业政策,采取减免农业税、财政实行种粮直补、农机补贴和调高粮食收购保护价格后,6 个样本县域金融深化指标值呈现出普遍上升的态势。(图 5-6)

因此,通过对广西县域经济增长与金融发展的实证分析,我们得出,金融发展和经济增长是相互的,但是通过广西县域金融的金融深化指标来看,广西县域金融发展受到了抑制,县域经济发展对金融的需求没有得到很好的满足。

第五节 广西县域经济发展中金融支持存在的问题

按照市场经济规则,资金趋利的本性是哪儿利润高就去哪儿,因为越发

① 人民银行新余市中心支行课题组:《县域经济发展中金融宽度与金融深度的实证分析》,《金融与经济》2007 年第 1 期。

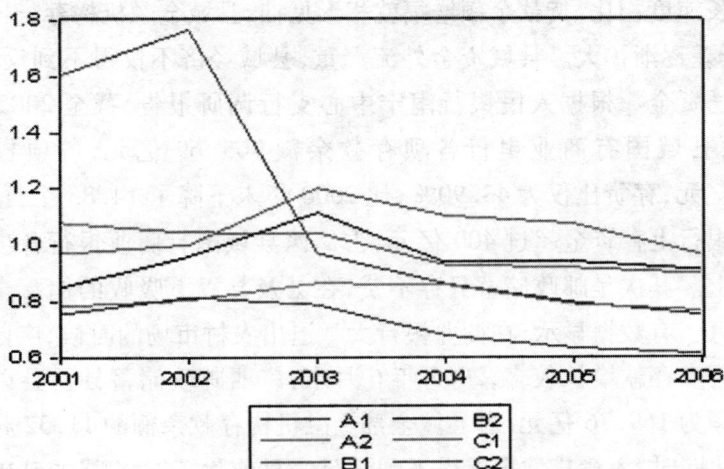

图 5 - 6　6 个样本县域金融深化指标图

达的地方资金回报率越高。广西大部分县域属于欠发达地区,金融支持县域经济发展的信贷功能弱化问题已十分突出。

一、县域信贷资金投入不足,难以满足县域经济发展的需要

(一)县域信贷资金的投入与县域经济增长速度不成比例

经济增长明显快于贷款增长,金融深度变化较大。以梧州为例,2005年梧州县域实现 GDP134.34 亿元、地方财政收入 7.6 亿元,分别比 2000 年增长 77.93% 和 43.97%;而年末金融机构贷款 34.54 亿元(考虑不良贷款剥离因素),比 2000 年仅增长 17.76%,增速大大低于前两者。反映了贷款供应增长与经济发展不协调,县域为全区经济提供更多的资金的同时,县域经济得到的贷款投入比重却在不断下降,金融对经济的渗透力和影响力下降,金融机构没有发挥其应有的作用。

(二)县域资金大量外流与贷款满足率低的矛盾非常突出

随着广西县域经济的飞速发展,县域存款和贷款增长都比较显著,但跟存款增长速度相比,贷款余额增幅就相形见拙,县域金融机构存贷比不断下降,存贷差逐渐扩大。县域资金外流严重,县域经济不仅得不到反哺,反而向外输送资金。根据人民银行南宁中心支行调研报告,截至 2005 年 6 月末,广西县域国有商业银行各项存款余额 965. 69 亿元,各项贷款余额 423. 98 亿元,存贷比仅为 43. 90% ,比 2000 年末下降了 14. 85 个百分点,国有商业银行上存资金超过 400 亿元,占广西县域国有商业银行各项存款的 40% 以上。其次是邮政储蓄只存不贷,在县及县以下吸收的储蓄全部流出农村地区。有数据显示,在商业银行大举退出农村市场的时候,广西邮政储蓄乡镇网点存款增长较多,2005 年 6 月末,广西邮政储蓄县及县以下机构吸储余额为 169. 76 亿元,占县域全部金融机构存款余额的 11. 32% 。

与此同时,大量贷款需求得不到满足。目前除了"大额"的基础设施建设贷款,"小额"的农户贷款"两头"需求得到较好满足外,"中间"的其他贷款如大额农户贷款、中小企业贷款、小城镇建设资金和水利建设资金等仍存在较大的缺口。

二、县域金融服务功能弱化,难以支持县域经济发展

(一)县域金融机构网点数量减少,金融支持县域经济发展的功能趋弱

目前,广西县域金融体系主要由四大国有商业银行、农业发展银行、农村信用社和邮政储蓄构成。但国有商业银行按照向大城市转移,为大企业、大项目服务的改革思路,改变机构重复、人员臃肿的状况,对县及以下储蓄所等机构进行了大规模的撤并。自 1999 年改革以来,广西区内金融机构从县域撤并的营业网点多达 2029 个,其中四大国有商业银行县域网点降幅达 51. 64% 。2002 年,广西县域金融机构网点有 4382 个,2005 年上半年降为 3545 个;县域金融机构从业人员数也从 2002 年的 37865 人减少至 2005 年上半年的 31726 人。县域金融机构逐年减少,有些乡镇甚至没有金融机构,致使金融服务缺位,甚至有的乡镇储户已找不到银行、信用社及邮政网点办理金融业务,如河池市"三无"乡镇就有 36 个。保留的主要只是存款性质的机构,贷款权限小,存贷差十分严重,从而使撤并地区的农村经济和中小

企业失去金融服务的依托。

与此同时,各国有商业银行经营策略和经营方针发生了重大变化,贷款投向适应"效率优先、效益优先"的经营理念实现了结构性转移;以及按照"抓大放小"的产业政策,提出培育"双大"客户战略,集中资金,注重对大企业、大客户和重点行业的争夺,贷大不贷小,忽视和放弃对县城经济特别是对中小企业的支持。

(二)农村信用社服务县域经济力不从心,支农体系弱化

当前,广西县域农业发展资金短缺,农村贷款难的矛盾十分突出。由于商业银行的基层网点大量萎缩,且实行贷款授权授信制度,把竞争的视角从农村转向城市,使得基层商业银行对农村的信贷减少,农村信用社成为农村金融的主力军和联系广大农民群众的金融纽带。2006年,广西农村信用社现有机构2456个,全区农村信用联社"三农"贷款余额269.99亿元,占全区金融机构"三农"贷款总额的89.6%;2006年,广西壮族自治区农村信用联社"三农"贷款余额将达到375亿元,比2005年增加82亿元。但是由于农村信用社产权制度不合理,历史包袱沉重,法人治理结构不完善,内控机制不健全,资产质量较差,服务手段较落后等原因使得县域对农村金融服务缺乏动力,并且其多元化的经营目标造成其内部经营的混乱和外部管理的机会主义,使其服务县域经济发展的功能大打折扣。

同时,农村信用社贷款利率攀升,制约了农民增收和农村经济发展。农村信用社贷款利率向上浮动区间远远高于其他金融机构,造成农村市场利率水平高于城市,借款农户利息过重,如2005年二季度,广西农信社贷款平均利率为8.631%,高于同期城市商业银行平均利率水平1.568个百分点。而且农村信用社的利率上浮,还成为民间借贷利率升降的标尺,并由此引起民间借贷利率的上涨。

三、县域金融服务方式和产品单一,难以满足县域经济发展的需要

首先,金融产品单一,金融供给结构不合理。目前,广西壮族自治区县域金融机构仍以存、贷、汇等传统业务为主,信托、租赁、银行票据承兑等业务还在探索之中,理财、网上银行、银行卡等新兴业务也有待普及,而县域经济对金融服务的需求又是全方位的,造成县域供求之间的不平衡。并且服务范围和领域相对狭窄,不能及时有效地满足县域经济社会发展的多层次需求,导致城乡发展差距进一步拉大等矛盾问题更加突出。据广西统计信息网统计,2005 年梧州市城镇居民人均可支配收入和农民人均纯收入分别为 8118 元和 2575 元,比 2000 年分别增长 55.49% 和 5.45%,两者的增长差距巨大。

其次,金融供给结构不合理。以藤县为例,2005 年末该县第二产业增加值占 GDP 的比重已达 35%,而工业贷款占各项贷款的比例却不足 2%,同时作为县域经济重要组成部分的私营企业及个体经济,其贷款占比也只有 1.4%。

四、县域经济的主体中小企业融资难,融资渠道单一

随着县域经济的发展,中小企业已经成为县域经济的主体,对县域的发展和推动起着重要的作用。但却没有得到县域经济的大力支持,中小企业融资难问题日渐突出。截止 2006 年 12 月末,北海辖内主要银行业金融机构小企业贷款余额为 17.58 亿元,占贷款余额的 15.26%;农村信用社的小企业贷款为 7.72 亿元,占贷款余额的 32.67%,小企业贷款在各项贷款余额中的比重较低,还远远不能满足小企业旺盛的金融需求,制约了小企业的发展①。

通过调查广西县域中小企业在利润分配中大多存在短期化倾向,自身积累意识淡薄,很少从企业发展的需要自留资金弥补经营资金的不足。同时企业规模小、利润率低等原因也造成了自身积累缓慢,因此内源性融资不是目前广西县域中小企业主要的融资渠道。在外源性融资方面,由于广西县域中小企业自身没有科技优势,规模小等因素,发行股票、债券融资基本

---

① 《召集金融机构解决小企业融资难》,中广网。

没有实行。民间金融是其融资一个重要渠道,但存在利率水平高,企业负担重,容易引起经济纠纷等不利因素。因此广西县域中小企业的融资渠道局限于银行贷款方面,融资渠道单一。但县域金融机构不适应中小企业融资需求,县域中小企业在银行的贷款一般是抵押贷款,抵押登记评估费用一般都占融资成本的20%。

五、民间金融隐藏着一定风险

民间金融是指处在金融当局监管之外的各种金融机构、金融市场、企业、居民等所从事的各种金融活动。据广西统计局对全区抽样调查测算,2004 年广西民间融资的总量相当于广西各金融机构贷款总额 14.53% 左右。广西民间金融主要集中在金融机构服务缺失或信贷支持不足的地方,对缓解民营企业融资困难,发展有潜力、有市场、有效益的个体私营企业起到了"雪中送炭"的作用。但由于缺少制度约束和监管,民间金融也隐藏着很大的风险,容易引起借贷纠纷,以及民间金融借贷利率较高和组织结构松散,这都一定程度上会干扰政府的货币政策,扰乱正常金融秩序,分流存款、分割贷款业务,形成黑市利率,对国家利率政策不利。

第六节 制约广西县域经济发展的金融因素

在我国经济金融体制改革中,对县域经济这一层次重视不够,政策扶持不力,使县域经济及其结构调整在金融支持上遇到了障碍。主要因素有:

一、货币政策传导不畅

高效率的货币政策传导有赖于良好的微观经济基础,但在我国还不具备或不完全具备,货币政策传导的微观机制还不健全。货币政策对经济过程的渗透能力较弱,在欠发达地区尤其如此。欠发达地区农业比重较大,农业作为投资大、自然灾害多和利润率低的弱质产业,除了靠农户自身的微薄积累以外,其融资渠道和融资能力极其有限,使农业扩大再生产的规模受到限制;县域工业领域由于受国家政策和企业自身经营管理水平的影响,经济效益不佳,造成了工业生产资金流动性和利润双双下降,生产资金投向流动性和利润率均较高的地区和部门。这些结构问题涉及利润率水平、行业特点、地区差异和相关体制等方面,是货币政策无法左右的,使货币政策对县域经济结构调整的影响难以发挥作用。

二、商业银行信贷管理体制的影响

现行的信贷管理体制在一定程度上影响了金融机构对县域经济的支持。自1998年起,国有商业银行为了适应改革开放和商业化运营的要求,纷纷调整信贷结构,提高资产质量,大规模收缩基层经营网点,上收贷款权限,实行扁平化管理,信贷管理审批权一律上收到省级分行,有的甚至上收到总行。信贷审批权限上收后,地(市)级分行尚有些经营空间,而县(市)级支行几乎成为了上级行的大"储蓄部"、"存款部",实贷权基本丧失。据调查,广西某县各国有独资商业银2001年至2005年各项贷款下降115万元,从2003年下半年开始,除少量票据贴现贷款外,各商业银行几乎没有新的贷款发放。在地方中小金融机构尚未发展起来的情况下,县(市)级区域尤其是经济欠发达地区很难及时得到充足的信贷资金支持。另外,商业银行内部建立二级存款准备金制度,县级分支机构吸收的各项存款要向央行缴存法定存款准备金外,还要向系统缴存二级存款准备金,基层分支机构的授信能力相应缩减。

三、政策性金融机构商业与政策目标并存

目前,农业银行作为商业性主体,承担着扶贫专项贷款等政策性金融业务,使得农业银行集商业性和政策性于一身;农业发展银行作为我国唯一的政策性农村金融机构,在粮食购销体制改革基本完成后,其政策性金融业务一直处于萎缩状态,其所经营的政策性贷款业务范围狭窄,调剂功能弱化,支持县域经济发展不明显,没有真正地支持农业开发的作用;农村信用社产权改革成"股份制"或"股份合作制"后,虽然坚持为"三农"服务的根本方

向,但其实力有限,其金融服务职能难以充分发挥。上述金融机构的政策性目标要求注重资金的社会效益,但其商业性目标又要求实现资金成本最低化、利润最大化。因此,县域金融机构政策性与商业性目标并存的现状,不仅使其难以做出经营决策,而且,由于金融机构往往更偏重利润最大化的目标,造成政策性资金被商业化运作,金融支农难以真正落实到位。

四、有效信贷载体不足

在市场经济条件下,经济主体从事经济活动遵循利润最大化目标,主导资源配置的是经济有效性,规避风险、追逐利润是社会资金流动的内在取向。目前,广西大部分的县域经济主要以农业为主,农业经济的特点是资金需求大,季节性强,回报率低,受气候和自然灾害的影响较大,风险的不确定性明显高于其他行业。"国退民进"战略实施后,县域国有经济从很多行业中逐步退出,民营经济成为县域经济的主体。由于民营经济处于起步和发展阶段,在管理水平和经营模式上还存在不少问题:一些民营企业以家族式股份制形式经营;财务制度不够健全和规范;产品科技含量不高,投入不足,企业规模较小,抗风险能力低。虽然广西县域企业的数量、生产规模和企业整体实力有了快速发展和提升,但仍存在规模小、底子薄、经营效益不稳等情况,其产品仍过多集中在传统制造业及简单加工业,附加值低,企业效益的波动性较大,一旦经营不善就造成无力还贷,银行贷款就要造成损失。

五、融资担保机构建设滞后,银行与中小企业之间缺乏对接枢纽

目前全国各地相继成立了中小企业信用担保机构,而广西除了下岗失业人员小额贷款担保机构外,其他融资担保机构、贷款担保基金尚未建立,中介机构还相对缺乏。有的企业经营状况欠佳,不具备担保资格,有的企业具备担保资格但不愿意承担风险提供担保,致使民营企业难以找到贷款担保人。加之银行对民营企业发放抵押或担保贷款,由于中小企业本身规模小,可提供抵押的资产少,还贷保障系数低,难以达到银行信贷准入的条件,贷款担保问题难以得到有效解决。致使其中的许多企业有好项目、好技术,

产品也有销路,只是缺乏外部资金的进一步支持。因此需建立融资担保机构,解决中小型企业借款难与银行贷款难的矛盾。

六、县域金融生态环境欠佳,金融供给动力相对不足

县域信用环境不佳,部分中小企业信用意识淡薄,逃废和悬空银行债务现象严重。据不完全统计,截至 2006 年 6 月末,广西某县共有逃废银行债务的企业 46 户,涉及逃废债金额本息合计 2.91 亿元,其中本金 1.9 亿元,占各类贷款的 27.8%;金融机构历年起诉案件标的 0.97 亿元,胜诉率达 100%,但回收率只有 21.4%①。这就使金融部门"谈虎色变",降低了对整体县域环境的信用度,进而导致金融部门对企业的进入门槛提高,更加剧了县域资金紧缺的矛盾。

由于长期以来过于强调支农贷款的政策,导致人们对支农贷款认识上存在偏差,恶意逃债情况严重。一些地方政府官员对信贷扶贫字还在模糊认识,使使用范围和用途上习惯于将信贷扶贫资金等同于财政性资金,项目选择也不适合信贷资金的商业化运作要求。其次是现有的分级财政体制下,广西县乡财政状况相对较差,特别是各种历史欠账太多,难以提供相应的配套财政资金支持,从而使许多优惠货币信贷政策在实施中大打折扣。同时,在县域还没有建立起真实有效的信用评级机制和相关信息披露制度,使得金融机构在支持县域经济发展过程中心有余悸。

---

① 李世炎、黄伟胜:《梧州县域金融服务供求关系发展探析》,《广西金融研究》2006 年第 12 期。

第六章 少数民族与民族地区经济社会发展的金融支持运作机制

在现代市场经济条件下,金融成为经济的核心,决定着经济发展的速度和效率,当金融因素的作用受到限制时,经济增长必然遭到资本投资不足的约束。少数民族与民族地区经济社会发展离不开金融的有效支持,金融支持是区域经济社会发展与金融互动的条件,是金融形成支持效应的途径和渠道,是金融资源效应的传导机制。因此,需要建立有效的金融支持体系及其运作机制,并努力促进其形成机制兼容。

第一节 少数民族与民族地区经济社会发展的金融支持原则

一、政策性投入与商业性投入相结合的原则

金融支持虽然是一条必由之路,但是金融支持若想发挥更大的推动作用,必须遵循政策性投入与商业性投入相结合,以政策性投入为主的原则。少数民族与民族地区的经济社会发展的金融支持,是商业银行责无旁贷的职责,但是,少数民族与民族地区的金融运行环境较差。从经济环境来看,少数民族与民族地区的经济基础薄弱,现代化的大企业、大集团少,企业的经济效益不高,基础设施落后。从金融环境来看,国有独资商业银行的包袱重,信贷资产质量低;地方中小金融机构资金实力弱,抗风险能力差,保支付压力大,支持经济的能力有限,若按现有的信贷条件,尚不具备完全靠商业

性投入来发展的条件。因此,除了国家信贷给以适当的政策倾斜外,需要国家政策性资金投入的支持。

二、信贷政策的统一性与区别性相结合的原则

少数民族与民族地区经济社会发展是国家实施的西部大开发战略的一个重要组成部分。金融支持的配套政策必须与之相适应,才能充分发挥效力。因此,在统一的货币政策下,应该给少数民族与民族地区一定的制定开发战略配套政策的权力,增强货币政策的针对性与可操作性,提高金融支持经济开发的效率。

三、金融支持与防范风险相结合的原则

近几年来,一些企业借改制之机逃废银行债务,金融机构风险不断增加。信贷政策的制定,既要有利于金融机构依法稳健经营,又要有利于金融业的发展,要加强市场研究,挖掘市场潜力。要在发展中坚持信贷原则,防范金融风险。同时,在发展中解决商业银行的历史遗留问题,如对符合条件的企业实施债转股,对一些政策性贷款的核销等,切实减轻商业银行负担。

四、从根本上培养其自我发展机制,增强其自我发展能力的原则

少数民族与民族地区经济结构面临着调整的问题,要把民营经济放在重要的地位,放手发展非公有制经济,增强中小企业的金融支持力度、充分利用资本市场,以增强自我发展能力。

第二节　少数民族与民族地区经济社会发展的金融支持运作机理

一、金融支持效应功能与效应均衡

任何经济资源都必须经过配置才能形成一定的增值能力或对特定时期

内的经济增长形成支持效应。金融资源是现代经济中最具有流动性、组织性的一种经济资源。任何金融资源都具有初始的存量结构和配置状态属性,它们构成对金融资源增值性或增值能力的初始制约。金融主体掌握这些金融资源的目的不在于对其的占有,而在于在特定所有权的基础上,通过对其进行有效配置从而实现其内在的经济增值价值。尽管所有权(金融产权)对金融资源具有终极决定性意义,但是,如果失去对金融资源的有效率配置,则这种产权只能成为一种"虚拟的产权"。所以,任何金融资源存在或其运用的目的在于通过配置而实现其内在的价值增值。经济开发需要大量的资金需求,而金融具有吸纳资金的能力。

金融总量主要包括货币资本存量、投资总量及金融交易的数量等。金融通常被理解为资金余缺的融通和调剂活动。现代金融系统将资金从盈余方导向短缺方,这一过程就是金融中介作用的过程。在市场经济中,储蓄——投资的转化过程就是围绕金融中介作用展开的,这就使金融中介作用过程成了经济增长的中心。

1. 金融机构与资本的形成

金融机构是专门从事买卖金融资产的企业,"金融机构的特点就在于其资产不是偶然地、而是习惯地主要由金融工具组成,其业务活动集中于金融工具的持有与交易,从而其收入也来源于此。"[①]各种金融机构具体称谓与构成在不同国家和统一国家的不同时期可能存在差异,但其对储蓄、供给、投资需求都会产生阻滞和刺激作用,并对储蓄向投资的转化产生刺激作用。

①金融机构的储蓄效应。第一,金融机构的数目增加或规模扩张,都意味着引发更大的储蓄量。马魁茨(S. J. Marquez)认为,储蓄是具有"机构弹性的"(institute elastic);第二,金融机构通过宣传和有效的金融服务,提高了人们的储蓄愿望;第三,金融机构的贷款代表了一种风险小、流动性大的新储蓄形式,从而在落后地区代替实物储蓄;第四,金融机构通过利率优惠对储蓄产生足够的吸引力。

---

① [美]戈德史密斯:《金融结构与金融发展》,浦寿海等译,三联书店1990年版,第11页。

②**金融机构的投资需求效应**。金融机构既能满足投资需求,也能创造出新的投资需求。第一,金融机构通过专业化经营与规模经营,降低了投资主体筹资成本,刺激了投资需求的上升;①第二,利用金融机构可以为不同的投资主体提供可靠的外源融资渠道,使投资需求摆脱自身储蓄的限制,从而鼓励了大额需求的生成;第三,金融机构在降低投资风险—收益比方面也具有一定作用,可以刺激投资需求的产生。所以说金融机构在储蓄—投资转化中发挥着信用中介的作用。金融机构最本质之职能是充当最后贷款人和最后借款人之间的信用中介。金融机构所具有的借短贷长的期限"嬗变效应",可以克服储蓄和投资者在资金期限上的矛盾。同时,金融机构通过竞争性金融市场上的储蓄分配功能,满足了能把握投资机会、经营能力强的那些投资者的投资需求,因而也能提高资本形成的质量。

2. 金融工具与资本形成

金融机构把资金从储蓄者手里转到投资者那里必须借助一定的金融工具。金融工具是在经济活动中产生的,以各种形式发行和流通、并载明债权债务关系及交易金额、期限、价格等条件的信用凭证。大多数金融工具都具有偿还期、流动性、风险性和收益性等四方面的基本特征。

金融工具在资本形成中的作用主要体现在以下几个方面:

第一,金融工具可以加速储蓄向投资的转化。金融工具的发行与销售,意味着债权债务关系的创造,而债务的创造,同资本形成过程密切相关。"金融工具的经济功能和主要作用,就在于将社会储蓄的剩余资金引导并转移到实质投资和资本上来"。②

第二,金融工具可以促进储蓄供给。一方面,在现实经济中,由于客观环境或人们的主观偏好的不同,储蓄者对储蓄的偿还期、流动性、收益性与

---

① [美]托马斯·梅耶等:《货币银行与经济》,上海三联书店1989年版,第25页。

② 金融机构一般都是先发行和出售各种存款凭证、保险单、基金股份等间接证券而购入持有储蓄者发行、出售的初级债券,从而就将储蓄资金集中起来;然后再向投资者发行、出售间接证券而购入、持有投资者发行、出售的初级证券,从而将集中起来的储蓄资金分配给不同的投资者。转引自沈天鹰:《资本形成的货币金融维度》,南开大学出版社2000年版,第105页。

风险性有多种不同的要求。而不同金融工具代表了不同偿还期、流动性、收益性与风险性的组合,而且不同的金融工具的组合搭配又能衍生出多种具有不同风险——收益关系的金融资产组合。这就适应了不同投资者的多样化需求,有助于社会储蓄总供给水平的提高。另一方面,金融工具的差别化可降低投资者的收益风险。储蓄者通过多样化的资产组合,可以应对实际资产价值下降,并"尽量增大其金融资产的效用函数"[①],从而鼓励了储蓄者的储蓄意愿与储蓄行为。

第三,金融工具可以带动投资需求的增长。投资者通过不同的筹资方式、期限、数量等的搭配,使部分相关风险因素相互抵消,从而达到降低筹资风险的目的。

3.金融市场与资本形成

金融市场对资本形成的影响主要表现在它减少了储蓄转化为投资的交易费用。第一,节省了储蓄者与投资者的谈判费用;第二,节省了储蓄者与投资者之间相互搜寻的费用;第三,节省了储蓄和投资双方履约的实施费用。

二、金融效应的作用机理

任何金融资源配置都是一个配置博弈的过程,从产权的角度来说,金融资源所有者总是追求资源增值最大化,从金融组织运营配置的角度来说,金融资源所有者总是追求配置效率的最大化。因此,一种金融资源被最终配置在何种产业领域,不仅仅只是一个投入的问题,而且是一种基于经济理性

---

① [美]约翰·G.格利、爱德华·S.肖:《金融理论中的货币》,贝多广译、王传伦校,上海三联书店 1994 年版。第 104 页。

和产权效用最大化的博弈选择。[①] 作为少数民与民族地区,由于其发展的滞后性以及产出的低效性,因此少数民族与民族地区成为金融支持的薄弱领域。

(一) 金融资源配置效率与风险模型

1. 金融资源的配置效率

国家将金融资源配置到个人、企业和部门,是为了让他们获得更多的经济效益。其收益是与金融资源的配置成正比的。政府在向个人、企业和部门投资前,都要进行评估和预测他们在一定时期的收益,而描述这种收益通常采用预期收益率,同时还考虑风险的存在。因此金融资源的配置收益率和风险是投资分析的重要指标。

金融资源的配置效率,由获得配置资源的行业的经济效益反映出来,它的效益大小显示出金融资源的配置组合的优劣,因此可以作为国家政府进行金融资源配置组合的决策参考。

金融资源配置的收益率可以用以下公式来表示:

配置收益率 = (配置总收益 − 配置总成本)/配置总成本 × 100%

设第 i 类行业的配置收益率在 N 个时间段内分别为 $\lambda_{i1}, \lambda_{i2}, \cdots, \lambda_{iN}$,利用指数法平滑得到。第 i 类行业的预期收益率 $\mu_i (i = 1, 2, \cdots, n)$,投入到该行业的投资权重为 x_i,则金融资源组合的预期收益率为:

$$U = \sum_{i=1}^{n} x_i \mu_i$$

2. 金融资源配置的风险

由于金融资源配置受到许多不确定因素的影响,既可能给金融资源配

---

① 假定经济社会在一个特定时期内的金融资源总量是给定的,且被划分为若干不同的金融资源类型,则这些不同类型的金融资源之间形成一种"联系机制"(Realation Mechanism)。在市场经济条件下,当经济社会对这些金融资源在不同产业部门之间进行配置时,金融资源将遵循"增值最大化原则"进行配置选择。所有的配置选择之间存在相互影响,一种类型的金融资源的配置效率会形成对社会其他类型的金融资源的配置效率的制约,从而引起这些金融资源配置的重新选择。它们之间的这种互动互应关系,通过无限次重复选择最终形成经济社会金融资源配置的最优化结构。这一过程即被称为"博弈选择"。

置带来收益,也可能给金融资源配置带来意外损失。这就是金融资源配置的风险,它分为系统风险和非系统风险两类。

系统风险是指那些由于某种全局性的因素而引起的配置收益的可能变动,它不能通过多样化配置而分散。非系统风险是指对某个行业或个别行业产生影响的风险,它可能通过多样化配置而分散。

既然风险是金融资源配置组合的预期收益率的可能变动幅度,因此,我们可以通过收益率与预期收益率的方差来估计风险的大小。用公式表示:

$$\sigma_i{}^2 = \frac{1}{N-1}\sum_{j=1}^{N}(r_{ij} - u_i)^2$$

称 $\sigma_i{}^2$ 为第 i 类行业的方差,将它开方后得到的 σ_i 为该行业的标准差。用 σ_i 表示配置第 i 类行业的风险。则金融资源配置组合的风险可以这样定义:

$$\sigma_i = \max\{x_i\sigma_i\} \qquad (i = 1,2,\cdots,n)$$

(二)金融资源配置组合收益与风险优化模型

根据 Markowite 的投资组合理论,理性的投资组合行为应具有"非满足性"和"风险回避性"两个特征,从广义上讲,金融资源配置也是投资行为,据此,构建金融资源配置的优化数学模型。

1.金融资源配置组合优化数学模型

在金融资源组合配置风险 σ 为一定的前提下,国家希望金融资源配置组合的预期收益率最大。假设配置 n 类行业的某一时期内的预期收益率为 $\mu_1,\mu_2,\cdots,\mu_n$,可以通过某一时期以前的历史数据利用指数平滑模型预测求得。得到下列模型:

使预期收益率最大的金融资源配置组合优化模型

$$\begin{cases} \max\mu = \sum_{i=1}^{n} x_i\mu_i \\ \sigma = \max\limits_{1\leqslant i\leqslant n}\{x_i\sigma_i\} \\ \sum_{i=1}^{n} x_i = 1, x_i \geqslant 0, i = 1,2,\cdots,n \end{cases} \qquad (6-1)$$

同理,在金融资源配置组合的预期收益一定前提下,国家希望金融资源组合配置的风险最小,于是得到金融资源组合配置风险最小的优化模型:

$$\begin{cases} \min\sigma = \max_{1 \leqslant i \leqslant n} \{x_i\sigma_i\} \\ \sum_{i=1}^{n} x_i\mu_i = \mu \\ \sum_{i=1}^{n} x_i = 1, x_i \geqslant 0, i = 1,2,\cdots,n \end{cases} \qquad (6-2)$$

最后一种情况是,作为有配置权的国家希望在配置收益尽可能大的情况下,使得总体风险尽可能小,由此可建立多目标函数模型:

$$\begin{cases} \max\mu = \sum_{i=1}^{n} x_i\mu_i \\ \min\sigma = \max_{1 \leqslant i \leqslant n} \{x_i\sigma_i\} \\ \sum_{i=1}^{n} x_i = 1, x_i \geqslant 0, i = 1,2,\cdots,n \end{cases} \qquad (6-3)$$

三、金融资源效应的传导机理

(一)资本积累

马克思主义政治经济学原理告诉我们,资本积累是扩大再生产的源泉。"积累就是资本的规模不断扩大的再生产过程。"[1]从保罗·萨缪尔森(Paul A Samullson)关于经济增长的观点来看,人力资源、自然资源、资本积累、技术变革与创新是影响经济增长的四大要素。根据杨星(2001)的研究结论,资本积累是现阶段中国经济增长的主要原动力。见表6-1。

表6-1　中国经济增长因素分析表(%)[2]

年份 增长因素	1979~1988	1989~1998	1999~2010	2011~2020

① 《马克思恩格斯全集》第23卷,人民出版社1995年版,第656页。
② 杨星:《资本积累是现阶段中国经济增长的主要原动力》,《当代经济研究》2001年第8期。

经济增长率	9.15	9.43	6.79	5.15
资本贡献度	50.2	56.3	60.1	64.4
劳动贡献度	6.5	5.2	4.8	1.3
技术进步贡献度	18.0	20.0	23.0	28.9
体制变革贡献度	23.6	18.3	11.5	9.3
其他	1.7	0.2	0.6	3.9

资本积累是实现扩大再生产的前提。因为资本积累内生一种扩张的能力,尤其是当它与科学技术进步因素结合起来的时候,这种内在的扩张能力将诱导出巨大的经济增长率。但是,资本积累不仅取决于积累的数量,还取决于积累率、积累结构和积累的效果等。在给定积累规模的情况下,积累效果取决于积累结构和积累率。因此扩大资本积累的途径,主要是通过提高积累率和提高资本积累效果,其中提高资本积累率是基本途径。而资本积累是国民收入的函数,因此要提高积累率,就必须增加国民收入。反过来说,如果国民收入增加,在给定消费率的条件下,资本积累率就高。积累率与国民收入增长是一个互为因果作用的过程。由于金融乘数效应,促进国民收入增长率的提高,这就意味着,金融支持促进了国民收入的增长。所以,提高资本积累率与国民收入增长具有内在的联系机制。资本积累成为金融效应的一个有效的传导机制。其传导过程表述为:

金融乘数效应——→经济增长——→国民收入增加——→资本积累率提高——→资本积累规模扩大——→经济规模不断扩大的再生产——→经济可持续发展——→储蓄增长——→金融资源增长——→金融集约化效应。

(二)资本集中

资本集中是把社会分散的、小规模的、产权分隔的、闲置状态的资本联合起来形成规模资本的过程。民族地区由于资金短缺和分散,难以形成一定的规模。因此,如何通过一种有效率的制度安排形成投资的规模经济效应,是一个具有长期性意义的问题。但如何建立能够实现资本集中的机制是一个难题。基于民族地区的实际情况,通过培育资金市场体系、完善制度环境、信用环境、建立健全投资激励机制等,促进民族地区的金融发展,从而充分调动民间私人资本投资的积极性是一种有效的资本集中机制。其传导机制表述如下:

培育民族地区资金市场——→确定指导性利率——→健全信用环境——→健全民间投资激励机制——→分散资本的集中与联合——→规模投资——→民族地区经济增长收入提高——→储蓄增长——→区域金融成长与发展。

(三)资本集聚

资本集聚是指以资本产权为纽带所形成的资本合作(Coital Cooperation)。资本集聚的核心是资本产权收益,因此,资本集聚效应能够形成的基本前提是健全长期的资本产权激励机制。在我国的正规金融领域,资本合作通常是以股份合作制的基金金融形式,通过资本市场而实现其投资—融资运行。资本集聚以产业集聚为导向,产业集聚以资本集聚为前提,两者的互动形成产业化增长机制。因此,任何产业的长期性和规模性发展都离不开金融集聚的支撑。

其传导机制表述如下:

资本市场——→资本产权激励机制——→资本产权收益机制——→资本合作——→资本集聚——→产业化增长。

四、金融支持效应的传导机理

少数民族与民族地区经济社会发展的金融支持效应通过三种基本机制传导,即国家财政支出渠道、国家金融投资渠道与金融服务渠道。三者有机联系,构成了少数民族与民族地区经济社会发展的金融支持的基本途径。

(一)国家财政的支持渠道

发挥财政资金的先导作用机制,积极的财政支持是少数民族与民族地区经济社会发展的基础,它作为"先行资本",为后续资本的进入创造条件。财政支持包括财政直接投资、税收政策、财政转移支付、财政贴息和补贴、债务担保等方面。

财政支持功能定位于为少数民族与民族地区的长期可持续发展创造基

础条件。其支持效应的实现取决于投资的规模与结构。在给定规模的条件下,如果投资结构是合理的,则其支持效应取决于财政资源的配置效率;如果投资结构是不合理的,则有限的财政资源陷入某种低效率配置。国家财政转移支付主要指国家财政以直接或间接补贴形式,用于生产、流通和公共事业的费用支出。国家财政转移支付的功能定位于为准公共产品领域的保护性支持,具有政策性特征,其支持效应由其政策环境和运行机制效率决定。其传导机制如下:

国家财政直接投资——→增加资本投资存量——→改善基础环境——→创造长期的发展条件——→促进可持续发展。

国家财政转移支付——→生产与流通补贴——→改善外部环境——→促进经济社会发展。

(二)国家金融支持渠道

国家金融支持渠道可以分为信贷投资渠道和融资渠道。信贷投资渠道包括商业性金融渠道、政策性金融渠道和合作性金融渠道;融资渠道主要是指资本市场的融资渠道。资本市场融资是金融积聚效应的基础。这两种渠道的传导机制表述如下:

国家金融信贷投资——→金融乘数效应——→信贷规模扩张——→信贷结构优化——→资本积累、集中和积聚效应——→资本存量增加——→金融集约化效应——→促进集约化经营——→促进经济社会发展。

国家金融融资——→融资配置——→金融积聚——→信贷投资增长——→投资乘数效应——→促进经济社会发展。

(三)国家金融服务渠道

金融服务的支持功能在现代经济中正日益显示其不可替代的地位。由于民族地区的经济金融基础脆弱,增强金融服务支持应是一个具有长期战略意义的决策。其支持效应由机构效率、机构网点布局与覆盖密度、服务方式与手段、人员素质、服务技术条件等因素决定。其传导机制表述如下:

金融机构设置——→运转效率——→交易成本节约——→金融效率提高——→促进资金流动与配置——→投资效率提高——→促进经济社会发展。

第三节 金融支持环境分析

金融业的存在和发展与金融支持环境之间存在一个极为密切的关系。但是,金融支持环境并非是一成不变的,要营造一个好的金融支持环境,就必须对其进行治理和保护。

一、金融支持环境的界定

现代环境经济学把环境看作是可以提供各种服务的一种财产。这种财产的特殊性在于,它提供人类从事经济活动的支持系统。由此,我们可以引申出金融支持环境的概念:金融支持环境是金融活动发生和发展的支持系统和资源。金融支持环境可以从两个角度定义,一个是金融业的发展状况和服务水平并因此而对社会经济发展的支持。如中小企业发展的金融支持环境,即中小企业所能得到的金融服务、金融支持的力度和状况。这是站在金融业之外(主要是工商企业角度)所指称的金融支持环境。另一个是站在金融业的立场上所指称的金融支持环境,即支持金融业发展的条件和资源。根据与事物存在和发展的联系状况,我们可以把金融支持环境分为内在的外部性和外在的外部性这两个层次。内在的外部性是指该环境与事物的关系甚为密切,以至于成为事物自身发展的一个部分或要素。外在的外部性则与事物无此紧密关系,它对事物的发展主要起加速或延缓的作用。

金融支持环境既包括自然、经济、法律、政治和社会等诸多方面,同时也包括金融结构、信用关系和金融监管等要素。自然、经济、法律、政治和社会的环境构成金融支持环境的外部性,金融结构、信用关系和金融监管构成金融支持环境的内部性。如此区分的原因在于:自然、经济、法律、政治和社会的因素不论对于宏观金融还是微观金融,它都只是作为环境而存在的,即外部性而存在的,它对于金融业的发展主要起加速或延缓的作用。金融结构、信用关系和金融监管这些要素,对于宏观金融而言,它是其构成环节,是整个金融体系中的要素。因此,它们具有内在性。但相对于微观金融来说,它则是支持系统,而不是其构成要素,因而它们具有外在性。金融法律和法规对于金融活动也是有内在性的。但金融法律和法规只是整个法律体系中的一个部分,非金融法律法规的其他法律对于金融业也是具有约束力的,如《公司法》并非专门的金融法律,但对企业性质的金融机构也具有普遍适用性。当我们把金融结构、信用关系和金融监管等因素视为金融支持环境的时候是应当与自然、经济、法律、政治和社会的因素区别看待的。

二、金融支持环境的构成要素

(一)自然环境

自然环境对于金融活动的影响可以是直接的也可以是间接的。自然灾害既可以直接导致金融活动的损失,也可以由于影响其他产业而间接导致金融活动的损失。自然环境优越的地方比自然环境恶劣的地方更适合于金融业的发展,城市比偏远的乡村更容易成为金融机构聚集的地方,大城市比小城镇更适合成为金融中心。这表明自然环境对金融业的影响是重大的。但是,随着科学技术的进步和金融业的发展,自然环境对金融业的影响力是递减的,尤其是网络经济的发展将逐步填平金融服务的地理区域的差异,自然环境对于金融业的影响将进一步降低。

(二)宏观经济环境

宏观经济环境对金融活动有着直接且重要的影响。金融活动和经济活动是共周期的。宏观经济对金融业的影响更多的是通过工商企业的渠道而发挥作用。金融业的发展壮大离不开工商企业的支持,从这一层意义讲,企业发展状况成为决定金融运行环境优劣的重要因素。我国国有企业拖欠国有商业银行的贷款所形成的商业银行不良资产危及到了银行的安全。根据信达资产管理公司和高盛香港分公司的估计,我国1995年以来形成的不良资产大约是我国1999年国内生产总值的14%,而到目前,我国银行的坏账总量大约是1999年国内生产总值的26%。一个明显的对比是,世界前20家大银行(不包括中国的银行和未提供数据的银行)平均不良资产率达

3.27%,其中花旗银行和美洲的不良资产率分别为1.4%和0.85%。

(三)法律环境

市场经济是法制经济。西方国家金融运行体系的操作,基本上都是预先设计了一个有效保证金融运行的法律框架,以提供金融活动的法律依据。完备的法律体系约束着金融运行,同时也保障和促进了金融业的稳健经营,避免了人为可能造成的混乱。Chery. W. Grayrey 认为以下三个组成部分对于运转正常的法律体系是必要的:1.提供有利于市场的法律,即建立一个适用于市场经济的运转有序的法律体系。2.法治的支持性机构,即建立一整套支持性机构,如正规的法律机构,能起"监督"作用的中介机构。3.社会公众对法律的需求,即为市场的个人参与者确定一整套刺激性措施,使他们能充分利用其法律权力和起支持作用的机构所提供的信息和执法能力。建立一个完备的金融法律体系,以此作为金融发展的支持和资源,是市场经济体制建设中重要的内容。

(四)社会政治环境

社会政治环境对于金融业的发展也是极为重要的。第一,政治结构的合理性及稳定性会带来整个社会的稳定,从而支持着经济金融的发展,如果政治结构相对脆弱、政治动荡不安,无疑会危害社会的稳定和安全,导致经济金融发展的延缓,甚至引起金融的灾难。第二,政府对金融业的干预方式和程度也会影响金融业的发展。市场经济条件下,过多的政府干预,对金融业的发展是有害的。一旦金融业陷于危机之中时,政府给予援助或者承诺给予帮助,往往会增强金融业和社会公众的安全感,从而维护金融的稳定。第三,公众对金融业的信任度或信心构成了金融业发展的重要支持条件。公众愿意将储蓄存入银行无疑支持了银行业的发展,而过多的提现、挤兑则导致银行破产。

(五)信用关系

信用关系是金融活动的生命线。在市场经济条件下,一般经济交易是借助信用而实现的。信用秩序正常就可以维持经济交易活动的正常,进而维护整个经济活动的正常。信用失范则会打乱正常的市场秩序,加深金融风险。

三、金融支持环境的评价标准

金融支持环境的评价标准是:稳健与危机及其对比变化。稳健和危机及其对比变化能够综合地反映一国金融环境的现实情况。银行金融业固有的内在脆弱性,决定了它对环境的依赖性,金融环境的变化会迅速影响到金融业的经营状况。宏观经济的波动、经济景气下滑、社会总需求下降、企业经营收入急剧下跌、偿还银行贷款的能力下降、银行不良贷款大量增加,从而加剧了银行资产的脆弱性,而整个经济环境的变化,使存款人对银行体系的信心减弱,从而加剧了银行负债的脆弱性。经济危机时期往往伴有金融危机,工商企业的破产会引起银行的倒闭。过松的金融环境和过严的金融环境同样都不利于金融业的健康发展。过紧的金融环境将会削弱金融业的活力,过松的金融环境将会使金融秩序变得混乱甚至遭受破坏。我们可以而且应该从金融业的经营状态,即是处于稳健经营还是处于危机之中,来判断金融环境的好坏。如果金融业从稳健经营走向危机状况,表明金融环境在恶化;如果金融业在远离危机而走向稳健经营,则说明金融环境正在得到优化。从金融业所显现的经营状况来反观金融环境更有利于治理和保护金融环境,营造良好的金融环境。

第四节 金融支持机制建构

一、政策性金融支持机制
(一)政府制度安排的机制分析

在市场经济条件下,市场在本质上是经济主体对未来的收益与成本所有权与控制权的交换过程,市场过程成为判断效率的有效标准。同时,市场又是由制度变迁而产生的,制度安排规定了市场过程的范围和意义,诺斯(North)认为"制度是一个社会的博弈规则,更证实地说,是人们制定的、规范人们相互关系的约束条件",所以是制度决定市场进而决定了效率,并同时界定了个人与组织可以自由作出选择的空间。制度以一种自我实施的方式制约着参与人的策略互动,反过来又被他们在连续变化的环境下的实际决策中不断再生产出来,其本质是对均衡博弈路径的显著和固定特征的一种浓缩性表征。诺斯认为"制度是社会的博弈规则,并且会提供特定的机理框架,从而形成各种经济、政治、社会组织"。因此,尽管要素在经济增长中的作用显著,但从根本上看,如果现行经济组织的运行无效率,就会导致要素配置无效,就不可能出现经济的稳定增长。

从理论上讲,制度安排使经济成为一个有序的关系集,经济增长是包括资本、劳动、技术、自然资源、技能培训与结构变迁在内的各种经济增长条件的有机耦合。在一个毫无信誉的地方,以市场为基础的企业家不可能造就持续的经济增长。因此任何违背信用的行为者都将按照一定的制度程序被排除在市场之外。

从实践看,经济增长是各种要素所有者配置生产要素的结果,经济增长速度的快慢和质量的高低与要素配置的效率同向变动。从一般意义上讲,只有在受到有效激励的情况下,生产要素所有者才会从事促进经济增长的活动。

(二)政府行为的作用机制分析

区域发展不平衡需要借助政府的力量予以解决。我国建国后,为了摆脱生产力发展不平衡的状况,政府在制度上作了一些安排。一是富裕的东部省份必须将其大部分收入上交中央财政,以此对中西部经济不发达省份进行补偿;二是国家通过倾斜的投资政策支持中西部的发展。这样,政府的区域均衡发展政策的推行初步建立了中西部以重工业为主的产业体系,使东部与内地的发展差距进一步缩小了。但是,在20世纪60年代中期到70年代中后期,中央政府对经济资源控制的放松,导致其可控制的额度资源越来越少,资源再分配的能力远不能实现地区均衡的愿望,导致地区差距再次拉大。进入20世纪80年代以后,我国实行了以效率为导向的改革开放以后,国家的经济发展战略从单纯追求均衡转向效率目标,政府越来越重视发挥市场机制的作用,鼓励一部分地区一部分人先富裕起来,推行以效益为中心的区域发展政策。政府通过对东部地区实行政策优惠,允许东部省份设立经济特区和开放城市以吸引外资,同时给以东部地区包括税收减免、扩大地方投资自主权、开放和建立金融市场等的优惠政策,以此来促进东部地区的发展。在政府优惠政策的引导和支持下,东部地区从全国其他地区和国外得到了迅速发展所必需的资本,并且东部地区的资本积累和发展能力不断得到增强,市场机制得以在经济运行中发挥越来越大的作用。这又在更大程度上推动了地区经济的发展,东西部的差距进一步拉大。由此可见,资金与制度安排在地区经济增长中发挥着至关重要的作用,而政府行为提供的资金供给与制度供给,是打开资金渠道、启动市场经济的首要环节。

但是,市场经济作用的发挥是以发达、完善的市场制度或市场体系为基础和前提的。在一个地区生产力的发展还未达到一定程度前,市场机制的作用是微弱甚至是无效的。目前,我国西部民族地区的生产要素、经济要素、资源要素流动性明显不足,市场体系、市场制度、市场规范都还有待建立,市场的作用比较弱小。因此,在民族地区经济开发的过程中,必须首先发挥政府在协调地区均衡发展方面的积极作用。

首先,运用灵活的财政政策、货币政策和产业政策,弥补市场不足。政府应该发挥在公共物品等方面投资的先导作用,扩大对落后地区提供财政转移支付,以税收、补贴等杠杆诱导国内外的各种资本,尤其是民间资本参与西部的投资。其次,建立相应的经济立法和法律制度体系,培育市场经济所要求的法律、文化环境,为市场的高效运作提供基本的制度条件。同时,让资本在统一自由的大市场中真正流动起来,更好地发挥市场机制在缩小地区差距中的作用。

(三)政策性金融的信贷资金运行分析

所谓政策性金融,是指在一国政府支持和鼓励下,政府金融机构充当金融中介,以国家信用为基础,运用种种特殊的融资手段,严格按照国家法律法规限定的业务范围、经营对象,以优惠的存贷利率或其他条件,直接或间接地为贯彻和配合国家特定的经济和社会发展战略而进行的一种特殊性资金融通行为或活动。

政策性金融一方面配合一国经济与社会发展不同历史时期、不同阶段经济与社会发展政策目标的不同需要和侧重点,通过其特有的金融活动充当经济调节或管理的角色,弥补市场机制中的某些缺陷与不足,从而健全、完善与优化一国的宏观资源配置体系与均衡;另一方面,又补充商业性金融机制中的某些缺陷或不足,纠正商业性金融选择中的某些偏差,通过直接或间接的金融活动,健全完善与优化一国的金融资源配置调节体系与功能,进而实现一国资源配置的有效性和社会合理性目标的均衡与两种配置机制的均衡,最终实现经济与社会的长期稳定、协调发展。

在少数民族与民族地区的经济社会发展和市场化融资体制形成过程中政策性金融机构所发挥的作用可以概述为三个方面:一是促进重点产业和振兴产业的发展;二是产生经济诱导效果;三是促进民间金融机构的发展。

二、商业性金融的支持机制

(一)商业性金融的融资模式

一个地区的融资方式的选择主要取决于它的经济发展水平、经济发展目标、市场发育程度、法律道德约束和历史文化背景因素。目前市场经济体制下的融资方式主要有两种:一是金融市场主导型融资方式、即所谓的直接融资;二是银行主导型融资方式,即所谓的间接融资。

1. 以直接融资为主的英美模式

以直接融资为主的英美模式具有以下优点。(1)银企具有平等地位,相对独立性较强,双方关系不固定,银行资产具有流动性、风险性小等特点。(2)强大的股东约束和市场约束,有利于减少内部人控制,企业经营透明度高,恶意收购会对在位的经理人员形成较大的威胁和压力、迫使他们要搞好公司经营,股东权益一般能得到较好保障。(3)公司以股票期权制为激励经理人员的主要手段。美国极大的1000家公司中,经理人员总报酬的1/3左右是以股票期权为基础的,股票期权授予经理人员能在今后10年内以给予时的市场价格购买公司股票的权利。这种做法把经营者的行为与股东的长期目标有效地结合起来,是对经营者较为有效的激励机制。

但是,这种直接融资方式也有其不足之处。(1)股票期权激励并不是始终都有效的,因为经理人员能够充分利用自己的地位在公司内部获得准确影响股市行情的信息,从而灵活机动地行使自己的期权。(2)恶意收购接管容易侵害企业内部人员的利益并对社会造成较大的震荡,频繁的收购接管也不利于企业大额长期发展。(3)证券市场的投机现象严重,股票价格的波动并不是公司人员经营业绩的真实写照。①

2. 以间接融资为主的日德融资模式

以间接融资为主的日德模式具有以下优点。(1)银行与企业之间不是一次性交易,而是建立长期稳定的关系,银企之间信息交流频繁,主银行可以密切关注企业的资金流动情况,判断企业的财务状况和经营业绩,减少信息不对称风险,有利于对代理人进行有效监督,降低代理成本。(2)主银行对企业的监督和控制采取相机治理模式,在公司业绩很差、出现财务危机时,主银行可以派出小组接管企业。(3)公司主要通过事业型激励机制实现对经理人员的有效激励,包括职务晋升、终身雇用、荣誉称号等,以相对较低的薪水成功地对公司经理实现有效激励。但前提是要有健全的银行制度、健全的企业运行机制以及银企关系要建立在市场规则的基础上。这种激励模式的最大优点就是有利于企业规模的快速扩张。

但是,这种融资模式也有其不足,特别是在20世纪80年代的"泡沫经济"和90年代的亚洲金融危机中。主要表现为:(1)银企关系过于紧密,主银行在企业遇到财务困境时往往给予资金支持,对企业融资义务和救助责任造成大量高风险贷款的发放。主银行制下日本银行的呆账率大大高于欧美银行。(2)政府对银行的干预过多,使银行不能完全按经济目标对企业进行有效的控制与监督,银行成了政府干预经济的工具,甚至成为政府官员和银行职员腐败的工具。(3)银企双方会合谋掩盖财务危机和各种矛盾,当风险

---

① 付景红:《直接融资、间接融资与中国融资结构目标模式的探讨》,《科技与管理》2002年第3期。

累积到一定程度后,就可能爆发危机。巨额不良债权终于导致 20 世纪 90 年代中期以来日本一系列金融机构破产和金融危机。[①]

3. 开放条件下的国际融资渠道

国际融资渠道是指在国际金融市场筹集资本的方向和渠道,它体现了资本的来源及流量。参与国际经营,需要不断扩大经营规模。在国际金融市场上进行资金的融通,不仅可以弥补国内资金的不足,而且对提高国际经营管理水平、加快技术装备的改进与提高、增强企业国际竞争力都具有十分重要的意义。

目前,国际金融市场筹集资金的主要渠道有[②]:

(1)**国际金融机构资金**。国际金融机构有全球性与区域性之分。前者主要有国际货币基金组织(IMF)、世界银行集团[包括国际复兴开发银行(世界银行 IBRD)、国际开发协会(IDA)和国际金融公司(IFC)]。后者包括亚洲开发银行(ADB)、非洲开发银行(AFDB)、泛美开发银行(IADB)、国际投资银行(IIB)等。国际金融机构的资金主要来源于会员国认购的股金、借款、留成收益等形式。其筹资条件优惠、利率低、期限长并伴有技术指导,但贷款申请条件苛刻、手续繁琐并限定用途。

(2)**各国政府间资金**。政府资金主要来源于各国的财政拨款,并通过财政预算进行资金收付,一般要由各国的中央政府经过完备的立法手段加以批准后才能提供。这类资金通常为专项贷款,只能用于采购国外设备、技术和支付由贷款国提供的技术服务和培训等,绝大多数是约束性贷款。其筹资条件比较优惠、利率低、期限长、附加费少并伴有赠款。主要形式为政府贷款、政府混合贷款和政府赠款。

(3)**欧洲货币资金**。欧洲货币资金是存放于发行国境外银行中的该国货币资金的通称。这一市场具有筹资灵活、数量大、用途不指定以及贷款业务不受所在国货币当局的控制等优点。

---

① 付景红:《直接融资、间接融资与中国融资结构目标模式的探讨》,《科技与管理》2002 年第 3 期。

② 洪耀忠:《现代企业国际融资的渠道和方式》,《财经论丛》1999 年第 5 期。

（4）**各国国内经济、团体组织资金**。主要是发达国家国内企业、跨国公司、商业银行和各种养老金等。这些机构存有大量游资，需要寻找出路，进行投资，是境外筹资的主要来源。

（5）**各国民间资金**。民间资金主要来源于发达国家或发达地区的民间个人资金。

（二）拓宽金融机构的融资支持渠道

1. 国有商业银行融资机制

（1）金融机构资金渠道的效率分析

金融机构的融资效率是指银行与企业所筹资金的使用效率，即储蓄向投资转化的效率，最终体现为投资的收益率。在具有充分竞争的市场、完善的产权制度、合理的银行与企业的智力结构前提条件下，无论是银行间投融资还是股票直接投融资都可以实现储蓄向投资转化的高效率。就银行间接融资而言，在充分竞争的市场上，居民、银行、企业之间的金融交易是完全的市场交易，即资金供给者与需求者在平等竞争的基础上，按照等价交换的原则自由地进行交易，排除行政干预与非经济因素的干扰。作为拥有各自独立产权的借贷双方，从追求各自财产的保值与增值及效益最大化目的出发来保证实现所筹集资金使用的效率。对借方来说，其考虑的基本因素是投资的预期收益率与利息率。企业从银行融入资金后，即产生了一种还本付息的压力，促使其为清偿债务、维护自己的信誉及生存，实现收益目标而努力搞好经营。对贷方来说，主要是利用别人的存款作为资金来源进行放款与投资活动，这就要求银行同时兼顾负债与资产运用的盈利性、安全性与流动性。因此，银行在经营活动中首先要考虑到市场风险，适当控制信贷规模，防止出现呆账，尽可能充分利用有限资金获得最大的利润。

（2）金融机构资金渠道的疏通与拓展

第一，调整金融管理办法，统筹配置资金，增加有效信贷支持。金融机构要做到信贷资金有效配置，一方面必须利用好现有资金，提高资金的配置效率。另一方面，国有商业银行应发挥系统内可以统一调度资金的优势，将富余地区的资金吸引进来，调整资产结构，将一部分中长期资金转向中长期贷款。

合理有效配置资金是支持少数民族与民族地区经济社会发展的前提条件。少数民族与民族地区经济社会发展是一项系统工程,在不同的时期有不同的侧重点,金融业的信贷资金配置也应适应不同时期的需要,适时进行调整。在经济社会发展的初期,需要为经济起飞创造条件,营造环境。因此,国家支持的重点主要是基础设施建设和发展科技教育,培养人才。这一时期,信贷资金的投放重点是以交通、通信、水利、电网为主要内容的基础设施建设和对科教单位的信贷服务。随着经济环境的逐步改善,发展着眼点将主要专向优势资源产业、高科技产业和新兴产业。这一时期的信贷资金投向也应相应调整。在整个时期,生态环境的保护和建设要将贯穿始终。所以,信贷资金的配置要着重于环境保护和建设,还要根据国家产业政策的调整方向,不断优化信贷结构。

第二,加强商业银行内部贷款管理,提高贷款质量。首先,要研究制定信贷政策,明确信贷政策的支持重点。其次,要加强和完善贷款全过程管理,防范信贷风险。加强贷款全过程管理,是确实提高贷款质量的关键。要加强和完善制度建设,做好项目评估和客户评价工作,落实贷款责任制,还应提高贷款决策水平和贷款人员素质。再次,商业银行要牢固树立风险意识,建立全面的信贷风险管理体系。要依据国家的金融法律、法规,制定严格的监管制度和措施,使风险监管工作制度化、程序化,使信贷风险防范、预警和化解工作形成一个完整的体系。

第三,加强负债业务的管理。国家加大对少数民族与民族地区经济社会发展的支持力度,必然会导致民族地区的各种存款的增加,商业银行要抓好存款的吸收工作,壮大实力,寻求资金的自我平衡。

第四,积极稳妥地支持农业产业化经营,促进农业产业结构的升级。金融支持应把握好方向:一是支持主导产业的形成合理配置资金,进行重点支持;二是重点支持发展特色农业,促进农业生产区域化、专业化,引导农民搞好农产品的深加工,形成规模效应和区域性的主导产业优势。

第五,积极支持小城镇建设,促进城乡一体化进程。小城镇建设是促进农产品结构调整以及城乡一体化的重要途径。要着力支持农村个体私营经济的发展,要支持农村市场的建设,要大力支持基础设施建设,改善小城镇的硬件环境。

　　2.民营银行的融资机制

　　积极而有步骤地发展多元化的非国有银行组织体系,从体制外入手,在内部金融存量没有变动的情况下,在外部的金融增量上下功夫,组建股份制的民营银行,逐步扩大市场份额,增强金融体系的整体竞争力。这样不仅有助于为包括个体、私营经济在内的非国有经济的发展提供更加充裕的金融支持,促进以公有制为主体的多种所有制经济的共同发展,而且可以从外部促进国有商业银行的改革发展,实现民间资金向民间资本转化,拓宽民族地区的融资渠道。

　　(1)民营银行的特性

　　民营银行是指由民间资本注资的产权清晰的完全市场化经营的银行。它具有以下几个特性:

　　第一,民资。民营银行的资本金主要来源于民间,由民营产业资本发起设立,或由民营金融组织改造而成。

　　第二,民有。它是相对国有而言的。民营企业是民营银行的主要股东。

　　第三,民治。民营银行应由股东代表大会推选产生董事会、理事会、监事会,由董事会任命行长、副行长等,其经营管理行为应完全摆脱政府主导的格局。

　　第四,民营。民营中小银行的决策权应完全掌握在自己手中。民营银行有权决定自己的经营方向、经营目标等,成为真正独立的法人经济实体。

　　第五,民享。民享是指民营银行取得的利润除所得税外,应完全由股东享有,股东每年有权利获得红利或红股。

　　民营银行的核心竞争力主要来自产权制度安排,这种按照规范的现代企业制度建立起来的产权安排,是决定民营银行在竞争中取胜的根本保证。具体表现在:规范的法人治理结构、激励机制、管理团队和企业文化。

　　(2)民营银行融资渠道的运行机制与效率

相对于国有商业银行来说,国有商业银行身上所暴露出来的一些由于产权属性而带来的缺点,实际上就相应地演化为民银行独特的优势。

产权清晰,有利于构筑完全不同的银行—政府关系。较国有商业银行来说,民营银行更容易摆脱政府的行政干预。

在培育与客户的关系上,有利于形成以银行信用为基础的信用环境。相对于国有商业银行而言,民营已经不能够借助国家信用来增加自身的信用,开业初期也许还能够借助其股东的商业信用和商誉为己所用,但要保持在储户心目中较高的信用等级,必须通过持续地保持或者改善银行的经营绩效,才会为资产业务的开展拓宽资金来源。

在构筑委托—代理关系上,股东与经理层之间更易于协商。委托—代理关系主要着力于在出资人及其代表与经营者及其代表的高级管理层之间构筑起稳定的经济合同关系,双方在互相协商的基础上确立,而非依靠行政指令式的任命。民营银行在这方面更易于协商一致,并延续这种委托代理关系。

(3)民营银行融资渠道的拓展

制度变迁是制度的替代、转换与交易过程,它是一种效益更高的制度对另一种制度的替代过程。制度不均衡,意味着存在其他制度安排能给人们带来更大的收益,从而产生制度变迁的需求。在政府供给主导型的制度变迁中,金融体制改革的取向、深度、广度、速度和战略选择等基本取决于政府权力中心的意愿和能力。非国有经济的异军突起和加入世贸组织后的外部压力,使金融制度的创新、民营银行的发展成为必然。

民营银行作为一种融资方式,要在竞争激烈的市场上拓宽融资渠道。要拓展优势领域,应对行业竞争。将眼光主要瞄向客户需要而传统银行暂时无法满足的领域,还要不断提高服务质量,建立以客户为中心的市场营销机制;要有效扩充银行资本;要大力发展负债业务;还要积极防范中小企业贷款的风险。

3. 外资金融机构的融资机制

一国的经济增长,从根本上应归结为资本的投入和技术与制度的进步。

在既定的技术水平和制度框架内,要想发展国民经济,首先要增加投资,而要增加投资,首先要增加储蓄。发展中国家在经济起飞时期,通常国内储蓄不足制约着投资的增长。因此,适当引进外资以弥补国内储蓄的不足,就成了少数民族与民族地区经济发展的重要手段。

(1)外资银行自身的优势是其进驻的首要条件

①**业务能力强**。外资银行从事的业务绝大部分为外币业务。尤其是在提供外汇打包贷款和出口押汇等形式的资金融通方面有一定的优势。

②**在国际资本市场上,外资银行有较强的融资能力**。外资银行通常是实力较强的跨国银行,国际筹资能力很强,筹资成本很低。

③**外资银行可以实行混业经营,能够为客户提供全面金融服务,增加利润来源**。同时混业经营可以在资本市场与货币市场之间构建联系通道,将各种金融业务进行有效组合,降低营业成本,扩大盈利空间。

(2)引入外资银行的效应分析

①**强化了少数民族与民族地区金融业的竞争机制**。少数民族与民族地区的金融业在经营管理、市场信息、技术服务方面都比较落后,各银行之间虽然也有竞争,但这种竞争十分有限。

②**促进少数民族与民族地区的金融深化**。金融深化的本质是制度创新,通过对外资银行在东部地区经营运作的考察以及在少数民族与民族地区的实践,引进外资银行对其金融深化有积极作用。

引进外资银行能够促进少数民族与民族地区融资体制的转变。融资体制的本质是资源配置体制。外资银行的引进,可以打破少数民族与民族地区传统的封闭型融资状态,可以为内资银行提供一个参照系和竞争对象,对少数民族与民族地区融资的发展有积极的作用。

有利于促进少数民族与民族地区现代化商业银行体系的培育。首先,外资银行的技术和业务创新,对少数民族与民族地区的银行有一个示范效应,对少数民族与民族地区的银行的技术更新和开展业务有积极的作用。其次,外资银行先进的管理技术和管理经验,对提高少数民族与民族地区中资银行的经营管理也有重要意义。

促进少数民族与民族地区金融业的国际化。外资银行的进入本身标志着少数民族与民族地区金融市场与国际金融市场有了更多的联系。同时，外资银行的进入还促使少数民族与民族地区中资银行按照国际标准进行改革和管理，推动了少数民族与民族地区的银行同国际接轨和金融市场的进一步开放。

（3）融资经营方式的选择

外资银行进入民族地区与民族地区的金融机构开设合资银行较为可行，对民族地区来说，有两大好处：一是降低成本，二是降低风险。

（三）金融市场的融资机制

1. 货币市场融资机制

货币市场是金融机构融通1年期以下资金的交易场所，包括金融机构间的同业拆借、债券回购和买卖、商业票据买卖、大额可转让定期存单等，还包括中央银行对金融机构的公开市场操作。货币市场是金融机构调节短期资金余缺的首选市场，也是中央银行实行宏观调控的重要基础。货币市场利率的变化，最能反映金融机构资金供求状况，也是中央银行关注的重要指标。

货币市场是货币政策的传导中介，少数民族与民族地区货币市场发展的滞后，必然影响到区域货币政策效果，应该鼓励货币市场的适度超前发展。在现行的金融政策制度下，资本吸收与再生能力缺陷，形成了少数民族与民族地区经济落后—资本短缺—投资不足—经济低迷—资本形成不足与流失并存—经济发展差距扩大的马太效应式的不良循环。

因此，要实施区域货币政策，才能帮助少数民族与民族地区解决资金需求问题。通过降低存款准备金率及再贴现率，提高再贷款与再贴现限额，从而调节东西部资金；通过实行区域化的利率政策和资金的切块管理以及增加货币供给投放，以解决资金的供给问题。

2. 资本市场融资机制

资本市场是发达国家通常采用的融资工具。随着社会主义市场经济体制的逐步确立，资本市场也必将成为少数民族与民族地区的一种主要的融资工具。通过资本市场融资的主要途径有:(1)加大国有企业的改制改组力度,加快公司上市融资的步伐;(2)通过发行债券的方式进行融资,以加快基础设施的建设力度;(3)稳步发展期货市场;(4)积极培育证券投资基金、养老基金和保险基金等机构投资者。

三、政策性金融与商业性金融创新式嫁接的融资机制

(一)创新性金融渠道

1. 产业投资基金融资机制

(1)产业投资基金设立的必要性

在各种融资方式中,产业投资基金是较为有效的一种融资方式,它主要以基础产业和高科技产业为投资对象,以追求长期稳定收益为目的,吸引对特定产业有兴趣的投资者的基金,用以扶持这些产业的发展。作为新型的融资工具,其投资方式主要有股权投资和可转换债券投资等。这一特点决定产业投资基金不同于国库券、财政债券、重点建设债券和银行贷款等债券性融资,有利于降低项目融资成本,并且可以充实建设项目资本金,降低债务率,减轻债务负担,使项目能够正常运转。基础设施和基础产业一般具有规模大、回收期长、成本高等特点,虽然其收入回报具有稳定性、成长性等特点,但是其筹资仍然存在较大困难,不可能全部依靠财政资金支持这些大项目的投资。银行要保证资金的流动性和收益性,对此类投资的信贷投入也不可能很多,而大量分散的社会资金,由于缺乏有效的投融资渠道,又难以聚集起来进行大型项目投资。因此,利用产业投资基金这种方式筹集社会资金有利于促进少数民族与民族地区基础设施和各种产业的发展。

(2)组建投资基金的原则

首先,政府在发展产业投资基金时,应积极从制定法规、完善配套政策方面入手,支持产业投资基金的发展,特别是在发展具有区域特色的产业投资基金时,政府应给予税收等方面的优惠政策支持。

其次,设立产业投资基金应按市场化原则运行,制定一套较为完善的有效机制,使基金经理人可以有效监督企业家的经营行为,最大限度地减少其

投资风险,保障基金收益。同时,还应该在管理费的提取方面做出必要的规定,以激励基金经理人发挥专长,为基金持有人带来最大回报。

最后,由于产业投资基金主要从事实业投资,收益来自于投资后的长期分工,因此,基金发起人应选择那些具备实业投资的经验和基本运营经验的金融投资机构,这样较有利于产业投资基金的运作。

(3)产业投资基金的资金来源

少数民族与民族地区产业投资基金的资金来源由中央和地方共同承担,并吸收社会捐赠。中央财政专项拨款占主要部分,省级财政的出资比例根据经济发展水平和财政收入能力确定。

(4)产业投资基金的使用方向

①用于对基础设施和重点产业发展的投资补贴。投资补贴是国外区域政策常用的一个政策工具,一般是按照对落后地区项目投资总额或固定资产投资总额的一定比例予以补贴,以降低企业在落后地区的投资成本和风险。为吸引发达地区的企业和外商投资企业来投资,特别是投资于电力、水利、农业、资源性产业以及高技术产业,国家除给予税收减免等优惠政策以外,应选择投资补贴形式予以政策鼓励。投资补贴比例的确定主要根据一定时期可用于这部分补贴的资金总量,以及投资环境。

②用于解决城镇就业和农村剩余劳动力出路的就业补贴。就业补贴也是国外解决地区就业差异所采用的一种区域政策工具,通常是根据企业在落后地区创造就业机会给予企业一定数额的补贴或奖励,以降低企业的工资成本,并鼓励企业多用工。

③用于贫困地区的"扶贫开发补贴"。这部分基金主要扶持贫困村和贫困户,除了实行小额扶持外,也可以对那些特困户举办养殖、种植及当地资源加工等经济活动给予一定的开发补贴。

2.境外资产证券化融资机制

少数民族与民族地区基础设施的建设需要大量的资金,只从国内融资是不够的。以基础设施的未来现金流为支持,通过证券化运作,从境外筹集资金支持基础设施建设。境外资产证券化,是通过利用国际资本市场进行跨国交易,将基础设施嫁接到国外资本市场,从而为基础设施建设筹集资金。资产证券化源于美国20世纪70年代的住房抵押证券,是世界金融领域的重大创新之一。从起初的住房抵押贷款扩张到企业应收账款、信用卡应收款、汽车贷款、租金、版权专利费、消费品分期付款等。

表6-2 资产证券化历史概览

开始时间	20世纪60年代末	20世纪80年代中期	20世纪90年代初
发展阶段	住房抵押贷款证券化	银行信用证券化	一般资产证券化
资产种类	住房抵押贷款	汽车贷款 信用卡应收款 计算机贷款 其他商业贷款	基础设施收费 贸易公司应收款 服务公司应收款
			消费品分期付款 版权、专利权收费
地区	美国	美欧等发达国家	发达国家和新兴市场

资产证券化在20世纪90年代进入亚洲,起初亚洲国家发展资产证券化大多是跨国操作。以韩国为例,首先放开境外币资产证券化,1997年7月末,韩国金融经济部门许可一家投资银行SMBC进行首宗以美元标价的设备租赁应收款的证券化交易,随后又有三家商业银行获得类似许可。到2000年底,中国的资产证券化尝试全是境外运作。如1996年8月,珠海市以交通工具注册费和高速公路过桥费为支持,公开发行2亿美元债券。1997年中国远洋运输总公司(COSCO)通过私募形式发行3亿美元的浮动利率债券,其证券化的资产是北美航运收入,采取完全境外交易方式。2000年深圳中集集团又率先开展了应收款证券化业务,其证券化的原始资产是中集集团今后三年内的应收款,资金主要来源于国际知名的船运公司和租赁公司。

由于资产证券化交易中投资者得到投资收入主要来源于贷款、租赁和贸易应收款等金融资产在当前和今后产生的现金流,而不依赖于原始权益人自身的信用,因此,可证券化的资产应具备一些特征,即并非所有的资产都能够证券化,也并非所有的资产都要进行证券化。根据资产证券化的内在要求,可证券化的资产一般应满足以下一些条件:(1)资产本身流动性较差;(2)能在未来产生易预测的较稳定的现金流;(3)对现金流的损失风险要有充足的统计数据,现金流入的期限与条件易于把握;(4)资产债务人应有广泛而分散的地域和行业统计分布;(5)本息偿还分摊于整个资产存续期内,(6)资产保留有持续一定时期的低违约率和低损失率的历史纪录;(7)汇集的资产组合应达到经济发行量;(8)资产的合同标准规范,条款清晰明确;(9)证券具有良好的可出售品质等。

3.组建区域性发展银行

改革开放以后,为促进地方经济的发展,我国先后成立了招商银行、深圳发展银行、上海浦东发展银行、兴业银行等股份制银行,实践证明,通过地方性银行来扶持经济发展是切实可行的。少数民族与民族地区由于其所处的特殊区位以及经济发展的需要,不仅需要政府的投入和发达地区的支持,更需要自身增长点的培育。非国有经济和中小企业作为国民经济中最具活力的因素,对于少数民族与民族地区同样起着举足轻重的作用。如广西北部湾经济区的开放开发就需要采取一些特殊金融政策。因此通过整合城市商业银行资源的方式组建区域性银行——广西北部湾发展银行就成为一种现实需要。以广西区内的一家或若干家城市商业银行为基础,进行重组、注资、上市,使之最终成为在东盟地区能发挥更大金融辐射作用的区域性、股份制、多元化的跨区域银行。而且,组建广西北部湾发展银行也是现实可行的。目前,国有商业银行和国家开发银行纷纷表示大力支持。国家开发银行多年来对于广西的发展建设给予了极大支持。据统计,国家开发银行累计向广西投放贷款近800亿元人民币,管理资产额达617.29亿元。在新的合作计划中,国家开发银行将作为战略合作方,与广西一起推进设立广西北部湾发展银行,给予贷款支持,解决北部湾银行组建的资本金问题。

截至2006年12月末,中国银行在广西北部湾经济区(含南宁辖区,北海、钦州、防城港分行)人民币公司贷款(含票据贴现)达87亿元,占全辖区新增人民币公司贷款的43.19%。工商银行将其钦州分行纳入到北海分行管辖后,于2006年11月重新将其分离出来,恢复其二级分行管理职能,与此同时,与广西交通厅签署协议,新增贷款 208 亿元介入广西公路建设。建设银行则在继 2006 年 3 月与广西壮族自治区政府签订银政合作协议,计划贷款 1000 亿元,目前正筹谋进一步与北部湾经济开发区管委会签署银政合作协议,加大对北部湾的渗透力度。农业银行则将目标紧盯开发区内的项目,在贷款余额方面保持了广西壮族自治区第一的位置。

国家开发银行采取的通常做法是向城市商业银行提供贷款,用于补充其资本金或是冲销不良贷款,而并非股权投资。重庆商行、德阳商行、长春商行等多家银行已经在国开行的支持下成功重组,就是很好的例证。

4. 融资租赁机制

创新融资租赁模式把金融、贸易、生产三者紧密结合,使银行信用、商业信用联姻,充分挖掘融资租赁的特殊功能,最终形成一个由承租人—银行—租赁公司—设备制造商等相关方面组成共享利益、共担风险的框架模式,从而为解决少数民族与民族地区企业的技术、设备需求,摆脱融资困境提供了新的思路。它是由出租方融通资金,为承租方提供所需设备,具有融资与融物双重职能的租赁交易。传统的融资租赁方式往往只涉及三方当事人,其中出租人即租赁公司往往承担了整个租赁期间设备价款的全部风险,包括承租人因经营不善或市场变化不能支付当期租金的风险、利率风险、设备在租赁期间贬值的风险等。

创新的融资租赁方式,一方面要解决融资租赁公司资金来源问题,另一方面要解决其风险收益问题,同时还要考虑市场的开拓及可行性问题。首先,引入银行的资金,形成四方当事人。主要的运作框架为:融资租赁公司协助承租人找到合适的机器生产商,然后,租赁公司以其自身信用和设备抵押以及设备出租收益权质押三重担保方式从银行获得设备价款的 70% 左右的贷款,再要求承租人提供价款 20% 左右的现金,其他由融资租赁公司自筹或是从厂商获得相应信用。在租赁期间通过租金回收的方式逐步偿还贷款以及获得自身应得之利。此外,创新的模式通过创新变以前租赁公司独担风险为多家共担,将银行信用与商业信用嫁接,通过厂商参与租赁,使买断销售变成租赁销售,使承租企业—租赁公司—生产商成为一个有机的体系,共同抵御风险,共同获利。

5.国际融资渠道创新机制

(1)国际贷款融资机制

国际贷款融资是利用贷款来筹集资金的一种融资方式,包括国际商业银行贷款、国际金融机构贷款和政府贷款。

国际商业银行贷款包括银团贷款、联合贷款和双边贷款等。其贷款一般不与出口项目相联系,借款人可以自由运用贷款向第三国购买设备和支付劳务,具有手续简便、选币灵活等优点,但利率较高、筹资费高,同时由于采用浮动利率,需承担汇率风险、国际风险和利率风险,还需政府、国际银行提供担保。

国际金融机构贷款中,国际复兴开发银行主要向发展中国家提供中长期贷款,一般利率低于市场利率;国际开发协会只向低收入的发展中国家提供长期低息优惠贷款。但是这两种贷款一般企业不容易贷到。国际金融公司负责向发展中国家私营企业提供贷款或参与投资,利率一般高于前两者,但非常适合非国有企业、民营股份公司和三资企业的融资。

政府贷款是一国政府根据其政治、经济战略的需要或出于人道主义,向另一国政府提供的双边贷款。这种贷款多数用于建设项目,具有援助性质,所以贷款条件比较优惠,甚至还有 25% 的赠与部分,但由于政府贷款的资金属于政府财政预算,因此贷款数额受到限制,数量不可能很大,数量一般只占该国国民生产总值的 1% 左右,主要适用于基础设施建设项目。

(2)合资经营融资机制

它是外国公司和其他经济组织或个人与我国公司、企业或其他经济组织在境内共同投资兴办企业的一种融资方式。其基本特点是合资各方投资,共同经营,按各自出资比例共担风险、共负盈亏。合资各方可以以货币出资,也可以以建筑物、机电设备、土地使用权、工业产权和专有技术出资。这种方式有利于迅速引进先进设备、技术和管理经验,使我国实行改革开放后最早采用的利用外资的一种方式。

(3)项目融资机制

项目融资是为某一工程项目发放的贷款。它是以项目所产生的现金流偿还项目贷款并且以项目资产作为贷款抵押的一种融资方式。这种融资方式是国际银行界总结20世纪70年代贷款的经验教训而形成的一种新型融资方式。其特点是项目融资的主要担保是该工程项目预期产生的经济收益以及其他参与人对工程停建、不能营运、收益不足以及还债风险所承担的义务;而贷款单位的财力与信誉不是贷款的主要担保对象。项目融资的方式有无追索权项目融资和有追索权项目融资两种形式。国际上目前普遍采用后一种形式。后一种形式的融资,贷款人除依赖项目收益作为偿债来源外,还可在项目单位的资产上设定担保物权利,并要求与项目完工单位有利害关系的第三方当事人提供各种担保。第三方当事人包括设备供应人、项目产品的买主或设施的用户和承包商等。项目融资方式具有分散风险、提高项目信用度和不降低项目借贷能力等优点。我国在20世纪80年代兴建平朔煤矿和沙角电厂项目,就是利用这种形式从国际上筹集资金的。

（4）国际贸易融资机制

是指银行通过对有进出口经营权的企业办理国际贸易业务而提供资金融通便利的一种融资方式。它包括对外贸易信贷和结算融资两大业务种类。国际贸易融资是我国企业采用最多、历史最长的一种方式。目前主要有国际贸易短期融资,包括贷款和透支、打包贷款、进出口押汇、票据贴现和信用证开证等;国际贸易中长期融资,也称出口信贷,如福费廷、国际保理业务、银行保函业务等。此外,还有一种结构性贸易融资,它是继项目融资、贸易融资、商品融资及价格避险和利率避险于一体的复合型融资。

（5）补偿贸易融资机制

是指企业从国外引进设备、技术等,然后以回销产品或劳务所得价款分期偿还设备和技术价款。具体包括直接产品补偿、其他产品补偿、产品收入补偿和混合补偿等形式。这种融资方式既可以解决资金短缺问题,又可以提高企业的产品竞争力,带动产品的出口。

（二）政策性金融与商业性金融的创新式嫁接机制

利用现有的金融市场和融资工具来解决少数民族与民族地区的经济开

发中的资金问题,存在着一定的障碍;少数民族与民族地区经济开发的投资大部分属于基础设施领域,需要大量的中长期资金,投资风险大,收益率低,不符合商业银行信贷资金的发放方向;单纯利用财政资金不足以支撑少数民族与民族地区的建设;少数民族与民族地区的大部分早期投资项目还难以完全按照现代企业制度来组建,单靠资本市场通过发行股票和债券来融资也难以完成。要改变民族地区的经济开发所需要的资金,必须创新金融支持机制,建立健全金融业务的市场利益分割机制和政策性业务的利益补偿机制,采取财政资金、银行资金和证券市场融资相结合的方式来解决少数民族与民族地区开发中的资本问题,创设并形成有利于少数民族与民族地区开发的投融资传导机制,引导多渠道资金进入少数民族与民族地区,增加少数民族与民族地区资金供给。

1.“财政资金——信贷资金——资本市场”融资机制

在少数民族与民族地区的经济社会发展中,在项目投资的早期阶段以财政资金做基础,承担主要投资风险,再吸引部分银行信贷资金加入。待项目建设完成能获得收益后,投资风险已经基本得到释放后,再按照现代企业制度将项目改制上市。这样不仅政府能收回财政投资,银行信贷资金也有安全保障。

国家财政对少数民族与民族地区的投资重点是投向重大基础设施和生态环境建设,尤其是公路和铁路网的建设,地区间和国际大通道的建设,重要的邮电、通讯、机场和石油天然气管道建设,以及一些重大的城市基础设施建设等都需要国家财政直接参与投资。但是,财政投资的比重将逐步减少,逐步提高间接投资的比重。尽可能采取合资、控股、参股等多种形式,广泛吸引外部资金入股,形成地区经济利益共同体,建立产权多元化的股份制企业。政府要从纯竞争性项目投融资中退出此类投资项目主体应主要是非国有经济部门。国家对少数民族与民族地区的财政投资要讲究经济效益,突出重点,尤其是中心城市地区。

信贷融资是少数民族与民族地区经济社会发展的主要融资方式。金融机构贷款是最基本的融资手段之一,较其他形式的筹资途径来说,它具有筹资成本低、手续简便、到位及时等优点。能够用于少数民族与民族地区经济开发的金融机构分为两类。一类是国外金融机构贷款,包括外国金融机构、国际区域性金融机构和其他国际金融机构贷款。另一类是国内金融机构贷款,除了四大国有商业银行、各股份制银行及其他金融机构贷款之外,国家还可设立针对少数民族与民族地区的金融机构。通过这些金融机构在全国范围内吸收存款,为少数民族与民族地区经济社会发展提供金融支持。

此外,在发展少数民族与民族地区资本市场的过程中,培育和发展区域性资本市场,从而形成多层次、开放性的金融市场,是少数民族与民族地区资本市场发展的必然取向。大力发展直接融资,一是积极支持少数民族与民族地区企业直接上市融资;二是大力发展债券融资。

2. "投资基金—市场启动—民间资金"融资机制

(1)设立少数民族与民族地区创新投资基金

高新技术产业化发展已经成为当今世界经济的趋势。面对新世纪新的世界经济发展趋势和国内本地区的现实情况,少数民族与民族地区应着力发展具有优势的、高风险、高成长性的高新技术企业。但是,如果完全依赖市场力量的自发演进来发展少数民族与民族地区高新技术企业,必将耗费很长的时间,这无疑不符合少数民族与民族地区跨越式发展的要求。因此,在积极推动民族地区高新技术企业风险投资体系的建立、发展和完善的过程中,应当充分发挥政府的功能与作用。

从国外关于创新投资基金的发展方面,政府在不同的程度上是介入的。在新加坡,由国家创立并由政府机构运营管理;在以色列,由政府发起吸引私人与境外资本参与,最后政府全部退出;在澳大利亚,政府与私人创业投资者合伙建立混合基金。在印度,通过国有银行或企业创立创业投资基金。在智利,成立专门的创业投资促进机构,并开展与其他投资人的合作融资。

根据我国的实际情况,在少数民族与民族地区经济社会发展的过程中,可以借鉴以色列或澳大利亚的模式构建少数民族与民族地区创新投资基金。在创新投资基金的设立上,尽可能采用政府资金与民间资金共同出资的方式;在资金的运作和管理上,应强调市场化运作,减少政府的直接干预。

尤为重要的是在基金的发展过程中,政府应该有计划地逐步退出,实现政府从"输血"到"造血"功能的转变。

(2)市场启动

1999 年 6 月,国务院决定提供首期 10 亿元人民币的专项拨款和 20 亿元人民币的政策性贷款,启动实施科技型中小企业技术创新基金。中小企业技术创新基金在激发企业创新潜能、加快原创技术成果转化、引导社会资金投入高新技术产业方面发挥了滚雪球般的放大效应,有力地推动了符合市场经济客观规律的高新技术产业化投资机制的建设。

根据中小企业和项目的不同特点,创新基金分别以贷款贴息、无偿资助、资本金投入等不同的方式给以支持。贷款贴息主要支持银行已予贷款或有意向贷款的项目;无偿资助主要支持科研人员携带科技成果创办企业、或是创新产品在研究、开发、中试阶段的必要补助;资本金作为股权投入,这种方式被视为政府的风险投资。

贷款贴息是技术创新基金支持科技型中小企业获得贷款的一种重要方式。技术创新基金为企业联系担保机构,同时利用政府贴息的手段,鼓励民营科技企业通过担保获得银行贷款,政府拿出更高的贴息额,以此贴息额来消化担保机构的手续费和银行的浮动利率,既可以调动银行和担保机构的积极性,也可以使中小企业以较低的成本获得贷款。

(3)民间资金跟进

在政府风险投资的示范作用和民间风险投资不断发展的基础上,政府可以逐步收缩投资的范围,从而使企业投资日益市场化,使越来越多的民间资金取代政府的投入成为推动我国少数民族与民族地区高新技术产业化的主体力量。

3."政策性银行—BOT—资本市场"融资机制

从国际经验来看,解决少数民族与民族地区经济社会发展不平衡问题客观上需要政策性银行的扶持,政策性金融机构是实现财税与金融配合联动的有力工具。在少数民族与民族地区民间投资渠道的建立中,可以通过"政策性银行先行投资—民间资本(大企业资本、国内民间资本、海外资本)

跟进—民间资本成为主体—政策性银行资金逐渐减退"的政府主导型牵引机制,引导更多的资本进入。在具体的操作上,可以尝试由政策性银行对急需的基础设施项目直接进行股本投资,充实企业的资本金,承担主要的投资风险,待项目成熟能正常经营后,改制上市,再吸引商业资金注入。

(1)政策性银行

在财政支持下,政策性银行通过运用部分财政资金和其他政策手段,获得大量长期可靠的低成本资金,然后再通过贷款、投资和担保等方式,为符合政策要求的建设项目提供长期优惠的资金支持,以较少的资金带动和引导大量社会资金,完成单靠财政本身难以完成的社会经济目标。

(2)BOT 融资方式

BOT 融资方式是近年来国际上创新的一种独特的筹资方式。所谓 BOT 就是 Build(建造)—Operate(营运)—Transfer(转让)的缩写。指政府通过契约方式将通常由国有单位或政府部门承担的重大项目设计、施工、融资、经营和维修的责任转让给私营或外国企业,在项目建成后的一定期限内私营或外国企业对项目拥有所有权并承担项目的债务,享受项目盈利,在特许权过后,将项目转交给政府管理。对于政府来说,采用 BOT 方式融资有其优点:可以用私人资金发展国家重点建设项目,使项目的主管机构节省资金,有利于少数民族与民族地区的基础设施建设,并将大部分建造、经营及财务风险转移给获得特许经营权的投资者;同时,可以引进国外先进生产与管理技术;可以通过引进竞争来提高国有企业的效率。

第七章 少数民族与民族地区经济社会发展的金融支持制度供给效率分析

制度供给是指制度制定主体或制度决策主体基于特定制度原则导向对特定经济活动或经济运行过程所进行的制度设计或制度安排,重点集中于规制经济运行的制度结构形成以及特定制度安排或制度规定对于特定经济活动的约束作用。制度的演化本质上是对"制度"这种公共产品的公共选择过程,这一演化是在一种既定的体制下进行的。不同的体制导致形成制度供给不同的模式与机制,而不同制度供给模式与机制通常又会形成不同的制度效率,从而制度对特定经济运行产生不同的支持与激励作用。

少数民族与民族地区的金融支持本质上是一种特定"经济—金融运行过程",为了保证这一过程能够保持某种有序运行状态,降低运行中的交易成本并不断提高金融支持效应。正是这种必要性促成了对于金融支持的制度供给。

第一节 少数民族与民族地区经济社会发展的金融支持制度供给模式

制度供给是制度主体对于特定经济社会运行过程所抉择的制度安排与制度规定。这些制度安排或制度规定覆盖经济社会运行的全过程。具体内涵就是:制度主体基于金融支持角度所抉择的制度安排或制度规定。这些制度安排包括金融政策建构、金融体系建设、金融产权、信贷形式、信贷结构、信贷规模、金融资源配置、金融服务、金融治理等方面,形成特定制度结构。

一、金融支持制度供给的一般性分析

制度是一个内涵丰富、外延广泛的经济学概念。在马克思主义经济学理论中,制度是一个被加以深刻阐述的基础性概念。在马克思主义经典作家的著作中,广泛运用诸如生产资料所有制、社会制度、政治制度、法律制度、封建制度、资本主义制度、财产制度、工厂制度、银行制度、生产制度、国债制度、税收制度、保护关税制度等。从他们关于制度的论述中以及他们对制度概念的理论运用来看,马克思主义经济学关于制度的内涵界定,主要内含下列基本意义:一是关于制度的本质。在马克思主义经济学看来,制度在本质上是"一切社会关系的总和"[1],也就说,制度是对特定社会关系的本质性规定;二是关于制度的决定。由于社会关系的复杂多样性,就形成了现实社会中各种具体关系的客观存在,这些具体社会关系主要包括如经济关系、所有制关系、政治关系、国家关系、宗法关系、文化关系、家庭婚姻关系、权利关系等。这些社会关系的基础是社会生产力。社会生产力决定社会关系。由于社会生产力是一个自然历史过程,因此,社会生产关系也必然是一个自然历史过程,从而社会的制度决定是一个自然的历史过程;三是关于制度的形成。社会的发展是生产力与生产关系相互作用的过程,社会生产关系不能超越社会生产力的制约。"在人们的生产力发展到一定的状况下,就会有一定的交换和消费形式。在生产、交换和消费发展的一定阶段上,就会有一定的社会制度、一定的家庭、等级或阶级组织,一句话,就会有一定的市民社会。"[2]四是关于制度的类型。制度是社会关系的总和,当社会关系上升为国家意志时,便形成法律、政策等强制性的正式制度。同时制度还具有经济基础与上层建筑之分,经济基础决定上层建筑,因此,无论是构成经济基础的经济制度,还时构成上层建筑的制度,归根结底是由社会生产力的发展状

---

[1] 《马克思恩格斯选集》第 1 卷,人民出版社 1972 年版,第 18 页。
[2] 《马克思恩格斯选集》第 4 卷,人民出版社 1972 年版,第 320—321 页。

况决定的;五是关于制度的变迁。马克思主义经济学以生产力与生产关系相互作用为依据,阐述制度变迁的经济社会基础。当生产关系适应生产力发展要求时,制度具有相对稳定性,表现为制度促进生产力发展;当生产关系不适应甚至阻碍生产力发展时,便形成制度的动态变迁性,表现为制度改革与制度创新。

对于制度的分析,构成现代西方经济学的基本范畴和主流理论的分析范式。制度经济学对一种经济现象或经济事实的发生与演进,深入到其内部的制度层次,制度安排或制度变迁方面对其进行分析或解释。在制度经济学的分析范式中,制度变迁是一切变迁的根源。当制度安排合理时,变迁会按照经济主体或经济当事人的意志或意愿,向着绩效增进的方向演进;反之,当制度安排不合理时,变迁就会违背经济主体的意愿,形成程度不同的各种经济效率损失。制度是由一系列的规章、规则和规范所构成的行为约束体系,在制度体系中,产权规则、治理结构、激励机制、市场结构和管理体制等是基本要素。只有当这些规范得以确立并且能够对经济主体具有有效约束力时,制度才能产生作用,从而制度推进经济不断地发展。在制度经济学的分析中,存在四种基本的分析范式:①制度的制定与其所需要的信息环境具有内在联系;②制度是所有规则的集合,包括正式制度和非正式制度;制度绩效是由制度要素的激励相容所形成的;③制度的作用与意义是由制度制定的合理性与有效性决定;④任何制度只有形成对经济主体的共同性原则。制度经济学的这些分析范式,可以用来对所有涉及效率、配置、治理和激励等经济问题的分析。

诺斯等新制度经济学家认为,有效的经济组织是增长的关键,而有效经济组织的基础是有效的制度安排,"有效的组织需要在制度上做出安排(持续推进制度变迁)和确定产权(持续推进产权变迁)以便提供一种(能够)促使个人努力的私人与社会收益率趋近的刺激。① 即增长来源于制度变迁。

① 吴宣恭:《产权理论比较——马克思主义与现代西方产权学派》,经济科学出版社 2000 年版,第 317 页。

而所谓制度变迁的内涵,则主要指对当前既定制度安排所进行的持续性改革与创新的过程,旨在寻找一种更有效率的制度安排以促使经济绩效不断提高,也即通过持续制度变迁,从而建立更加有效率的经济激励机制。

马克思主义经济学和现代西方制度经济学关于制度原理的分析与认识,存在本质的差别:其一,马克思主义经济学把制度视为依存于社会生产关系并反映其内在要求的历史产物,而制度经济学则把制度作为一种依据人的意志所进行的"涉及或安排";其二,马克思主义经济学把所有制作为社会经济制度的核心;其三,马克思主义经济学侧重于从不同社会型态和阶级关系方面研究并揭示制度的本质,而西方制度经济学把生产力发展作为制度变迁的根源,而西方制度经济学仅仅只从产权或交易成本角度分析制度变迁。

二、金融支持制度供给内涵

金融支持本质上是一种特定的"经济、社会与金融运行过程",为了保证这一过程能够保持某种有序运行状态,降低经济运行中的交易成本并不断提高支持效应,就需要对这一过程进行整体规划,对其实际运行中的各种问题给以明确的界定。正是这种必要性促成了对于金融支持的制度供给。金融支持的制度供给主要包括:①明确金融支持的政治上层建筑和意识形态主导;②确认制度供给的决策主体;③构建金融支持的制度体系;④制定金融支持的制度执行秩序;⑤制定金融支持的目标和支持约束条件;⑥规划有关金融支持的方向、原则、形式、步骤等战略性安排;⑦规划金融支持的路径选择;⑧建立和健全金融支持的违规惩罚机制。

三、金融支持制度供给主体

所谓"制度供给主体",即制度设计或制度安排过程中,居于主导地位、起决定性作用的经济力量。在我国的经济改革过程中,制度变迁通常通过三个主要渠道实现传导效应:政府命令、权力体制和法律机制,因此制度供给也主要集中于上述三个优势力量主体:政府、权力决策中心和法律制定中心。其中,政府主体主要包括中央政府和省级地方政府;权力决策中心主要指党的最高决策机构;法律制定中心主要指全国人大常委会。在这个主体框架下,衍生出一些从属性制度供给主体,如中央政府各级职能部委、全国性金融机构(包括银行金融机构、金融监管机构以及非银行金融机构等)以及省级人大常委会等。这些制度供给主体按照严格的等级原则,在各自的权利便捷范围内,为经济运行提供制度规范和规则,从而确保经济运行的有效有序进行。①

四、金融支持制度供给原则

(一)市场化取向原则

纵观发达国家对落后地区的开发,虽然政府也起了重要的作用,但是政府的作用始终是建立在市场的基础上的。金融作为在配置资源中起核心作用的部门,在金融资源的配置上也必须以市场为导向。按照盈利性、流动性、安全性的原则,择优扶持那些具有良好发展前景的商品、企业和产业,通

---

① 杨瑞龙认为,我国的强制性制度变迁实际上是一种供给主导型制度变迁,这种制度变迁具有如下显著特点:①在政府主体与非政府主体参与之制度安排的社会博弈中,由于政府主体在政治力量对比和资源配置权力方面都处于绝对优势地位,所以政府主体是决定制度供给方向、速度、形式、原则、步骤等战略性安排的主导力量。②政府主体是一个由权力中心和等级行政体制构成的体系,由权力中心确定的制度安排主要通过各级党政系统得以贯彻实施。③由于目标函数和约束条件的差异,不同经济主体对于制度安排的预期收益存在不一致性,这往往导致制度变迁过程中客观存在着对于制度供给的需求差异,并进而形成某些不可避免的改革"社会阻抗",因此,仅就制度供给而言,需要对制度供求进行协调以便建立一种制度供求的有效均衡机制。④权力中心主导下的制度安排或制度供给,通常实行较为严格的"进入许可制"。⑤政府制度供给的目标是双重的:一是经济目标;二是政治目标。对于政府而言,如上述双重目标具有兼容一致性,则政府制度供给均衡,但如上述双重目标形成某种冲突时,则政府偏好于政治目标定位。⑥在我国,党的领导地位是由宪法赋予的,因此基本政治秩序不仅由宪法界定,而且由全国党代会通过党的中央决议来界定。因此,我国宪法、党的决议、国家法律体系以及国务院行政法规等,为制度供给严格界定了可能性边界。⑦然而,随着我国经济改革的深入进行,这种强制性制度变迁日益表现出一系列难以逾越的障碍。此时地方政府越来越成为重要的制度供给主体,在所谓"中间扩散型制度变迁"的方式中强化了"第一行动集团"的职能。⑧随着我国经济的市场深化,微观经济主体的作用和市场主体地位的强化,将不断促进我国经济制度变迁向需求诱致性制度变迁方式的持续转化。参见杨瑞龙:《论制度供给》,《经济研究》1993年第8期;《我国制度变迁方式转换的三阶段论》,《经济研究》1998年第1期。

过对上述商品、企业和产业的信贷支持,达到调整经济结构、带动经济发展,进而优化银行信贷资金存量,提高银行自身经济效益的目的。

(二)金融效率原则

所谓金融效率是指金融配置资源的效率。提高资金使用效率,改善资金循环是落后地区经济社会发展的客观要求。强化对落后地区的金融支持不仅要加大资金的投入,增加输血量,改善落后地区资金的恶性循环状况,而且可以通过金融资金运用中的内在成本的约束机制和资金价格调节导向功能作用的发挥,优化资金投入,有效地培植优势产业和新的经济增长点,从而提高资金的使用效率,打破落后地区资金运行的低效率,增强自我积累能力和造血功能。

(三)制度激励兼容原则

我国经济市场化进程中的制度供给,实行集权决策原则,不同类型的权力主体依据其自身的权力限制,在给定的权力边界范围内,制定并供给有利于自身利益最大化的制度安排。这些制度安排由于行政体制架构的传导,可能形成一定程度和一定范围内的制度冲突或"制度异向"。因此,制度供给必须保证制度体系或制度结构能够形成激励兼容,这是制度供给长期有效性的基础。金融支持作为经济社会发展的外在推进力量,贯穿于金融创新发展过程,而其制度支持效应则取决于其制度供给体系或制度供给结构的激励兼容性。所谓"制度激励兼容"是指:基于金融支持体系制度供给的内在激励作用的同向性与协同性。即不同主体供给的不同类型的制度安排,在其各自的制度边界内充分发挥自身激励作用的同时,又能够充分发挥它们之间的整合激励与协同激励作用,从而共同推进经济社会的发展进程。制度激励兼容原则的基本内涵是:制度供给主体与制度执行主体对于制度安排的同意一致性;不同制度供给主体之间关于制度制定的原则一致性;制度供给主体与制度执行主体关于制度绩效的偏好一致性;制度执行强制性与制度执行自主性的程序一致性。

五、金融支持制度供给模式

(一)分级供给

指按行政体制和权力体制的原则和程序所提供的金融支持制度安排。由于我国行政与权力体制的等级性。分级供给形成一种自上而下的供给模式。

(二)分类供给

金融支持是一个涉及多方面的复杂的系统工程,是全方位、全过程、全要素的制度供给。通常情况下,为保证金融支持效应,制度供给主体依据制度职能定位和类域原则,可以区分为政治制度、法律制度、行政制度和经济制度等四大基本类型。这些类型的制度相互联系相互制约,构成具有内在结构特征的制度体系。

(三)增量供给

增量制度供给本质上是一个动态优化制度供给的过程。增量制度供给的必要性在于少数民族与民族地区本身的资本形成率低,造成资金短缺,影响少数民族与民族地区的经济社会发展。

第二节 少数民族与民族地区经济社会
发展的金融支持制度供给结构

一、金融支持的政治制度

政治制度是指社会主义的基本经济制度,确保经济社会发展和金融发展的社会主义方向;政治制度供给是指制度决策主体或制度制定主体基于社会主义基本经济制度的内在要求和发展方向所决策的制度安排或制度规定。政治制度供给对于推进少数民族与民族地区经济社会发展具有重要的战略意义,其基本职能和任务在于明确金融支持的政治上层建筑和意识形态主导,规划有关金融支持的方向、原则、形式、步骤、路径选择等制度性安排。

二、金融支持的法律制度

法律制度是指通过国家法律、法规和法令形式对涉及经济社会发展的金融行为的制度安排或制度规定。法律制度是具有强制性的正式制度,代表并充分体现国家意志。法律制度供给通常包含立法制度、司法制度和法律责任制度等。少数民族与民族地区基于民族区域自治制度和民族区域自治法的要求,制定适合少数民族与民族地区的金融支持的法律条例、信贷规则等。

三、金融支持的行政制度

行政制度是指对这些金融行政性关系和金融行政性管理的制度安排或制度规定,目的在于明确权责并实现运行协调。

四、金融支持的经济制度

经济制度是指金融支持运行中的信贷制度。金融支持内涵合作金融、政策性金融和商业性金融,通过提供信贷资金融通以及各种金融服务方式实现对经济社会发展的金融支持效应。金融支持的路径尽管不尽相同。但是信贷制度仍然是金融支持制度的核心。信贷制度供给是指金融机构对经济社会发展的信贷行为的制度安排或制度规定,对其授信条件、授信权限、信贷类型、品种、额度、期限、还贷、信贷资金运行与管理等方面所给予明确界定,目的在于保障经济社会发展的资金供给,满足经济社会发展的资金需求,从而增强经济社会协调发展的后劲。

1. 金融机构授信条件制度

银行、信用社等金融机构为保证信贷资金的流动性、安全性和效益性,在实施信贷投放前,对借款人必须进行严格的资信审查与评级,以获得其有关信贷的真实信息,并据以判断其是否符合、具有或具备满足信贷资金放贷的基本条件。借款人只有在严格满足信贷条件的前提下,金融机构才能审批借贷申请,借款人才能获得贷款。如果金融机构认为借款人不具备或不完全具备信贷条件,则对该借款人借贷申请不予审批。

2. 金融机构信贷授信权限制度

授信权限即对银行、信用社等金融机构发放信贷资金的权力限制,包括对授信类型、授信对象、授信项目、授信额度等自主选择权与决定权的限制。授信权限规定了金融机构信贷行为和信贷关系的范围边界。由于我国商业银行实行多级法人体制,每一级机构都是相对独立的金融法人实体,因此,每一级机构都拥有自己的授信权力。为了保证信贷资金的安全以及金融机构自身的经营绩效,我国金融法律依据金融机构的位置,分别设置了不同等级的授信权限,形成自上而下的权限体系。设置授信权限的根本目的在于维持金融稳定、保障资产安全。

3. 金融机构信贷结构设计制度

依据实际信贷需求的不同导向,金融机构对信贷类型、种类、期限、额度等设计不同的结构组合。一般来说,金融机构信贷设计主要包括:(1)合作金融主要提供流动性、短期、小额、信用性贷款;(2)商业性金融主要提供中长期、固定、大额、担保、抵押、质押性贷款;(3)政策性金融主要提供流通领域的短期、专项性贷款。信贷机构设计制度有利于金融机构增强风险防范能力。

4. 信贷利率制度

利率大致被划分为四种基本类型:依据存款期限、贷款对象信贷业务不同确定的差别利率体系;体现不同政策性信贷支持的优惠利率体系;金融机构之间的同业拆借利率体系和商业银行在上浮20%或下浮10%范围内的浮动利率体系。信贷利率制度是金融机构进行信贷的基础性工具,是引导信贷结构优化调整和金融资源优化配置的基本杠杆。因此,利率制度成为现代信贷制度的基础。

5. 信贷担保制度

对金融机构提供信贷制定信贷担保制度,是为了促进并维护金融机构资金融通安全与效率,保障金融机构金融债权的实现,从而实现对金融机构债权人利益的有效保护。担保的形式一般可分为"抵押担保和质押担保"。抵押担保属于财产性质担保,质押担保则属于权益性质的担保。根据我国《担保法》等有关法律、法规、法令的规定,借款人在向银行、信用社等金融机构申请贷款时,必须提供给相应的担保物或质押物。担保成为金融机构实际信贷行为或信贷关系的一个基本条件。

6.信贷资金运行与管理制度

根据我国《商业银行法》以及国务院、中央银行以及商业银行等有关银行业的法规法令,为了保障信贷资金的顺畅流动及其收益安全,我国商业性金融的信贷资金运行与管理,主要实行:(1)借款人申请制度;(2)贷款行长负责制;(3)审贷分离制;(4)分级审批制;(5)特派参与监督制;(6)信贷资产风险管理制;(7)信贷绩效评估制。

7.信贷风险防范与处置制度

信贷风险主要指金融机构在信贷过程遭遇损失的可能性。信贷风险是客观存在的,或者由于信贷市场交易者的不正当及违规违法行为,或者由于金融机构自身的制度与体制的脆弱性。由于经济开发带来的某些不确定性,因此不可避免地使得信贷面临各种严峻的风险。因此要根据信贷的情况制定风险防范与处置制度,以规避风险。

第三节 少数民族与民族地区经济社会发展的金融支持制度效率分析

效率是现代经济学的中心范畴。基于分析角度的选择,不同学派的经济学理论对效率的定义和界定存在差异。马克思主义经济学认为,经济效率的本质就是要"用尽量少的价值创造出尽量多的使用价值",或者"在尽量少的劳动时间里创造尽量丰富的物质财富"。认为经济效率是人类社会生存与发展的基础,每个社会都追求经济效率,但不同的社会因为制度制约会形成不同的经济效率水平。所有制与经济效率之间具有确定的对应关系。揭示了资本主义的所有制对经济效率的制约与束缚,社会主义所有制对经济效率具有促进作用。

西方经济学关于经济效率问题的分析和研究的重点从所有制转移到产权。西方经济学者认为,无论所有制形式存在任何差异,产权始终是经济社会效率问题的核心。效率的本质在于实现最优的经济资源配置和社会福利增进。在给定的市场结构的条件下,经济效率取决于资源配置机制,不同的资源配置机制决定了经济运行不同的交易成本,而交易成本由不同的产权制度决定。因此,经济效率的最终根源在于经济社会的产权制度。

一、基于制度安排合理性角度的制度效率考察

制度供给的合理性是由特定制度要素的作用性质与其结构效率决定的。制度主体基于对特定经济运行过程实施金融支持的目的作出必要的制度安排或规定,这些构成金融支持制度供给的具体要素形式。

少数民族与民族地区经济社会发展的金融支持如发展中国家广泛开展的小额信贷实践,就是一个佐证。小额信贷是一种以低收入人群为服务对象的一种制度化信贷方式。20多年来,小额信贷以资金到位率高、还贷率高和项目成功率高等"三高"特点,引起了全世界范围内的广泛关注。学者们根据小额信贷目标的差异,将小额信贷分为福利主义小额信贷和制度主义小额信贷。福利主义小额信贷关心扩大穷人的存款和贷款,关心改善穷人的经济和社会地位。而制度主义小额信贷更关心机构和财务的可持续性。国际小额信贷界的观点,更倾向于制度主义的观点。国际小额信贷呈现出新的发展趋势。第一,信贷机构合法化。在世界银行的倡导下,许多发展中国家把小额信贷纳入法制化轨道。如尼泊尔、孟加拉、菲律宾、印尼等国家制定了一系列的法规。第二,信贷行为的商业化。在这方面,拉美国家的小额信贷起到了示范的作用。第三,信贷利率的市场化。在拉丁美洲,金融业取消利率上限,小额信贷利率普遍市场化。在阿尔巴尼亚、乌克兰,小额信贷利率是放开的,各机构的利率由自己定,在阿尔巴尼亚,一般商业银行的利率是15%,而小额信贷的利率是23%。第四,信贷产品多样化。小额信贷机构在市场竞争中不断创新产品,为穷人提供多样化的产品服务、优

惠的贷款期限和灵活的利率。孟加拉国乡村银行是这方面的成功典范。第
五,信贷服务配套化。孟加拉乡村银行不仅给贫困农民提供金融服务,而且
提供技术和信息服务。减少了项目的投资风险,增加了还债能力。第六,信
贷手段现代化。各国的小额信贷机构纷纷采取先进的信息技术,降低运营
成本,提高工作效率。我国的扶贫开发的实践,除了推进重大项目的制度
外,尝试性地开展了农村小额信贷扶贫试点和实践,并取得了显著的效果。
从少数民族与民族地区开展的小额信贷实践来看,也充分印证了小额信贷
的良好效果。

二、基于制度安排满足需求状态角度的制度效率考察

制度安排或制度规定的目的在于为经济主体的经济活动提供适当、合
理的行为准则,但这些制度安排是否具有效率,在一个方面不完全取决于制
度制定主体的意志,而由制度的需求状态决定。所谓"制度需求状态"即指
经济主体对制度供给主体所给出的制度安排或所制定的制度规定,基于生
产效率或资源配置效率评价的满意性或同意一致性。如果制度供给与制度
需求具有或达到同意一致性,则制度需求形成均衡。只有均衡制度供求才
能形成制度供给效应。如果制度供给大于制度需求,则形成所谓制度供给
抑制,如果制度供给小于制度需求,则形成所谓制度供给不足。制度供给抑
制通常能够表现为金融管制或金融行政干预。制度供给不足一般则表现为
金融治理缺失。上述两种形式共同构成所谓制度供给供求失衡,制度供求
失衡必然形成或导致金融资源配置扭曲并使金融运行陷入低效。我们以农
村金融需求为例做一个分析,农村金融需求主要表现在以下几个方面:

1.农业信贷需求能力弱。农业基本上还是典型的小农生产模式,生产
力水平和比较收益低,资本形成率整体水平低,不能承担较大的信贷风险。
这些弱质特性使农业从金融机构获得贷款的比例偏低,同时由于农户规模
小、数量大、高度分散、信息不灵通,收入水平、组织化和市场化程度均低。
因此农户贷款需求虽总量可观,但由于小额、高度分散性、季节性和时效性
较强等弱点,导致信贷成本高、风险大,金融机构介入缺乏积极性。

2.农村有效金融需求不足。农村金融需求强烈,但针对正规金融部门的有效需求严重不足。一方面,由于简单再生产的传统小农生产方式,商品化和货币化程度均低;农户观念较保守,负债意识淡薄。回避风险倾向性强烈,捕捉发展机会的能力缺乏,难以形成有效的金融需求。另一方面出于防范风险、促进金融资产质量和成本效益考虑,农村正规金融机构商业化倾向明显,支农职能弱化,放贷标准提高,要求提供有效抵押品和担保人等。由于大量农户和农村小企业达不到金融机构放贷标准,因此对正规金融部门而言,相当部分农村金融需求是无效的。

此外,如果从正规金融部门借款的预期收益率偏低或交易成本过高,同时社会存在民间借贷等其他更便利的可选渠道,那么资金需求方必然理性地放弃正规金融。因此,从正规金融部门流失的这部分农村金融需求,对其而言也是无效需求。

三、基于制度安排决策机制角度考察的制度效率

制度变迁理论认为,有效组织是制度变迁的关键,而组织是否有效取决于组织是否具有实现组织最大化目标所需的技术、知识和学习能力,即组织创新能力。在组织创新能力形成过程中,企业家的作用是至关重要的。因此,金融组织制度效率在某种程度上,取决于金融组织的创新能力,而其关键在于金融组织企业家精神的培育和其决策机制的绩效。从当代国际金融组织的发展趋势分析,西方发达经济国家的金融组织通常采取市场主导型组织模式,以市场化原则为导向实施金融治理,具有有效治理结构并健全完善的决策机制,能够形成较好的金融治理效率。我们以广西壮族自治区合作性金融组织——村镇银行的创新性实践为例做一个分析。

根据《中国银监会关于扩大调整放宽农村地区银行业金融机构准入政策试点工作的通知》精神,按照"先试点、后推开;先努力解决服务空白问题、后解决竞争不充分"的原则,参照《中国银行业农村金融服务分布图集》,成立了平果国民村镇银行、兴安民兴村镇银行、田东北部湾村镇银行。平果国民村镇银行是由宁波鄞州农村合作银行发起,广西新华书店集团有

限公司、平果县强强碳素品有限责任公司、中国银地城市投资有限公司、北京三民资产管理有限公司、秦皇岛乡村酒店有限公司等出资组建的新型农村金融机构,是一家具有独立企业法人资格的金融机构。其业务范围包括:吸收公众存款,发放短期、中期和长期贷款,办理国内结算,办理票据承兑与贴现,从事同业拆借,从事银行卡业务,代理发行、代理兑付、承销政府债券,代理收付款项及代理保险业务,以及银行业监督管理机构批准的其他业务。被誉为"南国铝都"的平果县是广西壮族自治区重要的商贸物流集散地,是国家大型骨干企业"平果铝"及西南、华南电力系统重要枢纽 50 万伏超高压变电站所在地。村镇银行成立后,将以平果县城乡居民、中小企业和个体工商户为主要服务对象,发放贷款首先充分满足县域内农户、农业经济发展的需要,最终构建"村镇金融便利站"式的现代零售银行。这对于解决该县目前金融机构网点覆盖率低、金融供给不足、中小型企业融资难问题及支持新农村建设等将起到有力的促进作用。

又如兴安民兴村镇银行,它是由桂林市商业银行发起,并由桂林市商业银行、兴安县经济建设发展总公司、兴安县工业集中区建设开发有限责任公司、桂林日盛食品有限责任公司、60 个自然人等出资组建,经国家银监会批准核发金融许可证的新型农村金融机构,注册资金 5000 万元。开业以来,兴安民兴村镇银行本着"立足城乡、服务三农、服务中小企业"的定位,以先进的管理理念和真诚的服务作风大力支持地方经济发展。

第八章 世界若干国家对欠发达地区经济社会发展的金融支持政策及其启示

发达国家或发展中国家开发不发达或欠发达地区的金融支持经验与教训,对我国少数民族与民族地区经济社会发展具有重要的借鉴意义和参考价值。在推进少数民族与民族地区经济社会协调发展的关键时期,通过借鉴发达国家以及发展中国家对落后地区发展的金融支持经验和教训,制定出具有民族特色的金融支持政策,是实现少数民族与民族地区经济社会协调发展的重要保障。

第一节 发达国家对欠发达地区开发的金融支持及启示

仅仅依靠市场机制不可能自动缩小地区差距,必须以区域经济政策来弥补市场的"不足",而区域化的金融政策是发达国家推动落后地区经济社会发展的重要政策手段。这是因为决定资本积累效率和资本配置效率的金融体制在经济社会发展中具有决定性的意义。发达国家各自情况的不同,使得各国在促进落后地区经济社会发展方面的投融资政策也有所差异。

一、美国促进落后地区经济社会发展的投融资政策

(一)美国政府发挥重要作用

20 世纪以来,美国政府一直将发展落后地区经济、促进贫困地区工业化和现代化作为施政目标之一。主要通过三个方面调节资本的区域配置:

第一,通过立法为资本的合理区际流动创造制度条件。如《阿巴拉契亚山区开发法》和《公共工程和经济开发法》等,从而为落后地区制定了长期、稳定的发展政策。第二,通过廉价提供土地、税收优惠政策及财政补贴,鼓励私人企业投资,促进落后地区发展。从历史上看,联邦政府政策的运用,总是把富有地区和工业化地区的收入再分配给低收入的地区。第三,直接组织大规模基础设施等开发投资,为私人投资合理分布创造良好的外部环境,包括河流综合治理、公路铁路建设、水土保持、公共工程、技术援助、开发投资以及发展卫生教育事业。

(二)美国资本的区际流动主要取决于私人企业的投资流向

一条重要的投资渠道是大公司的跨地区直接投资,它们以预期收益为标准,以市场需求为导向。另外一条重要渠道是股票市场。美国股票市场的迅猛发展与其大规模的铁路建设、投资重心的西移及产业革命是同一时期的事。美国公司债券市场和间接金融市场十分发达,企业既可以通过向商业银行、投资银行和信托机构等间接融资,也可发行公司债筹资。因此,美国资本的区际流动渠道十分畅达,哪里投资预期收益高风险小,资本就会流向哪里。

(三)美国实施区域化的金融调控政策

第一,建立分权型的中央银行制度。美国设有 12 家区域性中央银行——联邦储备银行以解决联邦储备制度在中央管理和地方管理之间的矛盾,适应不同区域的发展需要。联邦储备银行拥有自己的权力机构,在业务管理上具有较大的独立性,负责组织和管理区域内的金融活动。第二,针对落后地区资金供给能力弱以及资金大量外流的问题,在金融控制上对落后地区实行差别对待。原则上联邦储备银行可以自行规定区域内不同的贴现率,从而可以根据本地实际,通过贴现率调整来促进投资和经济社会发展。同时美国银行存款准备金率的制定也曾根据银行所处的三类地区分别制定。1937 年美国中央储备城市的活期存款准备金率为 26%,储备城市为 20%,其他地区为 14%,显然这种区域化的金融控制政策有利于落后地区的开发。

(四)贷款管理实行倾斜性信贷政策和利率政策

美国实行向落后地区投资的企业提供优惠低息贷款的政策。美国在18世纪开发西部地区时,政府为私人资本提供信贷,鼓励它们流向落后地区。

二、日本促进落后地区经济社会发展的金融支持政策

日本是一个国土面积狭小,资源相对贫乏的国家。"二战"以后,日本因成功实施"贸易立国"的外向型经济发展战略,一跃成为世界经济强国。也正是由于受其资源条件的制约和其发展战略的影响,日本的经济社会发展具有不同于别国的许多特点。

(一)政府投资占全社会投资的比重在西方国家中处于最高水平

据统计,美国政府投资占 GNP 的比例约为 1.7%,英国为 2.5%,法国为 3.2%,联邦德国 3.1%,而日本为 5.5%。此外,日本国营企业投资也占相当比重,日本政府投资决策的基本原则是弥补市场失效,强调立法先行、以法律为依据,每一项制度建立和实施都是以立法为出发点。政府投资主要用于私人资本无力或不愿投融资的基础产业部门和基础设施部门。

(二)实施"财政投融资"制度

财政投融资是以国家信用为基础,通过金融手段筹集资金,提供给政府投融资机构,以有偿的方式加以运用。它具有如下特征:第一,它不同于纯粹的财政支出,又有别于商业银行贷款。它也强调对投资的保护,是一种可回收的出资及有息贷款;另一方面,它把政府需要摆在首位,比商业银行明显具有低息长期贷款的特点。第二,它具有一套相互联系而又各具重点的财政投融资运作执行体系。如日本开发银行、输入输出银行等区域性政策金融机构及中小企业、农、林渔业等金融公库等。这一部分庞大资金由政府统一管理,与财政预算一起编制投融资计划,"计划性"安排使用。第三,资金来源主要是全国的邮政储蓄、国民年金、厚生年金、简易保险基金类及国内外借款,其规模相当于 GNP 的 6% ~8%;第四,资金投向重点用于对产业发展进行支持和社会基本建设,包括对基础产业的重点扶持、对弱小产业的

救助、对夕阳产业的转移以及道路、港湾等基础设施建设。由此看来,财政投融资制度实为日本政府掌握的一种"资金诱导和间接统制"的有力武器,是实现区域经济开发和经济赶超的一大支柱。

(三)资本区域配置的主体是法人企业

日本企业以法人相互持股为主,这有利于地区产业链的形成,日本企业成组团的地区布局,使法人企业的资本在地域配置上高度集中,从而形成了许多工业地域综合体。日本资本区域配置的另一重要渠道是发达的融资体系。据统计,历年来靠金融机构贷款供应的资金占外部资金的比例为70%,日本商业银行的贷款投向总的来说,是以利润为目的的受间接市场调节,但在很大程度上也自觉与政府政策意向相配合。

(四)资本配置及转移途径问题上的经验与教训

在区域开发计划中,如果忽视在基础设施与环境保护问题上的投资,将影响开发效果;忽视农村经济发展,将导致中小城市企业投资不足。日本的对策是:对于资本高度密集的地区,主要采取控制措施,鼓励那些不适宜在大城市发展的企业外迁;对待开发地区,首先发展交通运输及通信,兴建基础设施,然后通过各种鼓励措施吸引企业投资;同时鼓励朝着工农一体化的方向发展,把工业引入乡村地区。

三、意大利促进落后地区经济社会发展的金融支持政策及其经验与教训

意大利南部地区自罗马以南30公里处的连接线开始,包括西西里岛和撒丁岛的8个大区的范围。意大利国土总面积为30万平方公里,南部地区在全国领土中的比重高达40%,占全国人口比重高达38%,但只占不到1/4的国内生产总值。意大利南部的落后状况,不仅阻碍了整个意大利经济的发展,而且还影响了国内政治的稳定。因此,历届意大利政府都十分重视对南部落后地区的开发,从历史来看,意大利南部开发始于19世纪70年代,起初以修建铁路、公路和水利灌溉工程为主要开发项目,但由于落后的农业结构和旧的土地关系的制约以及国家干预的不连续性,这些开发的收

效都不大。第二次世界大战以后,为了解决困扰意大利一个多世纪的重大社会问题,意大利政府决定对南部不发达地区的开发进行大规模的系统的干预。这种干预大致可分为三个阶段,各阶段的干预目标和工作重点有所不同。

第一阶段是从 1950 年到 1957 年。1950 年 8 月,意大利颁布第 646 号法律,成立"南方公共事业特别工程基金局",简称南方局①,代表政府管理南部开发、协调政府部门工作并通过掌握开发基金负责开发计划的落实执行。这一阶段的干预目标和工作重点是实行土地改革,进行农业技术改造,建立发展工业所必需的交通、港口和水电等基础设施,为私人资本投资创造条件。

第二阶段是从 1957 年到 1975 年。这一阶段的主要目标是大力推进南方工业化。1957 年 7 月,政府专门颁布了第 634 号法律,决定把政府对南方的特别行政干预转到工业方面来;1959 年 7 月 30 日又颁布第 623 号法律,开始对南部地区工业提供大规模优惠贷款。这一时期采取的主要措施有:建立当地的开发机构,以筹建和管理开发区和开发中心,并制定具体的地区开发计划;把以往发展较快的地区确定为工业开发区和工业开发中心;制定优惠政策,吸引私营企业到南方投资。1971 年后,根据第 853 号法律,政府对南方的开发组织和干预政策进行了相应调整。把南方开发计划同全国经济发展计划融合在一起,撤并机构,使之更加协调。提高了国家参与制企业工业投资中必须向南方投资的比重及新建企业投资必须向南方投资的比重。政策的调整和宏观政策的有效实施,进一步促进了南方工业的发展。

第三阶段是从 1975 年至今。这一时期,国家把干预的重点由大企业转向中小企业,把中小企业与大企业一同作为南方工业化的目标。1976 年颁布的第 183 号法律规定,对南方中小企业实行政策扶助。具体措施有:专门

---

① 南方局存续期为 15 年,后根据法律规定延长至 1984 年,创办基金为 1 万亿里拉,相当于意大利 1950 年全国国民收入的 10%。它所干预的地域面积达 13 万平方公里,占全国领土的 43.2%,除南方的 8 个大区以外,还包括与南方 8 个大区接壤的拉齐奥大区、玛尔凯大区的部分地区和属于拉斯卡纳岛屿。

拨款18.2万亿里拉扶持南方中小企业的发展；由中央中期银行在南方一些大区设立分行，帮助中小企业筹措资金；成立南方金融租赁公司，向南方中小企业以优惠价格出租先进技术设备。等等。1984年，南方局到期，意大利政府成立南方发展促进公司，继续履行南方局职责；1986年，国家通过"南方新法案64号"，成立了南方开发促进会，以取代原有的南方银行。与此同时，进一步强化了南方特别事务干预部对南方促进会的领导、监督和检查。进入20世纪90年代以后，意大利政府对南部地区产业结构调整的力度进一步加大。通过对经济结构的进一步调整和变革，意大利经济由粗放型向内涵型、优质型方向发展。

根据不同时期的目标和重点的不同，金融支持的措施也不同。主要采取的措施有：(1)政府直接进行规模巨大的资金的投入；(2)政策性金融、税收与财政支出的鼓励与优惠；(3)积极争取各类外援。

四、德国促进欠发达地区经济社会发展的金融支持政策及其经验与教训

在欧盟的几个大国中，德国的地区发展差距最小，这与德国比较重视解决地区差异的历史传统有很大关系。中世纪以前，德国南部、北部因贸易发达而较其他地区富裕。19世纪，东部地区以其优越的自然条件，鲁尔区以它的工业分别创造了巨大财富，消除地区发展差别的要求被提出来，并成为当时魏玛共和国支持中央集权势力的主要力量。第二次世界大战后，南部地区以新兴产业为基础，经济实力逐渐超越了鲁尔工业区，促使原联邦历届政府把解决地区发展差异作为一个重要问题来对待。1990年东西德统一后，东部和西部的发展差距很大，东部地区的生产率只有西部的1/3。考察德国政府所采取的旨在缩小地区发展差距的一系列政策，尤其是为欠发达地区增加资金来源，拓展资金渠道的做法，很值得我们借鉴。

德国政府解决地区差异的政策措施主要围绕一套别具特色的财政平衡政策体系来运行，并辅之以相应的区域发展政策、产业政策和行政措施。

德国的政策性金融以融资为中心广泛推行，德国的政策性金融机构有

18家,它们通过发行债券,从政府借款的方式筹集资金,贷款对象集中于中小企业、住宅和地域开发等部门,而且贷款主要是由商业银行代理,20世纪90年代以来,由于原民主德国地区经济复兴的需要,政策性金融贷款比重呈上升趋势。此外,德国金融发展的一个特点是重视区域平衡发展的需要,区域金融援助有明确的法律依据,稳定性强。其基本原则和内容主要体现在《联邦基本法》、《联邦改善区域结构共同任务法》、《联邦空间布局法》以及《联邦财政平衡法》等法律中,有效地利用政策性金融及其诱导功能,改善地区经济结构。德国合并之后,德国复兴信贷银行用于原民主德国地区开发的贷款占其国内贷款总额的50%以上。区域促进主要是通过政策性金融诱导而不是用直接投资拨款来实现的。

第二节 发展中国家对欠发达地区开发的金融支持及其启示

一、印度促进欠发达地区经济社会发展的金融支持政策及其经验教训

印度是个多民族国家,人口最多的是印度斯坦族,占全国人口一半,其他人口较多的民族有泰卢固、马拉地等九个民族,此外,在边远山区还居住着数十个少数民族或部落。印度各民族的经济、文化水平不同甚至相差很大,给国家的经济发展带来了一定的困难。

(一)印度促进欠发达地区经济社会发展的金融支持措施

独立后,印度政府为了解决各地区、各民族经济发展的不平衡,采取了一系列的金融措施。

(1)确立需给予金融等方面优惠待遇的欠发达地区

1968年,印度国家发展委员会根据人均收入、每10万人中产业工人数、年人均耗电量、人均公路长度以及人均铁路里程等五个指标首先确立了10个邦以及部分中央直辖区为工业欠发达区。同时,根据人均粮食及经济

作物占有量、农业劳动力占总人口比例、人均工业产值、每10万人中工厂就业人数、每10万人中第二、三产业就业人数、人均电力消耗量以及人均公路铁路长度等七个标准确定246个县为落后县。这些欠发达地区可享受金融等方面的优惠待遇。

（2）成立发展欠发达地区的咨询机构

1968年国家发展委员会任命专门的工作组，专门研究如何为欠发达地区工业发展提供财政金融优惠政策。"六五"计划（1980～1985年）开始印度政府考虑将落后地区的发展进行全面规划，于1980年建立了一个高层次的全国落后地区发展委员会，专门审查鉴别落后地区，检查现有的诸如资金优惠、投资补贴等刺激落后地区工业发展计划的运行情况。并在此基础上提出以下建议：

第一，邦和中央政府应有发展落后地区的专门计划；

第二，应专门向当地计划和执行组织分配基金，以促进落后地区的发展；

第三，应为各邦制定财经纪律，不准将用于发展落后地区的基金挪用于其他地区和项目，并且必须在规定年度内，将款项用于其规定的项目；

第四，应鼓励将工业配置到落后邦的某些地区中心，以促进这些地区的发展，并在这些中心设立工业发展管理机构，以争取那些中央和邦政府不能分配的资金。

印度政府仔细考虑了全国落后地区发展委员会的建议，并于"六五"期间实施了这些建议。

（3）运用多种刺激手段，促进国内私人资本或外国资本对欠发达地区的投资

为了促进落后地区的发展，中央政府极力鼓励私人资本或外国资本在落后地区进行投资。为了让这项鼓励政策能收到实效，中央政府采取了一系列的刺激手段。首先是税收优惠。即从1974年起，在落后地区新建的工业企业可在扣除20%的利润后交所得税。其次是投资补助。即从1970年起，对欠发达地区固定资本投资达50万卢比者，中央政府给予10%的补

贴,后来提高到20%;1983年4月起,对欠发达地区固定资本投资达250万卢比者,给予高达25%的投资补贴。① 再次,对受反垄断法及外汇管制法控制的公司在欠发达地区投资放松限制,并给予优惠。与此同时,为了促进落后地区的发展,各邦政府也极力鼓励国内私营部门或外国企业投资于落后地区,并为此而采取了一些刺激手段以增强落后地区的吸引力。如在不盈不亏的基础上提供备有水电的开发区,在一定年份内免除水费,免除货物上市税,对销售税提供无息贷款等。

(4)采取优惠信贷等措施,促进欠发达地区工业的发展

印度工业发展银行、印度工业金融公司和印度工业信贷和投资公司为位于落后地区的工业项目提供优惠信贷资金,与一般的信贷相比,其利率低2%,期限长5年;同时这些公营部门金融机构还参与发行风险股票或信用债券,并不收承诺费,仅仅收取一半的保险手续费等;此外,这些公营金融机构还免费为有前景的项目提供可行性研究,为落后地区的中小企业提供培训计划和技术咨询等。

在拉奥政府时期(1991～1996年),印度政府继续采取金融措施鼓励和支持欠发达地区工业尤其是小工业和农副产品加工工业等劳动密集型经济的发展,以期既能增加产量,又能提供更多就业,从而消除贫困。一是对小工业提供充分的优惠信贷资金。经政府批准,印度小型工业发展银行推出"联合信贷"新业务,到1993年3月,该项业务已发展到725亿卢比,为小工业提供的优惠信贷利率比非优惠信贷利率低0.5%～1%。二是调整信贷结构,简化审批程序。1992年印度储备银行宣布扩大流动资金信贷比例,凡资产在500万卢比以下的小型工业,申请流动资金贷款的数额最高可达其年产值的20%;在信贷审批方面,拉奥政府于1991年8月扩大了"单一窗口计划"的贷款额,规定小型工业若申请的固定资产贷款低于200万卢比或流动资金贷款低于100万卢比,则只需一次审批即可,从而将贷款申请的

---

① ［印度］鲁达尔·达特、K. P. M. 桑达拉姆:《印度经济》,雷启准等译,四川大学出版社1994年版。

审批缩短到 3 个月。① 三是开放小工业,引进技术和资本。1992 年政策决议中强调小企业的 24% 的股份要由其他单位持有,并鼓励与大型企业进行生产协作。经政府批准,印度小型工业发展银行于 1992 年正式成为印度场外交易所的成员(凡经营业绩好、想要投资新项目或进行技术改造的小型工业均可通过印度场外交易所发行非上市股票),为那些愿意全部购买小型工业非上市股票的商业银行或金融公司提供 18 个月的信贷。

(5)实施多项金融策略,促进欠发达地区农业的发展

第一,完善农业金融体系。印度是个典型的农业大国,从 20 世纪 60 年代起,印度实施绿色革命,以推行现代化农业技术为中心,辅之以农业信贷、财政补贴、价格支持等措施支持农业的发展,与此相适应,印度农业金融体系也逐步完善和发展。印度农业金融体系由合作银行、政策性金融机构、国有商业银行以及私人信贷者组成。其中,合作银行包括邦合作银行、中央合作银行、邦和中央土地发展银行和初级农业信用社,是印度政府在第二个五年计划期间为发展农业、解决粮食问题、推广乡村建设计划和扩大对农村信贷而建立起来的;政策性金融机构主要由地区农业银行、印度国家农业和农村开发银行和农业中间信贷和开发公司组成。地区农业银行建立在农村金融机构较为薄弱的地区,在一个邦的特定区域内活动;印度国家农业和农村开发银行成立于 1982 年 7 月,是印度农业金融领域的最高机构,为农业和农村工业提供短、中、长期信贷,满足农业信贷需求;农业中间信贷和开发公司成立于 1963 年,主要为大型农业基本项目如水利工程提供贷款,其资金来源中有 50% 以上为外资,如世界银行及国际开发协会提供的贷款、国际货币基金组织的贷款,国际农业发展基金会以及外国政府间双边援助资金等。

第二,提供农业信贷资金。随着 20 世纪 60 年代中期以后开始的以现代投入为基础的"绿色革命"的深入开展,农业投资需求激增,农村贷款供求差距迅速扩大,印度政府提出了由多种信贷机构发放农村贷款的办法。

① 张淑兰:《印度拉奥政府经济改革研究》,新华出版社 2003 年版,第 73 页。

一是 1969 年国有化后的 14 家商业银行进入农贷领域,并充分发挥作用。从 1969 年 6 月到 1981 年 6 月,包括印度国家银行在内的所有国有商业银行给农业提供的贷款额从 16.2 亿卢比增加到 406 亿卢比,[①]其中相当的金额是贷给欠发达地区;在 1979～1980 年度商业银行提供的 36.1 亿卢比贷款中,仅机井、水泵、拖拉机、大型灌溉工程就占 30%。[②]　二是地区农业银行提供优惠信贷资金。主要是给生产急需的小农、边际农和小手工业者发放贷款,同时还提供其所需的消费贷款,利率不高于当地的信用社,是印度不发达地区农民获取开发贷款的主要渠道。从其成立的 1975 年 10 月到 1983 年 6 月,共提供 62.4 亿卢比短期贷款,其中小农、边际农和小手工业者获得 55.2 亿卢比的贷款,占 91%。[③]　三是农业中间信贷和开发公司为大型农业基本项目如水利工程提供贷款。到 1982 年 6 月 30 日,该机构已批准 19611 个贷款项目,计划贷款 465 亿卢比,实际已支付 280.8 亿卢比,其中 77% 用于大型灌溉和现代农机。[④] 农业金融机构给欠发达地区的农业发展提供了大量的资金,这些资金在欠发达地区向农业现代化方向发展以及提高农业生产率方面发挥了至关重要的作用。

第三,实行"作物保险"。印度政府对粮食作物生产实行"作物保险",并制定《自然灾害法》。如果遇到自然灾害,政府可根据灾情给予生产者以赔偿,以此来维持粮农的收入,从而提高其生产积极性,实现稳产高产。

第四,积极争取外国农业信贷。为弥补国内资金不足,从 20 世纪 60 年代中期起,印度政府开始大量争取外国农业信贷。在 1966～1967 年度至 1977～1978 年度期间,外国农业贷款达 174.6 亿卢比,为 1966～1967 年度以前农业援助总和的 27 倍;1977～1978 年度至 1981～1982 年度期间,外国农业贷款高达 262 亿卢比。在这些农业贷款中,世界银行及国际开发协

---

①　[印度]鲁达尔·达特、K. P. M. 桑达拉姆:《印度经济》,四川大学出版社 1984 年版,第 441 页。

②　印度储备银行:《1981—1982 年度货币金融年报》第 1 卷,第 192 页。

③　[印度]鲁达尔·达特、K. P. M. 桑达拉姆:《印度经济》,四川大学出版社 1984 年版,第 443 页。

④　印度储备银行:《1981—1982 年度货币金融年报》第 1 卷,第 195 页。

会提供的份额最大,至 1981～1982 年度,为 83.33%,此外,还有来自国际货币基金组织、国际农业发展基金会的贷款以及外国政府间双边援助资金等。① 外国农业信贷资金应用广泛。从使用区域看,有相当一部分资金是用于欠发达地区的农业开发;从使用项目看,包括种子培育、河谷开发与水利灌溉、化肥、农业科研、果园、果品加工与销售、渔业以及农业市场等,但绝大部分是用于化肥和水利灌溉工程。

(6)成立专门的发展基金和社团

拉奥政府时期,印度实行了一系列的扫贫和扶贫计划,为此成立了许多专门的发展基金和社团。如:农村基础设施发展基金,即政府提供 200 亿卢比在农村完成中小型灌溉、土壤保护和其他基础设施的建设;特殊银行财团基金,即政府提供 100 亿卢比的资金,以扩大对农村和乡村工业的银行信贷;新的生命团体保险,即通过农村地区的潘查亚特为贫穷家庭的每一个人提供 5000 卢比的生命保险,作为扶助性的保险费;全国落后阶层财政和发展社团,为落后阶层提供 25 亿卢比的贷款;全国表列种姓和表列部落财政和发展社团,为表列种姓和表列部落提供 400 千万卢比的贷款;全国少数民族发展和财政社团,为少数民族落后地区提供发展资金;等等。

(二)印度促进欠发达地区经济社会发展的金融支持的经验与教训

经过多年的努力,印度欠发达地区经济获得了发展,贫困人口有一定的减少,农村贫困人口所占比例从 1970 年的 53% 下降到 1988 年的 41.7%。这些成绩与其一系列的金融支持是分不开的,为促进我国欠发达地区的发展提供了可资借鉴的宝贵经验。

首先,政府在促进欠发达地区发展中始终处于主导地位。地区不平衡状态必须依靠国家的帮助来加以解决,社会上的弱小集团也需要民族国家羽翼的保护。② 印度政府高度重视欠发达地区的发展,不仅成立了专门的落后地区发展委员会,研究落后地区的发展,而且主导并制定了一系列的促

---

① 于海:《中外农业金融制度比较研究》,中国金融出版社 2003 年版,第 96 页。
② 林承节主编:《印度现代化的发展道路》,北京大学出版社 2001 年版,第 384 页。

进欠发达地区发展的金融措施,如批准公营金融机构对落后地区工业提供优惠信贷、主张简化信贷审批程序、主张多种信贷机构发放农村贷款以及制定扶贫计划、成立专门的发展基金和社团等等。

其次,通过多种途径筹集欠发达地区发展资金。在工业发展资金方面,不仅公营金融机构对落后地区提供优惠信贷、吸引国内私人资本和外国资本直接投资落后地区,而且还成立印度小型工业发展银行,为欠发达地区的小工业等劳动密集型经济提供优惠资金,以增加就业机会,提高欠发达地区居民的收入;在农业发展资金方面,不但通过完善农业金融体系,利用多种农业金融机构为欠发达地区农业发展提供优惠资金,而且积极争取广泛的外国农业信贷。

再次,为农业的发展提供必要的保障。印度政府对粮食作物生产实行"作物保险",这在一定程度上保证了农业劳动者的稳定收入,调动了农民生产的积极性。传统农业的固有特征和产业属性,决定了农业的发展不但需要政府的扶持和补助,还需要政府提供必要的保障,以规避自然灾害带来的风险。

但是,印度仍未彻底解决地区经济发展不平衡问题,而且区域相对不平衡在继续扩大。1988 年,农村贫困人口仍多达 2.5 亿,到 1996 年,该数字只减少了 0.4 亿。导致这种局面的因素是多方面的,从金融的角度看,有以下几方面的教训:

(1)**欠发达地区在资金上产生过度依赖。**较穷的邦过多依赖通过中央政府提供的资金,它们没有依靠自力更生来促进它们的最终发展,从而逐渐产生了惰性,消极地靠乞求或施加政治压力从中央政府获得资金,而且落后地区资金的使用效率较低,资金浪费较严重。

(2)**工业优惠信贷等措施的受益面太窄。**尽管进行了充分宣传,但欠发达地区仍然只有少数企业向公营金融机构申请优惠贷款。中央政府对指定的落后邦或区工业投资补贴仅集中在少数县区,而且给予的补贴不是与就业而是与资本投资相联系,对那些有利于就业、资源开发的工业未实行倾斜性的投资补贴政策。

（3）**农业优惠信贷政策覆盖面不广**。大部分的区域发展政策主要用于帮助易受干旱的地区、山区或传统的表列部落地区，而没有覆盖不属于上述地区之列的其他落后地区。而且农业信贷金融机构的优惠贷款多为农村新兴经营地主、富农和高利贷者所得，作为他们经营农业的资本或放高利贷的本金，一部分富裕农民也能从中获得部分利益，但广大的占地极少或无地的贫苦农民、佃农几乎得不到任何优惠信贷。在拉奥执政期间，虽然印度政府推出了一系列的扶贫计划，但在实施中人民参与率很低，受益普及率也远远低于社会基础设施、教育和卫生的受益普及率。

（4）**欠发达地区获取农业信贷资金额有限**。尽管欠发达地区获取的农业信贷资金的绝对数不断增加，但是其相对占比较低。如 1979～1980 年度商业银行的全部农村贷款中，经济较发达的南印占 43.8%，其次是中部和西部，分别占 14.4% 和 14%，而农业落后的地区，如东北部只占 0.21%；①在 1981～1982 年度农业中间信贷和开发公司提供的农业信贷中，南部占 24.2%，西部和中部各占 22%，而东北部只占 1.2%。②

（5）**配套设施落后导致吸引国内私人资本或外国资本投资于落后地区的效果较差**。政府采取大量措施试图通过在鲁尔克拉、巴劳尼等地的公营部门投资计划来促进工业分散化和发展落后地区，并以此带动私人资本流向落后地区，但由于运输、电力、通信等基础设施有限，而且未能在大型中央综合企业周围发展起附属产业、第二产业和第三产业，因此，没有任何证据显示，配置在落后地区的投资项目明显地促进了落后地区的发展，也没有任何证据显示政府的鼓励私人资本流向落后地区的措施有明显的效果，反而私营部门的新投资更加表现出集中于发达地区的趋势，因为发达地区为私营投资者提供了一定的基本条件，如劳动力、基础设施、运输和市场等。在外国直接投资方面，经济较发达、基础设施好、政治稳定的邦，如马哈拉施特拉、古吉拉特、泰米尔纳杜三个邦从 1991 年到 1998 年吸引的外国直接投资

---

① 印度储备银行：《1981—1982 年度货币金融年报》第 1 卷，第 191 页。
② 印度储备银行：《1981—1982 年度货币金融年报》第 1 卷，第 196 页。

占全国总外资的 1/4，加上德里，则三邦一区所吸引的外国直接投资占全国的一半；[1]而对于那些基础设施较差、经济落后、政治混乱的邦，如北方邦、中央邦、拉贾斯坦邦、比哈尔邦、阿萨姆邦等，所吸引的外国投资少得多，其中，阿萨姆 6 年内只获得 4 项外国直接投资，查谟和克什米尔只获得一项。[2]

二、巴西促进欠发达地区经济社会发展的金融支持政策及其效果分析

(一)巴西欠发达地区概况

巴西是拉丁美洲中面积最大、人口最多的国家，也是一个由众多民族和种族构成的国家，素有"种族熔炉"之称。从经济发展的整体实力看，巴西仍属发展中国家。据各地区经济发展差异和自然资源分布，巴西主要可分为五个地区，即东南部、南部、中西部、北部和东北部。前两个为经济发达地区，后三个为经济欠发达地区。

中西部地区由戈亚斯、马托格罗索和南马托格罗索 3 个州及巴西利亚联邦区组成。该区地处热带，植被多为塞拉多群落(俗称稀疏林带)，地区经济以粗放的牧业和大豆、玉米、棉花和水稻种植为主。中西部资源极其丰富，巴西在世界上名列前茅的矿藏如铁、锰、锡、铝土、镍以及黄金等，大多储藏在此。如储量达 1 亿吨、居世界第一的锰矿，主要产地就在马托格罗索州；储量达 800 亿吨、居世界第二的铁矿，其中的 150 亿吨也储藏在马托格罗索州。北部地区处于赤道附近，由阿克里、阿马帕、亚马逊、帕拉、朗多尼亚、罗赖马和托康廷斯 7 个州组成。整个北部地区被亚马逊森林所覆盖，因此，该地区的经济始终与森林资源相联系，以采集业为主。同时，该地锰矿和铁矿资源也很丰富，如阿马帕州储有大量的锰，帕拉州的加拉雅斯铁矿储有 180 亿吨的铁矿。历史上北部地区人口密度最低，但随着 20 世纪初橡胶

① 张淑兰编著：《印度拉奥政府经济改革研究》，新华出版社 2003 年版，第 114 页。
② Saez Lawrence , India's Economic Liberalization , Interjurisdictional Competition and Development , Contemporary South Asia , Nov. 99 , vol. 8 , internet.

采集业的发展,大批东北部移民移居此地,因此人口增长速度较快。东北部地区由马拉尼昂、皮奥伊、塞阿拉、北里奥格兰德、伯南布哥、阿拉戈斯、塞尔希培、帕拉伊巴和巴伊亚9个州组成。该地常年高温,气候干旱,大部分地区不适宜农业的发展,工业基础也很薄弱,一直是巴西最贫困的地区,但该地区大部分州处于南大西洋西岸,拥有良好的海滩,距北美洲及欧洲距离较近,极适宜发展旅游业。目前该地仍然以农产品加工和可可生产为主,主要农作物仍是甘蔗、棉花等传统农作物。

(二)巴西促进欠发达地区经济社会发展的金融支持政策

1. 成立政策性的银行

开发欠发达地区,需要大量资金,为此,巴西政府成立了多家政策性银行。早在1952年巴西政府就组建了国家经济开发银行,依托财政部、巴西银行、中央银行的财力对西部的开发给予资金支持。20世纪50年代政府还设立了各地区的经济开发银行,1954年建立了东北部银行,1957年建立了亚马逊信贷银行等等。60年代,国家住房建设银行成立,该银行因保管"保障就业基金"①而很快成为实力强大的金融机构。各种政策性银行的建立为欠发达地区的发展筹集了大量的资金。1964年以来,国家经济开发银行、东北部银行、国家住房建设银行和各州经营的经济开发银行发放的贷款一直占全国投资信贷总额的70%,②其中大部分是用于欠发达地区的开发;截至1975年,在亚马逊发展管理总署实施的总投资额为207亿克鲁塞罗的555项开发计划中,有72.6%的资金来源于政策性开发银行;1975～1979年,实施"亚马逊农牧业和矿业增长点计划"所需资金中,有40亿克鲁塞罗来自于政策性开发银行。

2. 提供优惠信贷

20世纪70年代巴西政府开始调整国民经济发展战略,加大对欠发达

---

① "保障就业基金"创立于1966年,由雇主按工资总额的8%付税款组成,存入每个工人的账户。工人如丧失工作,或想退职另谋生计、要买房子,需偿付意外的医药费用,便可提取这笔款。如工人死亡,其家属可提取这笔存款。

② 复旦大学拉丁美洲研究室:《拉丁美洲经济》,上海人民出版社出版1986年版,第366页。

地区农业发展的信贷支持力度。1971 年 11 月,政府制定了向中西部地区的中小农业者提供农村信贷的计划,贷款年利率为 12% ,为期 3 年;同时,为了鼓励农民从南部地区移民到中西部地区,政府向每户提供偿还期为 10 年、宽限期为 4 年的 25 万美元优惠贷款,用于购买土地和农具。1979 年 3 月菲格雷多就任总统后大幅度增加农业投资与信贷,规定公私银行发放给小农的贷款不得少于农贷总额的 25% ,并于同年 5 月调整农业贷款政策:(1)取消按面积决定贷款额的做法,改按采用现代化生产资料和技术的程度发放贷款;(2)为急需谷物的生产提供 100% 的基本生产费用贷款;(3)把政府和银行对小农户的贷款额由占农业贷款额的 10% 增加到 25% ,并继续实行优惠利率;(4)向小生产者提供 100% 的基本生产费用贷款,年息 13% ~15% ,向大农场主只提供 55% 的基本生产费用贷款,年息 21% ,若贷款比例提高,年息也提高。[①] 萨尔内执政时期,政府制定了农业 4 年发展计划,把对农业的投资从占国内生产总值不足 4% 提高到 16.5% ,同时扩大农业信贷并改革农业信贷制度。卡多佐政府实施的多项农业发展计划使小农场主有机会获得贷款及相关优惠政策,使务农的家庭享受优惠的利率,使农业合作社及农业协会也可获得优惠贷款,等等。[②]

3. 大量利用外资

首先,举借外债。巴西利用国际金融市场利率较低的机会,大胆进行国际融资,举债发展。为了促进内陆经济的发展,巴西于 1956 年 4 月正式迁都巴西利亚,为了建设新首都,巴西借入 2500 亿美元的外债;为了解决东北部地区的能源问题,巴西于 1978 年动工在图康廷斯河下游建造图库鲁伊水电站,这项耗资约 45 亿美元的大工程,很大部分资金来源于外债;1979 年,在实施著名的塞拉多计划中,为了开发 130 万平方公里的中西部稀疏草原,巴西政府大量利用日本提供的低息贷款;为了充分利用巴西东北部的旅游资源,该地区制定了以旅游促进地区发展的战略,从 1995 年起开始实施投

---

① 苏振兴、陈作彬等:《巴西经济》,人民出版社 1983 年版,第 43 页。
② 巴西驻华使馆编:《巴西简介》(1974—2004),第 33 页。

资总额为 13.4 亿美元的东北部旅游发展计划,该计划第一阶段所需的 6.7 亿美元资金的 60% 来自于美洲开发银行。[1] 此外,还有许多其他的大型开发计划或项目,如大加拉雅斯计划、位于北部重城贝伦市的南美洲最大的油棕榈开发项目等,都是在借助于外债的情况下进行的。

其次,吸引外国直接投资。第一,联邦政府以优惠政策鼓励国外企业到内地投资。政府规定在巴西营业的外国企业每年缴纳相当于纯利润总额 30% 的利润税,若将利润作为资本投往欠发达地区,则可享受减税优待和纳税贷款;政府还规定使用本地产品高于 85% 的外资企业可获官方贷款和享有税收优惠,若把 50% 的产品用于出口,还可获巴西经济开发银行的特别贷款;[2]1996 年底,巴西政府出台一项政策性措施,规定对前往中西部和东北部投资的外国汽车厂商提供大幅减税优惠。第二,联邦政府以建立自由贸易区的方式吸引外国投资。为了开发亚马逊河流域,联邦政府成立了玛瑙斯自由贸易区,并制定了诸多优惠措施以吸引外资。在建区之初,就规定凡进入该区的外国商品在 10 年内一律免征进口税,免除进口许可证。在 1967~1976 年间,允许任何外国人在贸易区内投资,外国投资者可独资经营;并规定凡在特区设厂的企业可得到"亚马逊开发私人投资基金"的资助,可用所得税的减免部分进行再投资,企业缴纳商品流通税的产品可得到贷款资助;特区还为外资选厂提供方便等。自 1976 年起,巴西政府规定外商可在三年内交纳预提所得税后的利润,汇出资本总额最高可达其注册资本,每年免税汇出的资本最高可达注册资本的 12%,超过部分才需据超出比例征收 40%~60% 的汇出税。[3] 为了加速吸引外国投资的速度,1988 年新宪法又规定把自由贸易区优惠期限再延长 25 年。第三,地方政府提供优惠条件以吸引国外投资。欠发达地区的地方政府负责改善基础设施,赠予土地,参与新建企业股份,特别是在赋税方面,给予极大的优惠。马拉尼昂州提出 10 年之内免除 95% 的商品与劳务流通税,并向新建工厂提供土地

---

① 殷永建:《巴西东北部以旅游促进经济发展》,《中国税务报》2000 年 10 月 26 日。
② 张森根、高銛:《拉丁美洲经济》,人民出版社 1986 年版,第 353 页。
③ 陈芝芸等:《拉丁美洲对外经济关系》,世界知识出版社 1991 年版,第 204 页。

等;塞阿拉州除了在 15 年内免除商品与劳务流通税外,还为新企业培训职工。

4.吸引国内私人资本对欠发达地区进行投资

1961 年联邦政府颁布第 3995 号法令,规定对前往欠发达地区投资的发达地方的企业,采取一系列的财政鼓励措施,以吸引发达地区的私人资本参与欠发达地区的经济开发;1963 年 6 月联邦政府颁布第 4239 号法令,规定凡是据东北部开发管理局的规划而在东北部投资设厂者,可免除 50% 的所得税,以免缴税款在该地进行追加投资;为了引导私人资本向落后地区投资,1979 年 12 月联邦政府颁布第 6746 号法令,实行新的农业土地税,规定减免已耕地和中、小农户的农业土地税,免征土地利用率在 90% 以上的地产农业土地税,同时增加闲置土地的农业土地税。① 为了加快玛瑙斯贸易区的发展,对建立在特区的企业,政府规定可减免其前 10 年的各种税收,其中减免所得税的幅度可达 100%;为了鼓励民族资本在贸易区内投资,巴西政府于 1976 年规定外国投资者需与巴西人组成合股公司,且外资的股份不得超过本国资本。联邦政府还采取了吸引私人资本进行间接投资的措施,规定自然人可免缴 50% 的所得税,用其认购东北部银行和亚马逊银行发行的新股,以增加开发东北部和亚马逊地区的资金。② 此外,地方政府也向国内投资者提供各种便利条件,包括改善基础设施、减免土地使用费等,以鼓励纺织、制鞋等国内传统工业将企业转设在经济相对落后的地区。

5.设立各类基金为欠发达地区筹集资金

为了筹集更多资金以促进欠发达地区的经济发展,巴西设立了各种各样的基金,为了促进亚马逊地区经济发展而设立的"亚马逊开发私人投资基金"、为了缩小欠发达地区与发达地区经济差距而设立的"社会一体化基金"、③为了给人力发展指数低于 0.5 的城市提供社会和人力资本发展所需

---

① 苏振兴、陈作彬等:《巴西经济》,人民出版社 1983 年版,第 44 页。
② 苏振兴、陈作彬等:《巴西经济》,人民出版社 1983 年年版,第 135 页。
③ 社会一体化计划要求雇主将其负担的所得税的 5% 付入"社会一体化基金"。这笔款项成为工人所拥有的存款,一半按工资,一半按工龄分配。

的基础设施而设立的"国家减贫基金"、为了发展农牧业而设立的"发展畜牧业基金"以及为了降低欠发达地区文盲率而设立的"巴西扫盲基金"等。这些基金的成立和运作,对欠发达地区的经济发展起到了一定的促进作用。

(三)巴西促进欠发达地区经济社会发展的金融支持效果分析

1.引入外资成效显著

据巴西央行 2001 年外资普查报告(见表 8-1),截至 1995 年年底,巴西最落后的东北部引进外资总额达 15.73 亿雷亚尔,到 2000 年年底上升到 62.31 亿雷亚尔,引进外资的成绩显著。同属落后地区的北部,其引资额也从 1995 年年底的 8.17 亿雷亚尔提高到 2000 年年底的 30.72 亿雷亚尔。截至 2000 年年底,上述两个落后地区引进的外资占全国引进外资的比重达 5%~6%,说明巴西欠发达地区引进和发展现代产业已产生成效。在玛瑙斯贸易区,因特区提供多种优惠,对外资的吸引力更大,有来自日本、西德、美国、荷兰等国的外资企业约 400 家,占区内企业总数的 1/3。1985 年,贸易区的工业总产值为 15 亿美元,其中外资企业的产值占一半以上。①

表 8-1　巴西各地区引进外资情况

(单位:亿雷亚尔)

地区	东南部		南部		中西部		北部		东北部		其他		全国	
	总额	占比(%)	总额	占比(%)	总额	占比(%)	总额	占比(%)	总额	占比(%)	总额	占比(%)	总额	占比(%)
截至 1995 年年底	356.74	88	22.21	5.5	2.11	0.5	8.17	2.0	15.73	3.9	0.5	0.1	405.48	100
截至 2000 年年底	1746.59	86.7	147.21	7.3	25.49	1.3	30.72	1.5	62.31	3.1	1.99	0.1	2014.34	100

资料来源:巴西中央银行 2001 年外资普查报告。

2.欠发达地区投资增长迅速

一系列促进投资的优惠措施使巴西欠发达地区投资增长迅速,以东北部和北部地区最为显著,这些说明巴西欠发达地区的产业开发和投资环境改善正朝着正确的方向前进。以东北部为例,自 1995 年以来,东北部掀起

---

① 陈芝芸等:《拉丁美洲对外经济关系》,世界知识出版社 1991 年版,第 217 页。

私人投资高潮。由 Vicunha、多西河谷、全国钢铁公司 3 家公司组成的集团在塞阿拉州建设 1 家钢铁厂,5 年之内投资 8 亿雷亚尔;北里奥格兰德州已获得国内 120 家企业的投资。1995 年至 1996 年 8 月,整个东北部地区新开张 633 家企业,投资总额 62 亿雷亚尔,两年之内创造了 8.4 万个就业机会。Kaiser 和 Brahma 啤酒厂、Vicunha 和 Coteminas 纺织厂,以及制鞋厂、塑料包装厂、易拉罐厂、造纸厂、纤维和化学工厂等,纷纷放弃东南部各州的"老巢"而到东北部建厂。据巴西联邦政府发展、工业与外贸部的统计数据,1995~2000 年间,东北部工业投资金额达 129.015 亿美元,在全国所占比重为 17.58%,与 1995 年以前相比提高 300%,在全国排第二,仅次于东南部,这可看作是巴西对欠发达地区实施金融支持措施所获得的重大成果;在北部,1995~2000 年间工业投资金额达 55.047 亿美元,在全国所占比重为 7.5%,其中,亚马逊州 12.456 亿美元(1.7%),帕拉州 30.591 亿美元(4.17%),阿马帕州 12 亿美元(1.63%)。[1]

3. 欠发达地区经济发展较快

引进外资的显著成效和国内私人投资的增加使欠发达地区投资增长较为迅速,其对经济的促进作用也越来越大。从涉外企业投资产生的经济效益看,截至 1995 年年底,东北部涉外企业投资总额达 49.04 亿雷亚尔,加上从当地银行借入短期贷款和发行短期债券,共形成 141.80 亿雷亚尔的总资产,当年创造营业额 68.29 亿雷亚尔,约占当年全区 GDP 的 7.5%,上缴增值税、所得税和社保税 12.63 亿雷亚尔;北部涉外企业投资总额到 1995 年年底达 34.30 亿雷亚尔,加上企业短期负债,形成 83.98 亿雷亚尔的总资产,当年创造营业额 70.58 亿雷亚尔,约占全区 GDP 的 35%,上缴增值税、所得税和社保税 15.41 亿雷亚尔。[2] 从涉外企业创造的就业和人均出口看

---

① 转引自 Alfredo Lopes Neto, "Lessons fan Brazil´s Regional Development Programs", p.33, Paper Presented to OECD – China Conference on Regioanl Development, Xi'an, People' Republic of China, October 2001. http://www.oecd.org/datanecd/58/29/2369827.pdf.

② The Central Bank of Brazil, "Foreign Capitals Census´, 1995, Regions of Northeast and North. http://www.bcb.gov.br/ingles/censo/980723/hics0800,asp.

(见表8-3),1995年东北部所有涉外企业创造就业机会10.18万个,人均每个岗位创造出口额15192雷亚尔;北部所有涉外企业创造27995个就业机会,虽然在五个地区中排第四,但其平均每个岗位创造出口额高达39507雷亚尔,排第一;中西部所有涉外企业创造11130个就业机会,平均每个岗位创造出口额达15004雷亚尔,高于东南部地区。从出口看(见表8-2),2000年东北部出口额由1990年的30.30亿美元增加到40.24亿美元;北部出口额由1990年的17.93亿美元增加到33.21亿美元;中西部则由1990年的5.63亿美元上升到18.32亿美元,10年内出口额净增幅度高达225.40%,在五个地区中增加最快。从GDP的增速看(见表8-4),40年来东北部GDP增长幅度虽低于全国平均水平,但也达到563%;北部在40年内经济平均增长了12倍,在五大区中排第二;而中西部的经济在这40年间平均增长了近16倍,在五大区中排第一。对于建立在北部的玛瑙斯贸易区来说,先进技术的引进和投资的迅速增加使得特区的工业水平日益提高,到1990年时特区已能出口很多高档产品,在国际市场上拥有较大的竞争优势,如贝塔钟表公司自1980年起生产的卡尔蒂牌手表已成为世界上最高级的手表之一。

当然,巴西对欠发达地区的金融支持也产生了消极的效果,尤其在外债方面。由于大量举借外债发展经济,巴西的外债额逐年增加。1981年巴西的外债还本付息额为166.5亿美元,1982年为195.3亿美元。截至1982年底,巴西中、长期外债近700亿美元;①而到2000年底,巴西外债总额已达2169亿美元。巴西首都巴西利亚堪称现代化,高楼林立,连接全国的高速公路四通八达,但为了建设首都,巴西借了2500亿美元的外债,致使巴西在20年时间里一直为外债所困扰。

---

① 复旦大学拉丁美洲研究室:《拉丁美洲经济》,上海人民出版社出版1986年版,第415页。

表 8－2 巴西各地区出口额情况

（单位：亿美元）

地区		东南部	南部	中西部	北部	东北部	全国
1990 年	出口额	188.25	67.60	5.63	17.93	30.30	314.13
	占比	59.93	21.52	1.79	5.71	9.65	100
2000 年	出口额	311.29	128.83	18.32	33.21	40.24	550.85
	占比	56.51	23.39	3.33	6.03	7.31	100
净增长（%）		65.36	90.58	225.40	85.22	32.81	75.36

资料来源：Alfredo Lopes Neto，"Lessons fan Brazil's Regional Development Programs"，Table3 p.32，Paper Presented to OECD－China Conference on Regioanl Development，i'an，People'RepublicofChina，October 2001. http://www. oecd. org/datanecd/58/29/2369827. pdf.

表 8－3 1995 年巴西各地区涉外企业出口额与就业情况

地区	东南部	南部	中西部	北部	东北部
出口额（亿雷亚尔）	161.09	28.12	1.67	11.06	15.48
创造就业岗位（个）	1082248	129305	11130	27995	101893
人均出口额（雷亚尔）	14884	21747	15004	39507	15192

资料来源：Alfredo Lopes Neto，"Lessons fan Brazil's Regional Development Programs"，Table3、Table3 p.32，Paper Presented to OECD－China Conference on Regioanl Development，i'an，People'Republicof-China，October2001. http://www. oecd. org/datanecd/58/29/2369827. pdf

表 8－4 巴西各地 GDP 增速比较

年份	1960	1965	1970	1975	1980	1985	1990	1995	1999
东南部	100	121	190	301	415	416	459	530	563
南部	100	122	171	300	399	442	442	570	606
中西部	100	175	287	511	935	1137	1536	1377	1591
北部	100	114	177	277	578	769	947	1180	1212
东北部	100	127	144	225	338	401	418	490	538
全国	100	123	182	294	417	444	487	567	607

资料来源：转引自古斯塔沃·梅亚·戈麦斯：《巴西的区域开发战略》，向经济合作与发展组织

（OECD）与巴西赛阿拉州政府合办的区域开发与外国直接投资学术会议提交的论文,2002 年 12 月,第 11 页。

第九章 少数民族与民族地区经济社会发展的金融支持政策

在现代经济社会中,促进经济社会发展的因素除土地、资本、劳动力这三个基本要素外,一些新因素对经济社会发展的贡献率在提高,在这些新的因素中,金融的地位和作用显得越来越突出。我国少数民族与民族地区的经济社会发展要赶上国内其他地区的经济社会发展水平,必须要科学发展、和谐发展、跨越式发展,而要实现科学发展、和谐发展和跨越式发展,则必然要有差异性的金融体制做支撑。这就要求在我国少数民族与民族地区实行有差别于其他地区的金融政策,通过差异性的金融支持政策带动和支撑少数民族与民族地区的经济社会协调、可持续发展。

第一节 制度创新,强化政策性金融的引导作用

政策性金融在少数民族与民族地区经济社会发展中的引导地位是由经济社会发展的资金需求性质和金融制度改革的市场化取向决定的,也是维护金融稳定、规避风险的必然要求。

首先,从少数民族与民族地区经济社会发展的资金需求性质来分析为什么政策性金融要起引导作用。一是资金的长期性。作为实现国民经济"三步走"战略和邓小平关于"两个大局"理念的重要举措之一,经济开发将是一个长期的历史性发展过程,至少需要几代人的努力。按照胡鞍钢等人(2000)的研究,从打基础阶段到经济起飞阶段再到共同富裕阶段,每一阶段都很长,比如打基础阶段需要 10 年,经济起飞阶段需要 20 年,基本实现

开发任务总共至少需要 50 年。可见,只有长期资金才能满足这种需求。二是资金的大量性。少数民族与民族地区经济社会发展是一项复杂的系统工程,涉及交通、通信、能源和原材料适度开采与深加工等涉及基础设施建设和基础产业建设的项目,它们都是资本密集型的大型项目,必须有大量资金支持。此外,还要大力发展大量劳动密集型项目,虽然每一个项目所需资金不多,但众多项目加总起来,资金需求量也很大。由于这与解决普遍贫困、实现普遍增收、增加就业直接相关,这块资金必须保证。三是资金的投资性。长期性资金基本上表明资金是用于投资的,比如支持基础设施建设、能源开发、山林江河治理等等的资金,皆属此类性质。它们既不属于解决企业流动性的一般性周转资金,也不属于参与金融市场以短期获利为目的的投机资本,而主要参与社会扩大再生产的资本循环。四是资金的集中性。经济开发将采取重点突破、分阶段非均衡式推进模式,在特定阶段和重点突破区,资金使用是很集中的,并且周期比较长,因此,不适于资金运作,需要分散化以降低集中性、系统性风险的金融机构介入。五是资金的诱导性。在国家依然保持较大比重投资职能的条件下,出于对少数民族与民族地区经济开发的重视,中央政府各部委和地方政府必然会投入大量资金,加上名目繁多的各种诱人政策,就会形成一笔可观的"租金",在这种情况下,可能会诱致外资与东部企业等寻利者跟进。

从经济开发所需资金的性质可以看出,以流动性、盈利性和安全性为目的,注重分散投资的商业金融不可能做到如此之长、之集中的投资,商业金融也不可能起到诱导作用,因为其本身就属于短期和流动性金融。从理性选择角度,商业金融不会在开发的起步阶段进入或者至多进行试探性介入,但肯定不会大规模进入。投机性金融也不可能作为支持长期实物投资的力量,因为它主要通过价格短期波动而获价差之利。民间金融自身发育不全,实力不济。外资金融商业性成分较大,局限性也很明显。只有政策性金融可以满足这些要求。以政策性资金为主的资金来源,减少了为应备周转性、储蓄性存款提取而要增加流动性的要求,可以支持长期投资。审慎的信贷管理和国家政策支持可以将风险控制在可承受范围之内,加上稳定、低成本的资金来源,可以保本微利。更为关键的则是在完善中央财政转移支付机制、提高转移支付效率中将起到的作用。政策性银行本质上是银行,只要制度安排合适,其最基本的金融中介功能仍然能发挥作用,资金配置基本上可以做到市场导向。加快少数民族与民族地区经济社会发展,需要加大中央财政转移支付力度,如果能将这种功能交付给一个具有比较优势的机构,效果就会大大提高。最适宜的办法就是将资金交由政策性银行。

其次,从经济结构调整中的信息管理角度来看,政策性金融也应该起引导作用。政策性金融机构作为金融中介,具有一般商业银行的信息搜集和加工功能,据此可以择优选择信贷支持对象,并最大限度地抑制信息不对称所导致的逆向选择和道德风险问题。而对于信息不完全的情况,一般商业银行非常谨慎,不愿介入,或者即使介入了,因为政府干预的存在,也会影响它的信息处理效果;相反,政策性金融机构则完全有可能介入,因为国家干预市场后政策性金融机构介入失误导致的损失,可由低成本资金来源和国家的特别处理政策部分弥补。对于这两种功能,财政都不具备,商业金融只部分具备,唯有政策性金融两者皆备。

最后,从金融市场化改革角度来看,也需要政策性金融起引导作用。回顾我国金融改革的整个过程,从二级银行体制的建立到四大国有银行的分设,从政策性银行与商业银行分离到组建资产管理公司,再到为应对WTO采取一系列加大国有银行商业化改革的措施,银行商业化成为我国市场化改革中的重要组成部分,它也是我国金融国际化的必要条件,这个过程不可逆转。

第二节　改善环境,发挥商业性金融的支持作用

一、实行适度倾斜的货币政策

1.扩大货币供给量,增加信贷投放

首先,要降低商业银行法定存款准备金率,以此提高货币乘数,增加银

行的可贷资金数量。其次,要增加商业金融机构的再贷款。可考虑放宽对人民银行再贷款的限额,适当延长对商业银行再贷款期限,对金融机构因支持经济开发而出现的临时性、季节性资金需求及时给予再贷款支持。再次,要扩大商业金融的再贴现业务。支持商业银行扩大票据业务,加大对重点行业和企业再贴现的支持力度,衔接产销关系,缓解大中型企业生产经营的资金困难。复次,加大公开市场业务操作力度。通过买卖债券来影响商业银行资金的松紧程度,适当放大基础货币供应量。最后,降低少数民族与民族地区商业银行的营业税与所得税,对于支持建设的资产业务,缴纳的营业税和所得税,建议按一定比例返还,用于支持建设的新增资产业务。

2. 发挥利率杠杆作用,在利率管制上实行分级管理和差别利率政策

在中央银行总行确定基准利率和浮动上下限的基础上,以利率手段筹集区域资金和调整资金投向结构,可由中央银行地区分行再进一步制定利率浮动的具体界限。为了吸引东部发达区域的资金流入,应实行倾斜性利率政策筹集开发资金。

二、采取适当倾斜的信贷政策

随着我国经济市场化程度不断提高,政府已不可能像计划经济时期那样用行政手段直接命令商业银行增发贷款,但国家依然可以采取适当的信贷倾斜政策对商业银行资金流向加以引导,为扩大信贷资金规模创造良好条件。一是适当降低建设项目资本金比例的下限,使商业银行信贷资金更充分地参与项目投资。二是允许东部商业银行跨地区提供贷款,扩大信贷资金来源。三通过发债、参股等多种渠道广泛筹集资金,对众多中小企业的贷款风险进行社会统筹,以利于商业银行对中小企业扩大贷款投放。

三、发挥商业性金融合理调配资金实现资源优化配置和产业结构调整的支持作用

1. 按照市场机制配置金融资源。资金相对于少数民族与民族地区经济

结构调整固然十分重要,但比资金来源更重要的是资金的使用。在经济结构战略性调整中,商业性金融不仅要充当好资金供给者的角色,更要充分发挥自身经营自主权,主动介入结构调整的变革中。

2. **合理配置资金,优化产业结构**。在市场机制和政府引导双重作用下,商业性金融为有发展前途的产业和企业提供源源不断的资金,而逐渐从低效益领域撤出资金。通过资金的合理分配,使资源合理配置,达到优化产业结构的目的。

3. **调整优化信贷结构,支持重点产业发展**。一是加大技术改造贷款投放力度,重点支持国有大中型骨干企业挖掘现有技术、设备潜力,增加产品的附加值,提高产品档次和市场竞争力,扩大规模经济效益。二是调整传统的信贷资金投向序列,把非国有经济作为信贷支持的重要对象。三是合理引导资金向名牌产品流动,加大对名牌产品的投资力度,推动名牌产品向规模化、系列化方向发展。

第三节 产融结合,构建区域性资本市场

一、股票融资和债券筹资并举

资金配置结构调整不仅要在微观上有利于企业资本结构的优化,而且要在宏观上改善相对于发达地区不利的贸易金融条件,更要适应于不同企业在生命周期不同阶段上有差异的融资需求。债券融资不仅是改善投融资转化机制的有效方式,同时也是优化银行资产结构的可行选择。债券融资将直接推动企业债券市场的发展,资本市场也将随之更为完善。那么,要构建一个适合于企业成长的企业资信评级体系和信用征集系统,大力发展和规范独立的企业资信评级中介机构。与此同时,在政策导向上,要防止股票融资万能、一窝蜂的非正常现象。

二、建立区域性融资中心，构建分层次协调的资本市场网络

区域性融资中心的作用在于起金融发展极作用，实现信息分享。要在发挥不同金融机构比较优势的基础上重整金融功能，以此合理分配好直接融资和间接融资、股票市场和企业债券市场、有形证券交易中心（或所）与柜台交易等等之间的比重，形成分工有度协调有效的立体型、网络型资金筹措和配置体制，多方位促进资本有效形成和积累。

就广西来说，随着中国—东盟自由贸易区建设的快速推进，中国—东盟博览会永久落户南宁，中国与东盟贸易往来日益增强，国与国之间的交流迫切要求加强金融合作，南宁如果能以自身独特的区域优势从国家获得此类业务的经营，必将在很大程度上提升南宁在东盟国家乃至全球的国际影响力和竞争力。它的中国南方门户地位，客观上要求其代表中国加强对边境金融活动的监督管理，尤其是在管理人民币流通、组织反洗钱、打击制贩假货币等方面发挥出指挥中心的作用。随着《中国－东盟自由贸易区框架协议》的签订，广西（乃至中国内陆各省）与东盟国家之间日益增长的经贸、旅游等往来，必然要求人民币为自由贸易区内的贸易与相互投资提供更广泛的金融服务，而人民币在东盟地区的区域化和国际化的形势迫切需要地处中国南端的南宁市作为其重要的依托与平台，并最终走向世界，为国际化货币打下基础。中国加入WTO，对正在进行的金融改革提出了更高的要求，同时也为利用国际金融市场上的金融商品提供了更广阔的空间，也为扩大区域金融合作提供了更宽松的环境。随着国内金融资产的迅速扩大、金融改革的进一步深化以及加快金融市场的对外开放，给包括东盟各成员国在内的外国金融行业提供广阔的发展空间。因此，要积极创造条件，大力发展证券机构，扩大证券业务范围，提高直接融资占社会信用总量，使广西证券市场东与广州、香港、深圳相呼应，北与长江流域的上海、武汉、重庆对接。要在规范企业债券市场的基础上，将各级政府每年企业债券发行计划的重点安排到沿海北部湾地区，并扩大发行量。同时，要加快股票市场主体的培育和发展，使更多的企业通过发行股票或股权证来筹集资金。

三、发挥创业性金融和商业银团的优势

重点选择能源、交通、原材料等基础型产业和高新技术产业、生态农业、环保等"绿色产业"作为金融支持的突破口,以产权流动为核心,资本经营为纽带,构建具有资源比较优势、市场比较优势、竞争力比较优势的高新技术、高价值产融结合板块,打破行业分割和垄断,推进交叉投资,发挥集团产业优势。建立产业投资基金,培育、发展依托主业、以资本运营为纽带进行跨行业、跨地区的企业集团。

四、大力培育发展各类服务性中介机构

这里所说的各类服务机构包括审计事务所、注册会计师事务所、资产评估公司、财务公司、投资咨询公司等,它们是发展资本市场不可或缺的重要组成部分。在大力培育发展这些机构的同时,还应加强管理,保障资本市场健康、规范地发展。

五、完善法律、法规和各项规章制度

要建立适应社会主义市场经济发展的、具有民族特色的区域性资本市场管理体制。这种管理体制,要充分体现办事高效、运转协调和行为规范;要建立健全银行、证券投资管理制度,提供宽松的资本运营环境;要完善资本市场法律法规体系,资本市场投机性、波动性的特点要求必须建立一整套规范资本市场运作的健全的法律法规,以此来保障金融秩序的稳定。

第四节 因势利导,发展各种形式的中小金融机构

一、加大政府扶持力度,为中小金融机构发展营造良好的外部环境

城乡信用社和城市商业银行作为地方性金融机构,应在地方政府的统一领导下开展经营活动。地方政府也应加大对中小金融机构的政策支持力

度。

坚决制止企业恶意逃废金融债务的行为,在强化金融资产管理、协助中小金融机构收贷收息、维护正常的金融秩序的同时,要加强对非金融机构的治理,正本清源,为改善金融机构的放贷行为、增加信贷投放量创造宽松的信用环境。将地方性财政预算外资金、各类社会保障基金等优先存入当地城市商业银行或城乡信用社,这样,既增加资金来源,也有利于树立中小金融机构良好的信誉和形象。地方政府可以考虑将部分取之于地方中小金融机构的营业税收入用于设立专项风险补偿基金,重点补贴经营困难、高风险的城市商业银行和城乡信用社,统一用于冲销坏账或弥补历年亏损。支持城市商业银行发挥市民银行作用,开办代收代付业务,拓展中间业务。建立中小企业信用担保体系,开展信用担保业务,分散中小金融机构的风险。适当增加中小金融机构的资本投入。增加政府的资本投入,以增强其抵御风险,加强服务的能力。

二、完善金融服务功能,为中小金融机构拓展业务空间创造条件

中央银行允许中小金融机构针对不同的贷款对象和贷款种类确定不同的贷款利率;允许中小金融机构在中央银行规定的幅度内适当提高居民和企业存款利率水平,使中小金融机构的存贷款额度有一个风险和利益的比较选择空间。支持中小金融机构业务创造,增加业务品种。为适应买方市场的需求,当前有必要:一是大力发展财务公司,在业务创新上赋予财务公司新的经营方式和业务范围;二是要解决城市商业银行和城乡信用社对小企业、个体私营企业的贷款发放和管理问题;三是简化手续、放宽条件,扩大对居民消费贷款的发放;四是考虑少数民族与民族地区中小金融机构规模小、经营成本高、利润低等因素,建议国家在税收上给予优惠。

三、建立中小金融机构存款保险制度

由于经济金融条件不一样,以及先天性不足,中小金融机构的实力弱,抗风险能力小,局部地区甚至发生了挤兑存款事件,影响当地金融稳定。而

国有银行有国家信誉作担保,只要国家能保持控制力就不会出现挤兑。因此,建议建立中小金融机构强制性存款保险制度。

四、坚持合理的市场定位,重塑中小金融机构在市场经济和金融体系中的地位和作用

中小金融机构的性质和经营运作特点,决定了中小金融机构的市场定位,必须围绕中小企业和"三农"确定展业重点和业务创新方向,避免与国有商业银行争业务、抢地盘。农村信用社要牢固坚持以农为本,为农服务的办社宗旨,切实树立支农出效益、防风险的观念。城市商业银行、城市信用社应主要服务中小企业,对中小企业要实行分类支持,对经营正常、效益好、信誉好的中小企业,应搞好授信制度,建立正常的信用贷款;对科技含量高、潜在市场大、企业改制和生产资金紧缺的,可发放担保抵押贷款;对企业已按公司制要求改制,产权清晰、责任明确、有发展前景的,可发放封闭贷款或担保、抵押贷款给予支持。

五、确立民营经济在发展中小金融机构中的地位

支持以中小企业为主的民营经济的发展壮大,不仅是国民经济发展的需要,也是实现可持续发展和金融自身发展的需要。一方面,国有经济的战略性重组,势必分离出大量资产、债务和人员,在当前的情况下,唯一的承接者是非国有经济。分离出来的资产大部分是低效甚至无效资产,分离出来的人员也是低竞争力劳动者,必须有相应的政策安排支持非国有经济有积极性去承接,其中最重要的是金融制度安排;另一方面,非国有经济也存在结构雷同、对传统产业吸附性强等不利于可持续发展的因素,也需要借助于资金配置结构的调整推进自身结构优化。从资金需求的性质来看,虽然经济发展落后,但是其地区内市场具有分散性和不连接性,在很大程度上也会出现局部性小商品经济的成长区域,产生间歇性、突发性的资金需求。在银行业不发达的少数民族与民族地区融资活动就扮演着这些资金需求的特定供给角色。在发展中小金融机构中,可鼓励中小企业特别是非国有企业和

居民个人增资入股,引导中小金融机构和非国有企业建立相对稳定的资金融合体,以适应中小企业和农村经济发展的需要。

第五节 合理规制开放,吸引内外资促使跨国公司战略投资

吸引外资一般有两种政策,一种是激励导向型竞争策略,一种是规制导向型竞争策略。激励导向型竞争策略尽管吸引了一些外资,但造成了大量公共财政资源流失,扭曲了市场价格和资源配置。在 WTO 的普惠原则下,对一国投资者实行优惠,就必须对任意其他国家的投资者实行优惠,其他国家的投资者在初始优惠的基础之上会提出更优惠的要求,初始国也会要求更优惠的条件,从而本国被迫陷入无穷无尽的派生性和放大性优惠陷阱。其实,对于寻求长期投资和稳定回报的外国直接投资来讲,创造一个良好的投资环境比实施名目繁多的优惠政策和税收政策更为重要,因为它们看重的是我国潜在的市场增长带来的递增收益,而不在于获得短期的优惠性租金收入。要加快少数民族与民族地区发展更重要的是政府要以开放的姿态、增进市场的姿态,建立长期稳定、公正透明、统一有度的游戏规则。要在市场准入方面、机会均等方面实行优先开放,建设开放型经济,既包括对内开放,也包括对外开放;既包括对物质、要素和技术的开放,也包括对观念、思想和知识的开放。作为欠发达地区,要实现其经济结构的调整、优化,不仅要通过增加国家投资来推动经济增长,也不仅是吸引一些外资、扩大一些出口,而是要以对内对外开放为龙头,建立现代经济结构,谋求长期的经济发展。

具体说就是通过积极引进内部和外部的资本、技术和制度,优化资本配置结构以优化配置新的生产力,改造传统生产力,实现经济现代化。一是积极吸引东部沿海发达地区的资本。少数民族与民族地区在重视向国外开放的同时,必须重视向东部沿海发达地区开放,在政策上赋予国内区外企业特别是发达地区的企业同样优惠待遇,积极吸引这些地区的资本。二是下大

力气利用外国资本、技术和企业制度,对传统产业进行彻底改造。从政策上讲,将逐步扩大外资进入领域,鼓励外商投资于农业、水利、交通、能源、市政、环保、矿产、旅游等基础设施建设和资源开发;要充分利用优惠政策创造良好的投资环境,可以利用在国际市场上具有较强竞争力的传统产业,通过转让经营权、出让股权、并购、收购等手段,进行传统产业和企业的重组和改造,提高企业的市场竞争力,以双赢实现传统产业的再生。三是通过战略合作,提供优惠政策,引进跨国公司进行资本的战略投资,使优势特色产业尽快融入跨国公司的全球生产体系。吸引跨国公司投资,为其跨国并购、重组提供良好的制度环境,使优秀企业和优势特色产业成为跨国公司全球生产体系的组成部分。吸引跨国公司投资,积极参与经济开发和经济结构调整是获取全球知识与技术的重要来源。

第六节　加强宏观金融调控,发挥中央银行协调、服务和窗口职能

一、实现货币政策的全国统一性与区域性倾斜相结合

中央银行在颁布各种货币政策的同时,及时制定出与之配套的实施细则,使货币政策措施在基层的落实更具有操作性。基层央行要切实承担起监督和引导责任,对金融机构开办小额质押贷款、账户抵押贷款、农村专业组织贷款积极给予政策倾斜,同时切实做好日常考核监督,监督金融机构利用再贷款、再贴现增加对中小企业贷款投放的利率执行情况,保证货币政策对中小企业发展支持措施得到贯彻落实。增加中央银行再贷款、再贴现限额,允许采取更加优惠的再贷款和再贴现利率,并适当延长期限。尤其对以城市商业银行和城乡信用社为主的中小金融机构再贷款,建议在现有再贷款利率基础上适当下浮,以支持农村经济、中小企业和非公有制经济的发展。通过中央银行的窗口指导作用,加大对基础设施建设、生态环境治理、高科技产业、特色农业等方面的投放力度,努力提供及时有效的资金支持。

建议在公开市场业务一级交易商的审批上适当倾斜,多选择一批管理规范、规模较大、资产质量和内部风险控制较好的城市商业银行、证券公司、信托投资公司等不同性质的机构入市,增加交易频率。

二、做好金融服务与协调

多元化资金配置制度应该构建一个相互兼容、互相协调的开放平台。区域中央银行的关键作用就是要通过相机调控,协调好资金的来源和去向,扬长避短,减少冲突和波动,维持和谐与稳定,致力于资金运用综合效率最佳,促进金融支持最大化,并以此促进少数民族与民族地区经济社会协调发展。要协调好与银行、保险、证券等监管部门的监管关系,不仅要实现财政金融、政策性金融、商业性金融、合作金融、民间金融和外资金融各自发挥比较优势,达到综合金融功能最大,也要实现银行监管、保险监管和证券监管为一体的综合监管功能、协调调控功能和服务支持功能最大。

第十章 少数民族与民族地区经济社会发展的金融支持体系

　　建国以来,特别是改革开放以来,我国少数民族与民族地区的经济社会取得了长足的发展,少数民族生活水平得到改善。但从总体上讲,少数民族与民族地区的经济社会发展明显落后于其他地区,差距呈进一步扩大的态势,造成这种差距的原因有多方面的,其中一个十分重要的原因就是少数民族与民族地区经济社会中金融支持体系存在着重大缺陷,如金融市场规模小、金融市场主体不健全、资本市场发展严重滞后、金融机构经营效益差、银行信贷结构不尽合理、保险业总体发展水平较低、金融业人员整体素质偏低等等。为加快少数民族与民族地区经济社会发展,逐步缩小地区差距,保持国民经济持续快速健康发展,巩固和加强民族团结,保持社会稳定,构建一个与少数民族与民族地区经济社会发展的金融支持体系极为必要的。

第一节 金融支持体系的内涵

　　所谓金融支持体系,就是针对特定的对象(如企业、行业、地区),为促进其快速健康发展而采取的直接融资与间接融资并举、金融机构与金融人才配套、法律与政策形成有机整体、鼓励金融创新的金融支持系统。在我国存在着各种金融支持体系,具体到少数民族与民族地区的金融支持体系,应包括法律法规体系、金融支持组织机构体系、信用担保体系和金融创新机制。

　　法律法规体系包括宪法、民法和针对少数民族与民族地区的专门法律和法规。

金融支持组织机构体系包括金融机构质性和量性的有机统一。一方面,提供金融服务产品的金融性机构,如间接融资机构(商业银行、政策性银行、合作金融)、直接融资机构(证券公司、投资银行、基金管理公司、风险投资基金)、保险保障机构(保险公司)等等,这些机构应能够提供足够的有效供给,同时又不简单强调金融机构种类全而又全。另一方面,金融机构必须在空间布局、规模分布和品种配置上优化,适应少数民族与民族地区经济社会发展的要求。

信用担保体系包括政策性信用担保机构、非盈利性互助信用担保机构、盈利性的商业性信用担保机构。

金融创新机制主要包括鼓励进行为少数民族与民族地区经济社会发展融资服务的各种金融创新。

第二节 金融支持体系现状分析

我国少数民族与民族地区,主要分布在西部、西北、西南地区,大部分是欠发达地区,金融组织体系很不完善,存在很多突出问题,制约这一地区经济社会发展。就目前而言,面向这一地区的金融支持组织机构体系包括:一是间接融资机构即国有商业银行、农业发展银行、国家开发银行、邮政储蓄银行、农村信用社、民间金融;二是保险保障机构即人寿保险公司、财险保险公司;三是直接融资机构即证券公司。对全国性或区域性商业银行如交通银行、光大银行、招商银行、民生银行、浦发银行等在这一地区设立分支机构的数量很少,业务规模相当有限,现有的金融支持组织机构体系难以满足这一地区经济社会发展的要求。

一、缺乏健全的多元化金融支持组织机构体系

1. 少数民族与民族地区银行业金融机构分布密度小,这一地区城乡居民不能享受到基本的金融服务

（1）国有商业银行机构收缩，服务缺位

随着市场化经营改革的逐步深化，工、农、建、中纷纷调整自己经营战略，经营重点向城市转移，在农村、少数民族与民族地区的作用逐渐弱化。自1998年开始，国有商业银行大幅度收缩基层机构，大量撤并农村地区、欠发达地区、少数民族与民族地区分机构和营业网点，同时逐步向城市转移并上收贷款权限。1998年以来，四大国有商业银行大规模撤并3.1万余家地县级以下基层机构，原主要承担农村商业金融服务的农业银行从利润最大化原则出发，转变了市场定位和经营策略，呈现出明显的收缩趋势，在资源配置上对西南、西部，特别是少数民族与民族地区，撤点、裁员主要集中在这一地区。（见表10-1）

表 10-1　国有商业银行机构在少数民族与民族地区变化情况

机构 年份	中国工商银行				中国农业银行			
	全国		少数民族 与民族地区		全国		少数民族 与民族地区	
	机构数 （个）	减幅 （%）	机构数 （个）	减幅 （%）	机构数 （个）	减幅 （%）	机构数 （个）	减幅 （%）
1998	39989		8542		58466		12397	
2000	31671	20.08	6427	14.88	50546	13.55	11869	8.28
2001	28345	10.5	4826	11.6	44418	12.12	10502	11.51

机构 年份	中国银行				中国建设银行			
	全国		少数民族 与民族地区		全国		少数民族 与民族地区	
	机构数 （个）	减幅 （%）	机构数 （个）	减幅 （%）	机构数 （个）	减幅 （%）	机构数 （个）	减幅 （%）
1998	15227		2052		30470		2838	
2000	12929	15.2	1993	2.97	25767	15.43	2599	8.42
2001	12529	3.1	1883	5.52	23921	7.19	2590	0.3

注：数据来源于中国金融年鉴。

以在少数民族与民族地区占重要地位的农业银行为例，这几年逐渐脱离少数民族与民族贫困地区,减弱对这一地区的支持力度。首先将分布在乡村的一些网点撤销合并,将经营重点转到城镇和大型乡镇企业,即使是农业贷款,也转向"菜篮子"和高新同类的较大型项目,以及有一定规模的农产品加工。农行与这一地区的居民之间距离不断扩大,这一地区的客户准入门槛相对较高,只能享受一些传统的金融服务,如存、贷、汇等,业务品种缺乏,缺少信贷服务品种创新,服务方式单一,创新能力不足,新兴的中间业务根本没有普及,最显著的就是结算业务远远落后于城市,如银行卡、投资理财等业务品种在这一地区基本处在空白状态,这已不能满足这一地区经济社会发展的需要,尤其是不能适应和谐社会建设和社会主义新农村建设的需要。

(2)少数民族与民族地区很难从国有商业银行机构获得相应的资金支持

各国有商业银行向少数民族与民族地区发放贷款累计额及占当年全国贷款的比例和年增幅,如表 10 - 2、10 - 3、10 - 4、10 - 5 所示:

表 10 - 2　中国工商银行对少数民族与民族地区发放贷款情况

单位:亿元

项目 年份	贷款额			增幅	
	全国	少数民族与 民族地区	占比 (%)	全国 (%)	少数民族与 民族地区(%)
2001	25756.04	3424.42	13.30		
2002	28270.15	3729.32	13.19	9.76	8.9
2003	33177.94	4219.1	12.72	17.36	13.13
2004	34684.64	4494.73	12.96	4.54	6.53

注:数据来源于中国金融年鉴。

表 10 - 3　中国农业银行对少数民族与民族地区发放贷款情况

单位:亿元

项目 年份	贷款额			增幅	
	全国	少数民族与 民族地区	占比 (%)	全国 (%)	少数民族与 民族地区(%)

2001	16045.94	3003.158	18.72		
2002	18578.95	3377.05	18.18	15.79	12.45
2003	22118.43	3918.04	17.71	19.05	16.02
2004	25146.26	4457.01	17.72	13.69	13.76
2005	27405.8	4973.24	18.15	8.99	11.58

注:数据来源于中国金融年鉴。

表 10-4　中国银行对少数民族与民族地区发放贷款情况

单位:亿元

项目 年份	贷款额			增幅	
	全国	少数民族与 民族地区	占比 (%)	全国 (%)	少数民族与 民族地区(%)
2001	8522.71	847.38	9.94		
2002	10450.43	1067.23	10.21	22.62	25.9
2003	13218.72	1399.97	10.59	26.49	31.18
2004	1382205	1784.53	12.91	4.57	27.47

注:数据来源于中国金融年鉴。

表 10-5　中国建设银行对少数民族与民族地区发放贷款情况

单位:亿元

项目 年份	贷款额			增幅	
	全国	少数民族与 民族地区	占比 (%)	全国 (%)	少数民族与 民族地区(%)
2001	14338.44	2128.52	14.84		
2002	16789.65	2487.54	14.81	17.16	16.87
2003	20107.45	2943.8	14.64	19.7	18.34
2004	21081.48	3168.21	15.03	4.84	7.62
2005	23423.38	3459.45	14.77	11.16	9.19

注:数据来源于中国金融年鉴。

　　目前在少数民族与民族地区还是一个银行间接融资主导的金融体系,这一地区融资 90% 以上通过银行配置,直接融资所占比例相当小,这决定了这一地区融资无论何种具体形式,在当前都必须着眼于用银行资金。而这一地区,国有商业银行占有 75% 以上金融市场份额,国有商业银行 70%

以上信贷资金仍由这一地区的国有企业使用,中小企业、"三农"发展所需资金难以得到国有商业银行的支持,要解决这一难题,把眼光投向全国性或区域性股份制银行和其他地方性小金融机构(城市商业银行、城市信用社、农村信用社)。

(3)全国性或区域性股份制银行还没有将机构延伸到少数民族与民族地区

如民生、光大、浦发、华夏、深发展等全国性或区域性股份制银行只有在少数民族与民族地区省城设机构,在地市、县一级没设分机构。

(4)地方性小金融机构(城市商业银行、城市信用社、农村信用社)存在许多障碍和问题

近几年来,地方性中小金融机构都进行了股份制改革,但股权结构单一,只有地方政府及国家某职能部门成为其的所有者。这种单一的产权结构严重扭曲了公司治理,使股东大会和监事会形同虚设,使地方性中小金融机构的产权约束化,内控机制不健全,经营者缺乏必要的监督和内部控制机制容易出现严重的内部人控制和道德风险问题。又由于历史、产权制度、管理体制、对地方性中小金融机构监管一直相对滞后等原因,在发展过程中积累大量的金融风险,严重地制约了少数民族与民族地区中小金融机构的发展。加上地方性中小金融机构是地方政府办起来的带有浓厚的"官办"色彩,各地政府都想把本地的金融机构做大做强,支持他们在存款市场和信贷市场中与国有商业银行竞争,把服务对象又定位于国家和地方的国有企业等优质客户上,较少为少数民族与民族地区的中小企业、"三农"发展提供相应的金融服务。

(5)政策性金融在资源配置中的特殊作用并未能得到充分发挥,也影响其特殊功能的有效发挥,支持少数民族与民族地区经济发展弱化

一方面,政策性金融的职能关系扭曲。政策性金融具有财政和金融两特性,首要的特性必然是财政特性,而金融特性则是为前者服务的,但目前这两种特性的主次关系不够清楚,往往将政策性的财政性和金融性相提并论,甚至过分强调其金融性,于是造成在实际操作中出现的政策性金融,是

淡化"政策性",强化"商业性"的趋势,导致其业务范围与商业银行构成竞争,政策性金融的优势和职能不能得到充分发挥。

第二方面,政策性金融业务范围狭窄,特别在少数民族与民族地区更不能满足这一地区经济社会发展的需要。就目前三大政策性银行提供贷款业务领域主要包括三个方面:一是农产品的收购和储备贷款;二是基础产业、基础设施和重点项目建设贷款;三是大型成套设备的进出口贷款。未能有效涵盖政策性金融范围的全部业务,造成政策性金融机构功能缺失。得到政策性金融机构的支持更有限,如农发行对这一地区的农村基础设施项目、农业产业化、农业开发等功能并没能运作起来;国家开发行主要侧重于国家重大基础设施支持,对少数民族与民族地区的基础设施支持很少,使得这一地区的交通、信息、教育、医疗卫生设施并没有得到改善,落后于其他地区,致使这一地区的经济发展缓慢。

第三方面,三大政策性金融筹资渠道过于单一,筹资成本较高。目前除国家财政核拨外,筹资渠道主要依靠向商业性金融机构发行金融债券和向中央银行再贷款,发行金融债券和向中央银行融资占其资金来源的80%以上。就目前宏观情况,中央银行实行紧缩的货币政策,紧缩银根,政策性金融筹资更难。发行金融债券的成本高出同期存款利率,这与政策性金融机构资产低利的特征不相适应。由于资金来源不足,很难有更多资金支持这一地区的经济社会发展如表10-6所示,制约了政策性金融对这一地区农业、农村、农民等保护能力的发挥。见表10-6。

表10-6 农业发展银行在少数民族与民族地区贷款的情况

单位:亿元

项目 年份	贷款额			增幅	
	全国	少数民族与 民族地区	占比 （%）	全国 （%）	少数民族与 民族地区（%）
2001	7432.38	1131.42	15.22	-0.47	-10.55
2002	7366.28	1072.99	14.57	-0.89	-5.16

2003	6901.9	1036.49	15.02	-6.3	-3.4
2004	7189.84	1094.4	15.22	+4.17	+5.59
2005	7870.73	1284.36	16.32	+9.47	+17.36

注:数据来源于中国金融年鉴。

（6）新成立的邮政储蓄银行提供服务有限

虽然在少数民族与民族地区城镇社区和农村乡镇都有邮政储蓄银行分机构,但由于邮政储蓄银行业务范围限制,目前除存款业务、中间业务外,只开办小额贷款业务,无法提供更多资金支持少数民族与民族地区经济发展。

2. 民间金融活跃但缺乏法律地位

在少数民族与民族地区民间金融主要形式有:一是自发的民间借贷。这种形式是少数民族与民族地区最常见的,一般发生在亲戚、朋友、乡亲和邻里等关系,熟悉的人们之间,他们基于长期的共同生活而形成的相互信任,信贷额较小。二是以各种"会"形式或以私人钱庄、典当行等形式存在的民间借贷组织,一般借贷利率较高（在25%~20%）。三是以经济服务部、互助贷款协会、互助担保协会等形式存在的金融互助组织。

民间金融在少数民族与民族地区有其存在的土壤,对欠发达的少数民族与民族地区金融服务对象而言,一般有如下几个层次的需求:一是传统的小规模经营（农）户;二是有一定专业化生产水平的规模经营（农）户;三是中小企业;四是基础设施建设开发的各类业主。这四类不同的需求所要求和对应的金融机构的金融服务显然是不同的,具体到第一层的对象,其信贷需求具有小规模、分散化、多样性、复杂性等特点,而且它缺乏或较少抵押担保,季节性又强,正规金融机构难以满足他们需要,在客观上为各种民间金融活动提供了发展空间。在我国,不管在发达地区还是欠发达地区,民间借贷成为资金融通的主要渠道。一些中小企业无法得到银行信贷支持情况下,通过民间融资使企业得到资金发展壮大规模,也可以解决城乡居民的燃眉之急,繁荣消费市场,有利于资金合理配置,提高资金使用效率。民间金融活动虽然缓解了少数民族与民族地区资金紧张压力,但其扭曲了市场供求关系,且使金融产品的供求价格偏离均衡价格,政府一直将其视为非法,限制其生存和发展空间,只能艰难地在"灰色"环境下生存。由于缺乏法律保护和监督约束,纠纷不断,增加了借款人债务负担和金融风险,由于民间金融无法规范发展,难以有效满足少数民族与民族地区的资金需求。

3.保险严重缺失,处于被边缘化的境地

少数民族与民族地区保险发展滞后,尽管人寿险业务、财险业务有一定发展,但仅仅在城市有所发展,而在少数民族与民族地区几乎是空白。

(1)适合少数民族与民族地区的农牧业的保险产品较少

特别对农作物的生长保险、牧兽的成活保险、农民、牧民增收保险等农、牧业生产的保险远远落后于发达地区。

(2)人寿保险业务的发展落后

这一地区保险机构不够健全,各大保险公司推出的险种很多,但均偏重于大城市市场,真正适合这一地区的居民、农村老百姓消费水平的险种较少,特别是少数民族与民族地区的居民盼望的低交费的险种更是少之又少,大部分险种不太对这一地区的城乡居民的"胃口",缺乏卖点,不能激发他们的保险消费欲望。

养老保险和医疗保险,除了在城乡结合地区和部分经济稍有发展的郊区县有一定程度的拓展外,在少数民族与民族地区其他边远贫困山区基本处于空白状态。

4.非银行金融机构,在少数民族与民族地区几乎没有设机构

非银行金融机构是以发行股票和债券、接受信用委托、提供保险等形式筹集资金,并将所筹资金运用于长期性投资的金融机构。非银行金融机构与银行的区别在于信用业务形式不同,其业务活动范围的划分取决于国家金融法规的规定,目前我国法规的规定是各非银行金融分业经营。非银行金融机构在社会资金流动过程中所发挥的作用是:从最终借款人那里买进初级证券,并为最终贷款人持有资产而发行间接债券。通过非银行金融机构的这种中介活动,可以降低投资的单位成本;可以通过多样化降低投资风险,调整期限结构以最大限度地缩小流动性危机的可能性;可以正常地预测偿付要求的情况,即使流动性比较小的资产结构也可以应付自如。非银行

金融机构吸引无数债权人债务人从事大规模借贷活动,可以用优惠贷款条件的形式分到债务人身上,可以用利息支付和其他利息形式分到债权人身上,也可以用优厚红利的形式分到股东身上以吸引更多的资本。中国非银行金融机构的形式主要有信托投资公司、租赁公司、投资公司、金融公司和保险公司等。

在少数民族与民族地区很少机构,只有在少数民族与民族地区的省城设有机构,但业务规模小、杠杆效应不明显。见表10-7、10-8。

表10-7 非银行金融机构在少数民族与民族地区的情况

年份	少数民族与民族地区机构数
2001	23
2002	21
2003	21
2004	26
2005	15

注:数据来源于中国金融年鉴。

表10-8 2005年少数民族与民族地区与发达省份非银行金融机构贷款与投资情况

单位:万元

地区	金额	占比
广东省	1858539	
少数民族与民族地区	684575.6	36.83

注:数据来源于中国金融年鉴。

5.直接融资机构体系也不健全,资本市场发展滞后

目前我国资本市场发展已达到一定规模,但少数民族与民族地区的资本市场发展还比较迟缓,具体表现:

(1)直接融资比例低,上市公司数量少。据统计截至2006年末,全国沪深两地挂牌上市的企业1550家,而少数民族与民族地区的企业仅有203

家上市,占全国的 13.1%。少数民族与民族地区通过证券市场融资占全国比例较小。

(2)筹资规模小,市场融资能力相对较弱

在少数民族与民族地区尚无较大的区域性中心资本市场,证券化融资渠道不畅。无论股票还是债权发行量低,发行规模小,主要面向国有企业。现在深圳市场有中小企业板块,但对象主要是东部沿海经济发达地区的民营中小企业,少数民族与民族地区的民营中小企业很少。而且少数民族与民族地区大多数县、乡镇没有证券交易网点,这一地区想利用资本市场实施证券融资非常困难,这决定这一地区无法进行直接融资,进一步弱化少数民族与民族地区融资能力,与全国水平差距拉大。

(3)证券市场本身的结构没有完善。就目前看表现在:一是股票市场的发展快于债券市场,债券市场上国债占绝对优势,企业债券极少且没有地方债券。二是衍生金融产品迟迟不能推出,避险手段的缺乏自然会抑制金融投资。

(4)货币市场不够完善

在市场经济条件下,商业银行通过贴现、再贴现、再贷款、回购等方式进行资金的调剂,以满足商业银行投资和信贷对货币资金的需求。根据目前情况,少数民族与民族地区经济发展资金缺口较大,资金应回流少数民族与民族地区,但现实情况恰恰相反,其原因在少数民族与民族地区缺乏优惠政策、成熟的市场。例如票据市场中,市场规模小,票据融资比例低,票据市场参与者仅仅局限于有限的商业银行和部分大型企业,众多的中小企业、非银行金融机构参与的程度很有限,所占的市场份额也很小。

二、信用担保体系欠缺和不完善

信用担保机构是专门为企业提供信用担保的中介服务机构。我国企业信用担保体系经过若干年的发展摸索,已经初步具备行业规模,如:我国一体两翼担保体系,即政策性担保机构、商业性担保机构、互助性担保机构。它对我国企业的发展起到了积极作用。但是在少数民族与民族地区,现有企业信用担保体系在很多方面存在一些缺陷。制约着少数民族与民族地区信用担保体系的健康发展。

1. 信用担保机构较少，难以满足少数民族与民族地区企业担保的需要

2004 年全国已有信用担保机构约 1000 家，而少数民族与民族地区信用担保机构很少，只在少数民族与民族地区省份设有一两家。

2. 信用担保机构资金规模及业务量有限，企业获得信保机会少

根据国家信息中心和国务院中国企业家调查系统等机构调查显示，我国 81% 的企业认为一年内的流动资金不能满足需要；60.5% 的企业没有一至三年的中长期贷款。面对如此巨大的资金缺口，信保机构由于担保能力有限，处境尴尬。另外，企业普遍反映担保难。一般来说需要信保机构提供担保的企业，肯定在信用上存在一定缺陷，信保机构面临很大的风险。但信保机构为了减少代偿可能而采取的一些措施却无形中给企业设置了障碍。为了降低风险，多数信保机构把担保贷款的期限定在 6 个月以内，最长不超过一年，基本上只为流动资金贷款提供担保，而固定资金贷款担保很难得到。这些问题在少数民族与民族地区同样存在。

3. 担保机构和金融机构之间缺乏有效的风险分担机制

为企业担保的过程就是在担保机构和银行之间分散企业经营风险和道德风险的过程。虽然信保机构的目的就是为了企业融资提供信用保证，但是并不意味着银行就不承担任何风险。一般来说，信保机构提供的担保应占贷款的 70% ~80%，其余 20% ~30% 的风险还要由银行承担，但在实际中，银行连 20% ~30% 的风险也不愿意承担。在少数民族与民族地区，不与担保机构共同分担风险的金融机构在 60% 以上。金融机构与担保机构尽管有一些合作但意愿并不强。原因有两个：一方面，随着银行业务创新力度的日益加大，银行可接受的抵（质）押品范围不断扩大，贷款门槛大幅降低，偿债能力较强、信用水平较高的企业和个人很容易获取信贷，银行缺乏与担保机构合作的动力。另一方面，现行法律、制度对担保公司缺乏公平、对等的权益保护，许多银行都对与担保机构合作提出前置条件。具体表现在：一是缺乏风险比例分担机制。大多数银行把贷款风险全部转嫁给担保

机构,担保机构承担了100%的信贷风险,一旦贷款发生风险,银行一般先从担保公司存在银行的担保基金中扣收贷款本息。二是单笔担保额度太小,部分金融机构根据担保公司注册资本金金额,核定了担保公司担保的单笔贷款限额,如一些农村合作银行规定担保公司担保的贷款单笔不得超过20万元,很大程度上影响了担保业务的开展,也限制了规模较大、资本充足的担保公司的健康发展。

4.缺乏资金补偿机制

缺乏后续资金注入及补偿机制,担保机构承保能力弱,发展困难,一旦发生代偿就有财务亏损或破产的危险。

信用担保体系中,其资金来源主要是各级地方政府的财政资金和资产划入,不仅金额少,而且缺乏资金补偿机制。目前全国已有的信用担保机构基本覆盖全国31个省(市、自治区),但资本金规模差异非常大,有的资本金超过10亿元,但户均资本金规模却逐年下降,从2001年4000万下降到2004年2200万,同时资金到位率较低,其中25%的担保机构资本金规模小于300万元,最小的只有30万元。更重要的是,我国信用担保体系中财政资金的投入多数是一次性注资,缺乏资本金补充机制。随着代偿的发生,担保机构的业务难以为继。

三、立法和法制建设滞后

1.少数民族与民族地区的金融法律体系不够完善和协调

我国现行的金融法律由全国人大及其常务委员会制定的主要五大金融大法,以及国务院和各金融管理机构颁布的各项金融法规、规章构成。但金融法律体系不够完善和协调,如新旧法律之间、部门法规之间、特殊法与普通法之间协调性差,重叠、交叉现象较多,不同时间不同层次的法律规定自相矛盾,导致法律适用复杂化及实施低效化。特别是在少数民族与民族地区对金融机构的市场准入、市场退出以及金融机构之间的兼并、收购、联合、转让、托管、破产、清偿、风险处置等问题缺乏法律规定,没有统一规范金融业务立法体系,下位法参照标准多元化,造成中央银行与政府、商业银行关系不明确,商业银行政策性业务和经营业务模糊不清等等,金融市场无法可依。涉及银行、信托、保险、证券之间业务交叉和关联问题,缺乏严密的规定,对于如资产证券化、委托理财等业务仍缺乏相应法律的支持,当出现重大的风险时,无法认定其行为性及相应的法律责任。

2.立法欠缺和滞后,无法满足少数民族与民族地区现实需要

首先,目前我国现行的金融法律及法规、规章,仅是兼顾了各金融机构的各金融业务相同的共性部分作了规定,金融行政管理和金融市场基本上做到了有法可依,但未突出各区域的发展的特殊性,如少数民族与民族地区与非少数民族地区,各处在不同区域经济带,不同经济带的金融发展存在严重的不平衡,各有着不同的需求、不同的服务对象,应有不同的性质的金融机构服务于不同地区经济发展需要,如合作金融、政策性金融等。但现行《商业银行法》只兼顾合作金融、商业金融的共性部分,未突出其他金融个性,不同性质金融机构,是为了适应不同的经济层次、服务对象而存在的,各自有不同的功能和生存空间,但现行法没有很明确规定。

又如我国已经颁布了《担保法》,为担保业的专门法律,仅规范了一般事业法人或自然人的非专业担保行为,而对近年来纷纷设立的专业担保机构的法律、权利与义务并无明确规定,致使担保机构缺少法律保护与制约。如担保业的市场准入与退出、业务范围与种类、执业者从业资格、担保机构内控制度以及行业维权与行业自律等缺乏具体的规定。一旦担保机构失去制约,内部管理机制不健全,业务运作欠规范,存在较大的风险隐患。

其次,立法在观念上较滞后,缺乏前瞻性,不能适应少数民族与民族地区经济发展的要求。多年来,立法者立法观念较保守,受"成熟一个,制定一个"的观念影响,金融价值取向偏于保守落后,过分强调金融市场的安全和秩序,却疏忽了金融机构的自身价值目标;过分强调国家利益却疏忽了金融机构的自律和内控机制作用。如目前我国仅有一部《商业银行法》,却要面对不同管理标准的银行。再有自 1993 年 12 月《国务院关于金融体制改革的决定》明确"分业经营"的规定后,至今法律上仍然维持对金融业的分业经营,随着我国金融市场的对外开放,金融一体化的发展的格局以及大量

的证券融资工具的出现,决定了我国必须逐渐向融合化经营方式转变,提高国际竞争力。特别我国已加入WTO,目前的金融法律无论是从广度还是深度来看,都和WTO的金融法律要求相差很远,目前还没有一部具体涉及、规范国际金融服务贸易乃至国际服务贸易的基本法律,法规。不利于提高我国金融业的综合竞争能力。针对少数民族与民族地区经济发展较落后的特殊情况也没有制定相应金融法律法规,如少数民族与民族地区的金融机构的市场准入、业务经营范围、资产实力、资本金标准、违法处理等方面,少数民族与民族地区执行与非少数民族地区的金融机构相同的法律法规,只会使少数民族与民族地区金融业发展与非少数民族地区金融业发展差距越来越大。

最后,立法层次低,法不统一,法规缺位,实施困难。现有的金融法律条款过于原则化,缺乏可操作性,导致执法依据欠缺,在具体实施中,出现了一些问题无法可依的现象。现有的主要金融法律没有实施细则,且涉及范围不够全面,尽管有一些管理办法和指引性文件,最终流于形式,并不能切实可行的发挥作用。如对民间金融在蓬勃发展的同时,也暴露出很多问题,高利贷等非法活动的猖獗,严重侵害了借款人的利益,扰乱了金融市场秩序,在少数民族与民族地区问题更突出。由于法律法规的缺位,难以保证少数民族与民族地区金融业更健康发展。

四、金融创新受限,中小金融机构和金融产品、金融服务得不到发展

按照曹龙骐主编的《金融学》一书解释:金融创新(financial innovation)是指金融领域内各种金融要素实行新的组合。具体而言,是指金融机构为生存发展和迎合客户需要而创造新的金融产品、新的金融交易方式、新的金融市场和新的金融机构。

目前,我国少数民族与民族地区商业银行金融创新无论在制度上,还是在品种、工具、手段上都取得了可喜成绩,但在少数民族与民族地区的金融业,金融创新由于受体制、技术、宏观政策等多方面因素的制约,与发达地区

相比仍然有很大差距,主要表现如下:

1. 创新的中小金融机构的发展受到很大限制

少数民族与民族地区中小金融机构是相对于全国性金融机构而言,它主要服务于少数民族与民族地区经济,充分发挥着对国有金融机构的辅助作用,能为这一地区金融业的发展和经济增长起着积极的推动作用。中小金融机构具体指小型股份制商业银行、信托公司、财务公司、典当行等。自2006年银监会调整放宽农村地区银行业金融机构准入政策以来,截至2008年5月末,全国已正式开业新型农村金融机构41家,新型农村金融机构的主要形式是村镇银行、贷款公司、农村资金互助社等。但只是分布在沿海、内地发达地区,如南京、温州、北京等地区。而欠发达的少数民族与民族地区金融创新基本上被各种政策封杀了,限制了这一地区中小金融机构的发展。据统计,目前我国还存在2868个"零金融机构乡镇",其中2645个在西部地区,占全国总数的90%。此外,有2个县(市)、8901个乡镇仅有1家金融机构。

2. 商业银行创新的金融产品品种少,结构不合理

改革开放以来,我国创新的金融产品达70多种,范围涉及金融业和各个层次,但85%左右是通过"拿来"方式从西方国家引进的,属吸纳性创新,在少数民族与民族地区也一样,真正根据少数民族与民族地区具体情况来开发,属首创、具有特色的原创性创新较少。导致适用的创新品种较少且结构不合理。消费信贷、网上银行、租赁、个人理财业务等只是少量开办,"嫌贫爱富"现象较为严重。近年来,各行推出的创新品种,大都只着眼于高收入阶层,如汽车、住房贷款等,而对中低收入阶层的创新品种却很少,这样就使大量中低收入者无法踏入消费信贷的大门,新品种覆盖面不够。

3. 商业银行金融服务层次差,创新业务规模小

在少数民族与民族地区,由于受到来自内外部条件的限制,商业银行的金融服务业务单一,主要集中在信贷业务上,新兴的中间业务在这一地区根本没有普及。且创新业务的发展规模较小,主要表现为数量扩张,质量较低,在银行的整体业务规模中占比低,难以起到调整优化整体资产负债结构

的作用,也难以产生相应的规模效应。金融机构创新的微观动机则偏向于在无序竞争中抢占市场份额,金融创新的重点放在易于掌握、便于操作、科技含量小的外在形式的建设上,如金融业务的扩张等,出现了许多不计成本甚至负效益的金融创新。与市场经济体制要求相适应的经营机制方面的创新明显不足。此外,金融创新主体素质不高,创新的内容比较肤浅,手段也比较落后。

第三节 金融支持体系的构建

一、金融组织体系

1. 建立和完善间接融资体系

(1)充分发挥国有商业银行作用,为少数民族与民族地区经济发展提供更优质的金融服务

国有商业银行,面对西部大开发,加快整个少数民族与民族地区的经济社会的发展,肩负着重要使命。因为国有商业银行有着良好全面的金融服务的基础,应开拓思路,充分发挥各自金融服务优势,加大对少数民族与民族地区,特别是欠发达的少数民族与民族地区县域经济的信贷资金投入力度,加快"三农"经济结构调整和农业产业化步伐。依托银行中介,做好全方位的金融配套服务,进一步放开对个人业务,根据少数民族与民族地区的具体情况,发展耐用消费品和教育等消费贷款以及小额抵押贷款;有条件的地区、城镇多发展个人住房、汽车消费贷款,还应大力发展个人理财业务,为少数民族与民族地区个人投资和生活带来更大的方便。还可通过多渠道,采取各种措施,在少数民族与民族地区经济发展中发挥作用。如国有商业银行可通过筹集方式,在国外发行债券,筹集资金用于少数民族与民族地区的经济建设项目开发;还可以为少数民族与民族地区投融资提供服务,如承销各种债券、托管少数民族与民族地区开发基金等。

在少数民族与民族地区,把这一地区现有农业银行的网点优势,工商银

行、建设银行的城区网点优势以及中国银行的海外网点优势和各家国有商业银行现有电子网络联合起来,实现相互联网,使这一地区的银行卡、存折在全国范围乃至海外资金向这一地区移动创造便利条件。同时也能让少数民族与民族地区的居民享受到各种金融服务产品,促进这一地区的经济发展,改善少数民族与民族地区生产、生活环境,切实增加他们的收入,提高这一地区的文化、生活水平。

（2）构建多层次中小银行体系,是解决少数民族与民族地区融资的重要途径

就我国目前情况看,我国还是一个以银行间接融资为主导的金融体系,企业融资90%以上通过银行配置,少数民族与民族地区融资也不例外。就这一地区而言,中小银行数量严重不足,与这一地区的经济现状存在较大的不适应,也是这一地区经济不断萎缩,缺乏资金投入及相应的金融服务的重要原因之一。因此,应大力发展中小银行。

首先,主要途径为:第一,将国有银行的县支行改造为独立的地方银行;第二,以市或县为单位新设一批以吸收民间资本为主的中小银行;第三,完善农村金融服务体系,逐步将农村信用社改造成为少数民族与民族地区服务的地方性银行。

其次,在政策上给予必要的扶持,为中小银行发展创造一个宽松、良好的政策环境,具体做好几方面工作:第一,减轻赋税。中小银行以金融零售业务为主、成本高、受益低,因而不能与大型银行承担同样的赋税,应对中小银行在税收上给予明确优惠政策。第二,提高贷款利率浮动幅度因为零售价高于批发价符合市场规则,作为资金的价格,中小银行与大型银行的贷款利率应有所差别。第三,政府出资牵头组建少数民族与民族地区贷款担保基金,可以县、乡（镇）两级政府财政出资为主,以龙头企业等经济主体筹资为辅,组成少数民族与民族地区贷款担保基金。该基金主要面向少数民族与民族地区的农户、农村小企业、个体工商户,切实解决他们大额融资担保的"瓶颈"问题。同时降低和分散中小银行贷款风险,提高资产质量。第四,应推进存款保险制度的建设,逐步形成金融机构风险的市场分担机制,

以增强中小银行改善经营的动力和压力,减少其经营的道德风险。

此外,要规范中小银行业务行为,办出业务特色。中小银行应参照国际惯例,再结合少数民族与民族地区的特点,进行功能定位和市场定位,办出自己的业务特色,如城市商业银行应主要为中小企业和市民服务,突出全能银行特色;农村信用社,应主要为内部社员服务,突出合作制特色。各中小银行只有办出各自特色,才能吸引、留住客户,并在市场独占一隅,避免恶性竞争。

(3)对少数民族与民族地区有效金融支持,需要充分发挥政策性银行政策性功能

从国际经验看,政策性金融机构在解决区域不平衡发展的资金问题方面发挥着十分重要的作用。例日本开发银行,其目的是通过提供长期资金等办法,促进产业的开发和社会经济的发展,并补充和引导民间金融机构融资。德国复兴开发银行的职能之一就是对那些重建和促进德国经济发展的项目发放贷款,而这些项目所需的资金是其他信贷机构无法筹集到的。从我国目前情况来看,为了充分发挥政策性银行对少数民族与民族地区经济发展中的有效金融支持,首先,应组建少数民族与民族地区开发银行,集中使用国家提供的中长期重点建设项目的投资和扶贫开发资金外,应做好如下工作:第一,为保证将开发行各项业务纳入法制化、规范化,能够依法开展各项业务,借鉴一些国家政策性银行单独立法做法,制定《国开行银行法》,用法律规范国发行的业务活动,保障其充分履行职能。第二,为国发行支持少数民族与民族地区经济社会发展创造一个较好的外部环境,包括在资金、利率、贷款期限、税收、自主权等方面给予必要的支持和特殊政策。第三,建立长期、稳定和多渠道的资金来源。就目前国发行资金来源主要通过发行金融债券从各商业银行和非银行金融机构介入资金,使其处于借用资金期限短、利率高与贷款期限长、利率低的资产负债结构不匹配的困境,严重制约着国发行业务的开拓。可借鉴日本政策性金融机构的资金80%以上来源于邮政储蓄以及养老基金、医疗基金等具有一定强性和稳定性的资金为其来源,同时,适当利用中央银行再贷款,并且择机在国际金融市场发行各

种债券筹集资金。

其次,扩大农业发展银行业务范围。由目前仅支持国家级粮棉油收购、储运向粮棉油生产领域延伸,开办粮棉种子工程建设贷款、批发市场基础贷款、农业综合开发贷款、扶贫贷款、小额贷款,围绕农业、农村经济结构调整做好政策性金融服务。

(4)充分发挥邮政储蓄银行的独特优势,为提供优质金融服务少数民族与民族地区经济社会发展

对新成立的邮政储蓄银行,充分利用其网点遍布城乡和其在软硬件建设的优势,办好现有业务,提高服务质量,将吸收的存款应全额用于少数民族与民族地区经济社会发展,防止资金外流,弥补少数民族与民族地区金融主体的缺位,从而强化金融机构对少数民族与民族地区经济社会发展的服务功能。

2.坚持引导与堵疏相结合,规范民间融资行为

(1)对有利于经济发展的民间融资行为,政府应承认其合理性,要加以引导和监督,对于不择手段的获取高额利润为目的的高利贷行为应坚决打击,要尽快完善规范民间融资行为的法律法规,赋予其应有的法律地位。例如制定易操作的《民间融资规范管理办法》,对民间融资的管理主体职责和内容、借贷主体、期限、利率水平等方面做出指导性的规定,逐步把民间融资纳入正常的金融监督体系。

(2)鼓励民间资本进入少数民族与民族地区的金融领域,投资于地方性股份制商业银行和农村合作金融组织,也可组建非公有制性质的民间金融组织。这样,既可以有效地弥补商业银行退出后对少数民族与民族地区造成的制度性金融资源的缺损,还会有助于竞争性金融市场的形成,有助于金融资源的合理配置。

(3)充分发挥少数民族与民族地区现有银行信用中介的职能,创新金融业务探索发展个人委托贷款业务,让民间融资更多通过银行的牵线搭桥来完成,通过这项业务可为资金出借者降低风险,同时也可作为个人理财的渠道之一,为委托人提供更多的投资理财机会,最终让民间融资从"地下"

走到"地面"上来,即由地下操作变为公开。

3.建立符合少数民族与民族地区特定的保险制度

保险业必须结合地区经济社会发展实际情况而推行各种保险产品,少数民族与民族地区也不例外。少数民族与民族地区仍是欠发达地区,城镇和农村居民保险意识薄弱,支付能力低,如何让他们意愿购买保险,卖得起保险,这是少数民族与民族地区面临的挑战。

(1)在少数民族与民族地区设立政策性保险公司

开办符合这一地区特点的低成本、高效率的政策性保险业务,强化政策性金融支持少数民族与民族地区发展作用。具体要做的工作:一是研究建立保费分级配套财产补贴制度,发挥中央和地方政府支持保险的积极性。如农业保险,在国外,从经济上全面支持农业保险,已成为政府保护农业的一个重要手段。在美国,政府为参与保险的作物提供30%的保费补贴,加拿大补贴50%,日本补贴50%,菲律宾的保险费由政府、贷款机构、农民三方分担,其中政府分担50%以上,这值得借鉴。二是研究制定保险扶持政策如资金、税收和再保险等方面给予政策。三是稳步推进农业政策性保险机构试点工作,适当扩宽农业保险业务范围,根据辖区内农业、牧业发展特点,开发适合这一地区的农业、牧业区的种植、养殖业保险产品,充分发挥保险公司在少数民族与民族地区经济社会发展中的服务保障功能。还可以建立种植、养殖风险基金或互助会等类似组织,增强其对种植专业户、养殖专业户的培养和扶持作用,发挥这些专业户带动少数民族与民族地区经济社会发展,促进农民增收的示范作用。

(2)在少数民族与民族地区落后区域(县),建立少数民族与民族地区金融风险补偿机制

采取"保险＋信贷＋基金"的模式,建立适合农业的保险机制,具体措施:一是鼓励商业保险公司自由、代办、和政府联办方式办农业保险;有外资保险公司的地区,允许外资保险公司参与农业保险。二是加强农业保险与国有商业银行、地方商业银行合作,实行农业贷款与农业保险配套发放,对已投保的农业项目和农户优先发放贷款。三是仍把农业保险纳入农村政策

扶持体系,将受灾农户财政补贴改为生产自救性的保险补贴,对经办农业保险的政策性金融机构适当减免营业说和所得税。四是建立农业信贷风险基金,发挥对少数民族与民族地区的经济补偿作用。

(3)积极推广小额保险

小额保险是一种金额较小,保费较低,投保和理陪的手续简便,比较适合农村经济发展水平和农民消费水平。小额保险在农村能落地生根能为低收入农民"雪中送炭",为农村和城市低收入人群提供简易保险,是一种市场化的有效的金融扶贫手段,现已在世界上越来越多的国家和地区广泛采用。近年来,在印度、孟加拉、菲律宾等发展中国家以多种形式在农村地区推进小额保险业务,取得了较快发展,我国经过几年的探索和实践,也取得一定的发展,初具规模。小额保险也适合少数民族与民族地区经济发展水平和少数民族消费习惯。目前已推出的小额保险的种类有:小额农业财产保险、小额寿险、小额意外保险、小额健康保险、小额信贷保险。国家、地方应给予政策支持,给予办理小额保险的保险公司和低收入人群补贴。根据不同地区实际情况,加强与邮政储蓄银行、农村信用社、农业银行等金融机构合作,借助其网络平台,根据少数民族与民族地区客户聚集分散、交通不便等客观情况和特点,开展小额保险,建立和完善县一级公司、农村营销服务部和村服务员的三级服务体系。可聘请素质较高的村干部为开办小额保险业务服务,将缴费保金、理陪等服务权限延伸到村基层服务部,更好为少数民族与民族地区偏远山区的保户提供服务。

4.应大力发展非银行金融机构

从市场经济国家先进经验看,通过间接融资渠道供应长期资金的主要是非银行金融机构。非银行金融机构有一个共同特点是拥有长期而稳定的资金来源,可以进行投资,购买一些期限较长、收益较高的金融工具,从而向市场大规模资金需求者提供融资。由于各非银行金融机构开展业务的形式和范围不同,故发挥融资功能也显现不同特色,如在贷款市场上已形成各自的"阵地"。以融资租赁为例,这种租赁方式由出租方以收取租金为条件,出资购买承租方所需的设备,从而以"融物"形式达到"融资"的目的。对那些缺乏资金的少数民族与民族地区企业来说,融资租赁可使其在获得担保的情况下,先租赁大型设备进行生产,日后再付清钱款。仅仅这一种金融工具,在美国对美国 GDP 的贡献就已超过 30%。因此在少数民族与民族地区应适当放宽其资金运用限制,需要政策扶持,应成为构建少数民族与民族地区金融体系的重点之一。

5.积极发展多层次的资本市场体系

利用资本市场开展直接融资仍是解决少数民族与民族地区经济发展中资金短缺的重要途径,直接融资不仅能把分散在个人、机构手中的闲散资金集中起来投入少数民族与民族地区,而且也能避免间接融资造成企业债务负担过重,开发项目效益不佳的弊端,减轻少数民族与民族地区间接融资压力,刺激金融市场发展。为此,需要调整目前的资本市场主要集中在东部、沿海发达地区,强化资本市场的资源配置功能,为少数民族与民族地区经济社会发展筹资,培育和发展资本市场,并进而发展少数民族与民族地区区域性金融中心。

(1)国家应增加少数民族与民族地区直接融资数量

放宽少数民族与民族地区企业资本市场准入条件,优先扶持资源型企业和有民族特色、有地方产业优势的企业上市,以增强其实力,缩短审批时间和简化程序。以扩大少数民族与民族地区上市规模。

少数民族与民族地区的财政部门可发行地方性债券,适当放宽债券利率上限,以吸引更多投资者。

(2)设立各类投资基金,提供政策优惠

可以尝试发展少数民族与民族地区产业投资基金、旅游发展投资基金、开发投资基金、风险投资基金等,给予政策扶持,以利于吸收大额闲散资金,允许各基金在全国公开发行,上市交易,为少数民族与民族地区大规模的投资项目提供有利融资条件和资金支持,为资本市场发展提供丰富的金融产品。各类的运作可以借鉴发达国家或其他地区的做法,例如"开发投资基金",可以借鉴美国资本市场上共同基金的经验,资金来源可以中央和地方财政资金为主,还可以面向国内企业、投资、个人投资者以及港澳台和其他外资认购,应成立基金管理公司来经营,并制定保障基金筹集使用的专项法规,在确保资金组织到位,有效运用。在符合市场规范的条件下,尽快促成基金上市,使各基金投资者成为基金股权主体,从根本上解决少数民族与民族地区融资问题。

（3）加快发展货币市场步伐

少数民族与民族地区要在规范的前提下,加快商业票据业务的发展,逐步实现商业信用票据化,中央可放宽少数民族与民族地区商业银行的再贴现业务额度限制,率先在少数民族与民族地区建立区域性的票据市场,以提高票据的流动性。

6.建立健全少数民族与民族地区信用担保体系

（1）建立和完善政策性信用担保机构、合作互助性担保机构和商业性担保机构

可以借鉴西方发达国家的经验,结合少数民族与民族地区的实际情况,建立和完善政策性信用担保机构、合作互助性担保机构和商业性担保机构三类不同性质的担保机构,实施不同的市场定位。

一是由政府出资或资助建立政策性信用担保机构。担保基金的筹集,通过中央和地方政府编制信用担保资金预算来解决。采取政策性方式运作,附属于政府相关职能部门。政策性担保机构其性质具有政策性,不应从事贷款担保以外的投资业务,应当本着保本微利的原则经营,不应以盈利为主要目的;以少数民族与民族地区的企业、农业和农村经济的长期持续发展为目标,对直接相关的融资项目提供担保和再担保,同时分担金融机构对少数民族与民族地区的经济主体的融资风险。政策性担保机构体现了政府的政策性意愿,现阶段将在很大程度上弥补少数民族与民族地区信贷市场担保行为的供给不足,缓解少数民族与民族地区信贷约束。

二是发展合作互助性信用担保机构。合作互助性担保机构是由少数民族与民族地区辖区内的企业或农户为解决自身融资难题而成立的互助性担保机构。以会员企业出资为主,各级政府可以适当出资但不干预其自主经营。该机构的运营要体现"自愿平等、利益共享、风险共担"的互助合作关

系,实现互惠互利共同发展的目的,追求的是社会或社会效益,以会员企业为服务对象,是一种合作制机构;

三是发展商业性信用担保机构。商业性担保机构是以少数民族与民族地区城镇中小企业、个体工商户和农村小企业为主出资,以市场化手段组建股份制担保公司,担保公司具有独立法人地位,产权明晰,职责分明,采取商业化运作方式,以盈利为目标,该组织完全市场化运作,对其业务范围可不作过多限制,允许其从事贷款担保以外的其他投资业务。商业性担保机构是现代金融市场上较为理想的一种运行模式,但其存在和发展较强地依赖于金融交易活动频繁、金融交易空间大及良好的社会信用环境,这些与当前少数民族与民族地区经济现实差距较大,要在目前的少数民族与民族地区信贷融资市场大范围推广还需要一段较长的时间,因而,商业性担保机构可以挑选几个经济较为发达的地区展开试点,在总结其成功的经验和反省失败教训的基础上,再逐步在少数民族与民族地区范围内推广建立。

一个完整的信用担保体系应由政策性、合作互助性和商业性担保体系共同构成,但在不同的时期和不同的地区应当有所侧重。少数民族与民族地区现实的选择应以政策性担保机构为主体,辅之以合作互助性担保、商业化担保,以破解中小企业、农户与农村的融资难题。在此过程中,要严格各信用担保体系的功能定位,防止其功能异化,使得各信用担保体系能真正发挥出自己应有的作用。

(2)各级政府应积极创造条件,促使金融机构与担保机构在平等、自愿、公平及等价有偿的基础上建立利益共享、风险共担的合作关系。

随着我国资本市场的发展和渐趋成熟,银行信贷卖方市场的状况不断改善,银行信用和担保信用二者之间不平等合作的关系将逐步得到调整,平等合作能够逐步实现。

各担保机构应进一步完善风险分散机制。首先,担保机构和贷款银行之间通过比例担保的形式共同承担担保风险,既可分散担保业务风险又可抑制由于承保比例高而产生银行道德风险。其次,担保机构和被担保企业之间通过不同担保费用率与承保比例组合的合同设计或反担保来分散担保风险。一般较高的投保费用率与较高的承保比例相结合,通过企业自我选择担保机构,可识别出不同的企业风险倾向,从而锁定自身风险。担保机构还可以通过与中小企业签订反担保条款来分散风险。再次,担保机构还可以向保险公司或再担保机构分散担保风险。除此之外,还可以考虑鼓励商业性担保机构业务经营多元化,从事风险投资业务等。

(3)健全和完善担保机构的资金补偿机制

一是加大中央和地方财政资金用于信用担保体系建设的力度。政府性担保机构政府可以按财政收入增长的一定比例用于补充担保资金,也可将企业税收收入的一定比例专门用于担保机构的资金补偿,扩充基金规模,确保担保基金总额尽快扩大规模,以此促进担保业务健康、快速发展。

二是要加大税收政策扶持,为体现政府的政策导向,对符合条件的信用担保机构继续给予减免营业税政策支持。

三是互助性担保机构和商业性担保机构,政府应放宽政策。允许资金多元化,比如从社会公众筹集资金、以员工持股方式从员工筹集资金、鼓励国内外的捐赠资金投入、股份联合和金融机构捐助等;允许民间资本进入信用担保业;在具备条件的情况下,引入海外资本。适当地引入外资不仅可解决少数民族与民族地区担保业发展的资金约束问题,而且对于担保企业转换经营机制、提高管理水平、适应市场的多方面需求均有极大好处。

(4)明确担保行业的法规与管理制度,加强对信用担保业的监管。

担保行业是一个高风险行业,又承担着一定的社会责任,必须尽快明确行业准入、退出和行业管理办法,包括会计制度及资本金补充办法等也应尽快明确。以依法引导担保业健康发展,更好地为少数民族与民族地区企业服务;少数民族与民族地区各有关部门切实负起责任,加强对担保机构运行状况的监管,规范担保机构的业务行为,提高担保机构的管理水平,保证担保资金安全有效和规范使用,为担保业创造良好的发展环境。

(5)尽快开展少数民族与民族地区区域性再担保(基金)试点,建立健全担保机构的风险防范、控制和分担机制。

一是要鼓励有条件的地区建立区域性再担保机构或担保基金。再担保模式可以考虑建立区域性的再担保机构作为最后担保人,再担保机构的性质上定位于市场化股份制区域性信用再担保机构,资金来源上以各类担保机构和战略投资者出资为主,业务以市场化担保为主,面向少数民族与民族地区各地融资担保、企业担保提供再担保服务,担保机构与再担保机构之间分担风险,再担保机构承担部分风险,如30%等。

二是要加强担保机构自身的风险预警和监控机制,不断强化风险意识,始终把防控风险放在开展担保业务的首位,努力提高自身的风险控制和管理水平,实现行业优化和整体能力提升。

二、金融协调体系

1.银监局、保监局和证监局协调合作机制

采取互派人员学习讨论等方式,相互学习和借鉴各方先进的监管手段和技术;通过联合举办金融研讨会等形式,进一步拓宽少数民族与民族地区金融机构经营思路、更新经营理念、改善经营方式和手段;进一步探讨新的业务合作模式,鼓励和推动辖内银行、证券、保险机构加大合作产品创新力度,提升服务水平。

2.建立和完善内部风险预警协调机制

监管部门应加强对金融风险的监管,建立一套包括资本充足率、流动性、清偿力、资产质量、外汇风险、衍生交易、内部控制、表外业务风险和综合风险在内的监管指标体系,实施全面风险管理;修改、完善现行的金融法规和监管办法,强化监管;落实国家的金融和货币政策,支持工业、农业、科技、商贸的改革和发展,提高经济运行质量。

三、金融服务体系

1.推进市场建设,构建金融服务区,培育区域性金融中心

首先,加强少数民族与民族地区证券经营机构的建设,完善地方监管体系,培育理性的市场投资人。其次,在少数民族与民族地区选择一些省级城市建立地方性资本市场,充分发挥其经济辐射功能和资金统辖权,带动本地

区经济发展。条件成熟的时候,在少数民族与民族地区选择几个城市培育和发展区域性金融中心,从而使之形成多层次、开放性的少数民族与民族地区金融支撑网络,为少数民族与民族地区经济发展提供资金。

针对少数民族与民族地区经济社会发展的特殊性、民族性,在一些条件比较好的地区,可以将金融集群发展,形成金融产业集聚。如广西,作为少数民族与民族地区,在广西的沿海地区形成了广西北部湾经济区,这是一个即将崛起的经济增长极。广西北部湾经济区将出现一轮新的投资热潮,因此要有现代化的金融机构相佐。为了便捷地推动北部湾的开放开发,形成便捷的金融服务。可以参照发达地区的经验,构建金融服务区。目前,北京、上海、天津等地在银行、证券公司、保险公司等金融机构集中的地方均设有当地著名的金融街,这些具有一定规模、功能完善的金融街充当着全国或地方金融中心的载体,为各类企业集中提供十分完善便捷的金融服务,促进了全国或地方金融业及经济的发展和繁荣。纽约市不足1000米长的华尔街集中了大量银行、保险公司、交易所等各类国际金融机构,是世界上最具影响力的国际金融中心。因此,要想依托金融服务业拉动北部湾区域的经济发展,我们也应该效仿国际和国内的先进做法,设立金融街,构建金融服务区。而最适合设金融街、构建金融服务区的地方当属南宁市的琅东新区。目前,这里已经聚集了大量的金融、商贸、文化、服务及大量的商务办公和酒店、公寓等设施,具有最完善、最便捷的交通、通信等现代化的基础设施和良好的环境,也是市政府所在地。因此,在琅东建金融街,构建金融服务区,可以进一步吸引大量跨国公司、金融机构、企业、财团在此设立总部或分支机构,不仅便于开展各项商务活动,也会提升南宁、广西,乃至经济区的知名度和影响力,从而促进整个区域的发展和繁荣。同时,金融区位置处于经济区的中轴线上,与已经初具规模的行政中心区将共同构成整个经济区的中心,这将是经济区建设的高潮之处和点睛之笔,必将成为未来经济区空间景观的主要部分。

2. 加快金融产品创新

大力发展小额担保信贷、便利性结算工具、金融理财等创新产品,探索开发新险种、在岸、离岸金融等新型产品,鼓励开办跨市场金融工具,积极提供中小企业创新服务。对环北部湾的能源、交通、海洋、旅游和环保等重大项目,提供以中长期项目融资为主的开发性金融服务,更持久地支持区域产业结构调整和基础设施建设。

3. 推进体制机制创新

这需要支持国有金融机构进一步规范公司治理,建立有效的绩效激励、风险控制和资本约束机制;支持政策性银行向符合市场需要的、财务上可持续的、具有一定竞争力的开发性金融机构转变;进一步推进农村信用社改革,促进治理结构的完善和经营机制的转变,大力支持农村小额信贷组织和农村保险机构建设,完善农村金融服务体系;积极推进地方金融机构改革,鼓励跨区域收购、兼并、重组,鼓励社会资金参与,保证地方金融的健康发展,增强为地方经济发展服务的能力。

四、金融开放体系

1. 要敢于走出去

在中国与东盟经贸关系快速发展的新形势下,开拓东盟市场面临更有利的发展机遇。支持地方金融企业加强与国内外其他金融机构的业务往来和协作,对地方金融企业实施"走出去"战略给予政策上的支持。要进一步增强市场意识,提高服务水平和效率,满足客户特别是跨国企业客户的金融需求,做好客户的跟踪服务工作,扩大服务内容。要积极借鉴发达国家的成功经验,运用国际上先进的风险管理理念,建立海外投资风险评估系统,分析和防范投资风险。要借鉴发达国家海外投资的促进与管理经验,逐步完善出口信贷、海外投资保证、出口信用保险等业务。

2. 要积极引进来

为了提高少数民族与民族地区的金融开放程度,要积极实施"引进来"策略,制定优惠政策,吸引外资金融机构前来设立分支机构或投资入股境内金融机构;要加强与发达省份的交流与合作,吸引更多的金融机构前来开设分支机构。

五、金融生态体系

1.加强政府对金融业改革发展的组织和领导

明确政府在金融业发展中的角色定位、政策取向,确定金融业阶段性发展目标,加强与中央有关部门及中央驻桂单位的沟通和联系,及时掌握和了解重大决策,协调好金融业重大项目的规划和发展布局,充分发挥主导作用,组织、引导和协调社会各方共同参与地方金融生态的建设。

2.强化政府的金融服务意识

政府相关部门应定期听取金融机构的意见和要求,帮助它们及时解决问题;制定地方性税收优惠政策,在金融机构所得税、个人所得税、管理层任免和工作监管方面作一些大胆的探索性尝试,完善金融机构发展的配套体系,降低金融机构运行成本,为金融机构创造良好的外部环境;重视建立有利于金融发展的规章制度,吸引区域外资金流入,提供可持续的资金支持。

3.加大对金融资源的整合和推广力度

政府应探索在现有制度安排下整合金融资源的有效途径,加强协调,统筹规划;以政府为主导制定金融业整体包装措施,提高政府对外宣传的力度,定期举办国际或国内金融论坛,为国际、国内金融人才搭建交流的平台。

4.加快少数民族与民族地区的法制建设

(1)确立少数民族与民族地区法律地位,加强立法

国家应当确立少数民族与民族地区法律地位,使其在制度上具有稳定性,制定适应少数民族与民族地区的金融法律法规。同时要有其他法律制度相配合和支持。主要金融法律由全国人大或常委会制定,并在此基础上配套颁布相关法规、规章及地方规章。

(2)修改不合适的金融法律法规,完善少数民族与民族地区的法律体系

从金融业宏观法制而言,金融法律制度的完善是为了我国金融机构的竞争创造良好的环境,确保我国金融市场的安全运行,防范金融风险和提高我国金融机构综合竞争能力,首先,我国的金融法律必须与WTO的金融法

律接轨,要根据 WTO 的规则和惯例,并结合我国的具体国情构建一个内容全面、功能齐全、结构合理的符合国际金融一体化的金融法律体系。一是修改不适合的法律法规。对于那些与 WTO 规则不相符的法规,应尽快修改或废除。如对《商业银行法》、《人民银行法》、《证券法》、《担保法》、《票据法》、《保险法》、《银行业监督管理法》等法律法规进行修改。具体讲,《商业银行法》第 13 条的规定与《外资金融机构管理条例》的第 5 条规定存在冲突,内外有别;《人民银行法》、《商业银行法》对银行保险、存款保险制度、最后贷款制度、接管制度等缺乏完善规定,造成了对外资银行的监管缺乏法律依据。其次,尽快出台几部法律法规,例如:关于信托、期货、典当等行业的法规;规范企业破产方面的法律。

从少数民族与民族地区而言,修改《商业银行法》,以明确规定少数民族与民族地区的现有分支机构的商业银行有义务为其经营业务所在地提供金融服务,在保证资金安全的前提下,将其分支机构吸收的存款一定比例用于本地区信贷投入,保证少数民族与民族地区经济社会发展需要。

(3)适当超前立法

"法"作为促进社会发展的工具,它不仅规范着各种社会关系和人的行为,而且它对人们的行为起着一种先导或引导的作用,具有预见性。超前立法的意义就在于要体现法的这种先导或引导的作用。从目前少数民族与民族地区的金融机构的实践运作看,事前设规,先导发展尤为迫切。立法的适度超前,至少可以减少和缩短不必要的历史重复。

一是加强少数民族与民族地区金融机构市场准入、退出、业务范围等立法。我国东、西部少数民族与民族地区不同区域的经济发展极不平衡,金融机构发展也存在严重的不平衡,要利于少数民族与民族地区经济发展,少数民族与民族地区的金融机构市场准入与东部发达区域有区别,相对要低一些,业务范围、金融产品要结合少数民族与民族地区具体服务对象的特色以法形式确定,对市场退出方式、步骤、法律责任等方面的法律更新,以规范金融机构的市场退出行为,提高金融机构退出的法律层次。

二是制定全国性的《政策性银行法》。根据国情,借鉴国外得到市场普遍认可的国际通行惯例的相关规定由人大来制定此法律,同时由国务院针对各家政策性银行情况颁布行政法规即各政策性银行的条例,明确各家政策性银行的职能、服务对象。这样既可以发挥法律对政策性银行的规范、约束和保护作用,又可以分别确立各政策性银行的法律地位、经营原则和业务范围,界定国家、政策性银行与借款企业各方的责任,使国家运用政策性信贷资金、企业使用政策性信贷资金、银行管理政策性信贷资金都有法可依。根据少数民族与民族地区的特殊区域,制定不同商业银行、不同非民族地区,独立制定《政策性银行法实施细则》,对少数民族与民族地区的政策性银行的设立宗旨、经营原则、业务范围、法律责任等做出具体规定,确立界定政策性亏损和经营性亏损标准,明确规定政策性银行立足于少数民族与民族地区的政策性金融领域,根据国家的宏观政策变化、金融体制改革的深化以及少数民族与民族地区经济社会发展的实际情况,重新进行金融职能定位。

三是制定少数民族与民族地区的民营银行的法律法规,允许少数民族与民族地区民营金融的存在。发展少数民族与民族地区民营银行等金融机构,从根本上有效打击和制约部分非正规金融。比如可以通过改革现有金融机构使其发展为少数民族与民族地区乡村银行,也可以直接新建少数民族与民族地区乡村银行,从而杜绝非法金融机构存在的空间。成立这些民营金融机构,要立足于少数民族与民族地区,业务范围具有一定的区域性,是地方性金融机构,不是地方政府管理的金融机构,独立从事金融活动,接受人民银行监管的金融企业。

(4)对少数民族与民族地区开发专项基金及相应的基金立法

通过对基金立法,以确保基金的投向、运作、管理有序进行,避免基金的不恰当使用。

(5)加强法制建设,营造良好的法制经济环境

一是加大金融法规的宣传和普法,增强少数民族与民族地区社会各界人士的金融法律意识,;二是规范执法行为,并建立健全有效的金融执法监督机制,加大对违法行为的打击惩治力度,造就良好的执法环境。三是加快

少数民族与民族地区法制机构和队伍建设。提高少数民族与民族地区金融也从业人员的金融法律意识，增强金融法制观念，加强对金融专业人才的教育和培养，充实少数民族与民族地区金融业既懂金融又懂法律的复合型人才队伍。

在立法过程中，要注意尊重少数民族与民族地区风俗习惯，遵守《民族区域自治法》，要从符合市场经济运行的特征出发，结合少数民族与民族地区多民族的特点，以及少数民族与民族地区复杂的自然条件、社会、历史、文化和快速发展的要求，在制定具体部门法上应该体现差异，尤其要有民族特色。少数民族与民族地区立法目标不是颁布几部法律，而是一项体系化、系统化的工程，建立一个全面具体的少数民族与民族地区金融法律体系，才能真正意义上保障并促进少数民族与民族地区金融组织、社会经济、科学文化教育事业健康、规范发展。

六、金融合作体系

1. 金融监管合作

稳定是金融业运行的重要保证，也是监管的主要目标之一。区域金融稳定就是指整体金融运行环境良好，管理机制健全，并具有较强的风险防范与化解能力。一方面，各金融监管部门要加快建立区域金融风险的监测指标体系，通过跨区域金融监管、风险预警、风险救助等措施，客观分析判断整体金融风险，定期发布区域金融稳定评估报告，制定完善应急预案，引导辖区内机构提高经营管理水平，促进金融体系稳健运行。另一方面，各金融监管部门要建立定期或不定期的联系会议制度，共同商讨区域金融合作的长远规划，探讨如何加强与发达地区、先进国家的金融合作，在政策信息交流、调查研究、现场检查等方面扩大金融合作平台；交流经济金融发展中出现的问题和经验，共同研究经济金融风险的应对措施；协调区域金融合作的各种矛盾，加强财政支持与金融支持的配合，扩大金融支持乘数效应，促进少数民族与民族地区的发展。

2.金融市场合作

可以通过直接引进外资、扶持优质企业上市、发行债券等方式,建立适应不同企业的多层次、多种类金融市场,促进融资结构多元化,进一步拓宽融资渠道,积极利用境外资本市场。各地可借助区域合作的机遇,加快本地金融市场的建设,改善金融环境,提高金融市场开放程度,融入到区域经济一体化的进程中,使区域内金融市场之间实现良性互动。

3.金融机构合作

区域内金融机构之间可以通过相互联动来提供整体性的跨区域金融服务。加强地区间金融机构的联系与沟通,鼓励金融机构开展跨地区股权合作;继续创造条件,鼓励金融机构之间开展银团贷款、融资代理业务等合作,支持金融机构联合进行业务创新,进一步提升少数民族与民族地区的金融辐射和带动作用。另外,可以尝试借鉴泛美、东盟等区域开发的国际经验,整合地方金融资源,探索组建针对少数民族与民族地区经济社会发展的银行机构,为少数民族与民族地区提供金融服务。

4.金融资源配置合作

(1)探索建立信息共享合作机制

信息共享的内容应围绕金融安全运行、降低信息不对称带来的风险隐患进行传递。建立为少数民族与民族地区服务的金融合作网站,提供信贷登记咨询系统、个人综合信用档案系统、企业信用档案系统,促进区域内信息交流与共享。这三大信息系统不仅有利于加强少数民族与民族地区的经济交流,也有利于增强跨行政区域的金融服务,实现大范围的资源配置。

(2)推动资金的跨地区流动

要实现资金的区域性流动,金融机构要做好资金异地流动的基础工作,包括了解区域内市场状况、信用环境状况、产业发展政策等,加快与异地系统内和非系统内机构的联系与合作,搭建区域支付结算、票据交换、外汇交易、信用卡管理等平台,通过金融乘数效应,引导资金流向欠发达地区,流向资源开发型比较优势企业,促进区域和谐发展。

(3)加快培养国际型金融人才

　　我们应该多方面努力,培养国际型金融人才,为区域间金融合作提供人才保障。着力培养一批精通外语、法律、管理、财务,且熟悉国际市场资本和金融运作规则的高素质复合型人才。并且互派人员进行交流和学习,建立区域金融人才交流、培训中心。

结　　论

在科学发展观指导下,区域协调发展战略的实施,使西部大开发成为我国少数民族与民族地区在 21 世纪面临的难得的发展机遇,通过西部大开发政策的落实,将极大地加快整个少数民族和民族地区的经济社会的发展步伐。随着对外开放广度和深度的推进,以开放合作谋求发展,使处于边境地区少数民族与民族地区加强了与周边国家和地区的沿边经济的发展,对于维护和巩固边疆社会稳定,促进民族团结,实现经济社会的协调发展,起到了重要的促进作用。但是由于少数民族和民族地区恶劣的自然环境和薄弱的经济基础,思想观念的保守落后,文化素质的低下,人才的匮乏,使少数民族和民族地区的发展面临严峻的挑战。因此,只有深入贯彻落实科学发展观,才能更好地实现经济社会的协调发展。但是,在统筹发展过程中,必须抓住关键。也就是:统筹城乡发展的关键是要解决好"三农"问题;统筹区域发展要注意解决好薄弱的区域问题;统筹经济社会发展要实施经济文化一体化发展战略;统筹人与自然的关系,要大力推进可持续发展战略;统筹国内发展和对外开放要形成全方位、多层次、宽领域的开放格局。

在机遇与挑战并存的情况下,少数民族与民族地区要实现经济社会的协调发展,必须要构建一个适应少数民族与民族地区经济社会发展的金融支撑体系。通过建立有利于少数民族和民族地区经济社会发展的金融支持体系,加大金融的支持力度,提高资金使用的效益,确保少数民族和民族地区经济社会快速、健康、长效的发展。

参考文献

[1] 宋亚敏等:《对信贷配给模型的基层实证》,《金融研究》2002 年第 2 期。

[2] 胡浩:《流通、金融与制度创新》,人民出版社 2001 年版。

[3] 张家寿:《促进民族自治地方经济跨越式发展的金融政策探析》,《教育经济与管理(香港)》2004 年第 1 期。

[4] 张家寿:《中国东盟区域金融合作及其对区域经济发展的促进》,《改革与战略》2005 第 3 期。

[5] 张家寿:《加快民族自治地方经济发展的金融政策研究》,载入《新形势下民族区域自治政策研究》,中国社会出版社 2003 年版。

[6] 段水宽:《国有商业银行的产权制度改革》,《经济学家》2002 年第 2 期。

[7] 张家寿:《风险投资是高新技术中小企业发展的催化剂》,《广西大学学报》2002 年第 4 期。

[8] 张家寿:《关于开展农村小额信贷的思考》,《广西大学学报》2000 年第 5 期。

[9] 张家寿:《中国东盟区域金融合作与广西中小企业跨国经营战略选择》,《广西大学学报》2004 年第 4 期。

[10] 殷孟波:《西南经济发展的金融支持》,西南财经大学出版社 2002 年版。

[11] 西部大开发与民族利益关系协调课题组:《少数民族在西部大开发的利益实现研究》,《云南民族大学学报》2004 年第 3 期。

[12] 詹真荣、熊乐兰:《西部大开发与民族地区经济社会发展》,《青海民族

学院学报》2001 年第 4 期。

[13] 郭晓合：《大接轨——21 世纪民族区域经济开发模式新论》, 中国经济
　　　出版社 2001 年版。

[14] 牟本理：《论我国民族地区跨越式发展》,《西北民族大学学报》2003 年
　　　第 5 期。

[15] 周兴维：《民族地区经济社会可持续发展的思考》,《西南民族学院学
　　　报》2001 年第 8 期。

[16] 殷孟波、张桥云：《西南地区经济发展模式选择与金融支持分析》,《财
　　　经科学》2003 年增刊。

[17] 人民银行成都分行课题组：《民族地区经济发展的金融支持问题研
　　　究》,《西南金融》2003 年第 1 期。

[18] 龚晓宽：《五个统筹与西部大开发——以贵州省为例》,《经济问题探
　　　索》2004 年第 7 期。

[19] 李源、吴静静：《论西部大开发中的金融支持》,《财经科学》2000 年增
　　　刊。

[20] 汪兴隆：《货币资金区域配置失衡的考察及其调整——金融支持西部
　　　大开发的思考》,《财经研究》2000 年第 6 期。

[21] [美] 雷蒙德·W. 戈德史密斯：《金融结构与发展》(中译本), 中国社
　　　会科学出版社 1993 年版。

[22] [美] 罗纳德·I. 麦金农：《经济自由化的顺序》(中译本), 中国金融出
　　　版社 1993 年版。

[23] [美] 彼得·S. 罗斯：《货币与资本市场》, 机械工业出版社 1999 年版。

[24] 王广谦：《经济发展中金融的贡献与效率》, 中国人民大学出版社 1997
　　　年版。

[25] 周振华：《金融改造》, 上海人民出版社 2000 年版。

[26] 孙杰：《货币与金融》, 社会科学文献出版社 1998 年版。

[27] 张晓慧：《转轨中的中国金融宏观调控》, 辽宁人民出版社 1995 年版。

[28] 殷得生、肖顺喜：《体制转轨中的区域金融研究》, 学林出版社 2000 年

版。

[29]张杰:《中国金融制度的结构与变迁》,山西经济出版社1998年版。

[30]陈栋生等:《西部经济崛起之路》,上海远东出版社1996年版。

[31]白光:《西部大开发》(1~4部),中国建材工业出版社2000年版。

[32]何炼成:《西部大开发:战略、政策、论证》,西北大学出版社2000年版。

[33]秦凤翔:《西方经济思想库》(1~4卷),经济科学出版社1997年版。

[34]陈观烈:《货币、金融、世界经济》,复旦大学出版社2000年版。

[35]董晓时:《金融结构的基础与发展》,东北财经大学出版社1999年版。

[36]陈文俊、牛永涛:《强化西部大开发的金融支持》,《财经科学》2000年第2期。

[37]张宗新:《西部大开发的金融策略选择》,《经济学家》2000年第5期。

[38]刘华、李帮贤:《资本市场与西部大开发》,《改革》2000年第3期。

[39]汪兴隆:《西部开发的金融战略——区域货币资金失衡及其调整》,《改革》2000年第3期。

[40]胡家勇:《中国私营经济:贡献与前景》,《管理世界》2000年第5期。

[41]孙莉娜:《论产业结构调整中的金融支持》,《理论探索》2002年第1期。

[42]杨瑞龙:《论制度供给》,《经济研究》1993年第8期。

[43]宋立:《我国货币政策信贷传导存在的问题及解决思路》,《管理世界》2002年第2期。

[44]金雪军、章华:《制度兼容与制度绩效》,《经济学家》2001年第2期。

[45]何广文:《合作金融组织的制度性绩效探析》,《中国农村经济》1999年第2期。

[46]杨君等:《有效制度供给与中国经济增长》,《经济学家》2001年第1期。

[47]阿拉藤高娃:《行政性与政策性金融悖论》,《金融研究》2002年第7期。

[48]王广谦:《经济发展中金融的贡献与效率》,中国人民大学出版社1997

年版。

[49]田鸣:《资金与资源配置研究》,经济科学出版社2001年版。

[50]陈宗胜:《中国经济体制市场化进程研究》,上海人民出版社1999年版。

[51]杨思群:《资本积累与资本形成——储蓄投资经济分析》,社会科学文献出版社1998年版。

[52]吴少新:《储蓄转化投资的金融机制分析》,中国经济出版社1998年版。

[53]贝多广:《中国资金流动分析》,上海三联书店1989年版。

[54]张汉亚等:《中国资本市场的培育和发展》,人民出版社2002年版。

[55]李越:《金融市场秩序》,中国发展出版社1999年版。

[56]江春:《产权制度与金融市场——中国金融市场的产权问题研究》,武汉大学出版社1997年版。

[57]殷孟波:《西部大开发资金渠道问题研究》,中国金融出版社2006年版。

[58]张军洲:《中国区域金融分析》,中国经济出版社1995年版。

[59]苟海儒等:《区域金融行为研究》,中国商业出版社1998年版。

[60]郑长德:《世界不发达地区开发史鉴》,民族出版社1991年版。

[61]朱明春:《区域经济理论与政策》,湖南科学技术出版社1991年版。

[62]夏斌:《转轨时期的中国金融研究》,中国金融出版社2001年版。

[63]李武好:《中国经济发展中的财政政策与货币政策》,经济科学出版社2001年版。

[64]张杰:《中国金融成长的经济分析》,中国经济出版社1995年版。

[65]张杰:《中国金融制度的结构与变迁》,山西经济出版社1998年版。

[66]张杰:《制度、渐进转轨与中国金融改革》,中国金融出版社2001年版。

[67]顾建国:《资本积累论》,经济科学出版社1994年版。

[68]沈天鹰:《资本形成的货币金融维度——发展中国家的资本形成分析》,南开大学出版社2000年版。

[69] 许崇正：《中国资本与资本市场发展论——未来时代中国财富的积聚与获得》，经济出版社1999年版。

[70] 许崇正：《中国金融市场创新论》，中国财政经济出版社1996年版。

[71] 黄元全：《论我国西部民族地区经济发展中的主体功能问题》，《成都行政学院学报》2004年第5期。

[72] 韩廷香：《论西部民族地区开发中金融深化策略》，《西北民族大学学报》2003年第6期。

[73] 陈景辉：《民族地区金融发展和投融资机制初探》，《大连民族学院学报》2004年第4期。

[74] 朱其忠：《民族地区实现跨越式发展的博弈思考》，《新疆财经》2003年第5期。

[75] 中国人民银行重庆营业管理部课题组：《西部大开发的金融政策支持系统研究》，《改革》2000年第5期。

[76] 王建：《试从资金吸纳能力分析区域金融政策》，《武汉金融》2001年第3期。

[77] 易丹辉：《数据分析与Eviews应用》，中国统计出版社2000年版。

[78] 黄思骏、刘欣如译：《南印度农村社会三百年——坦焦尔典型调查》，中国社会科学出版社1981年版。

[79] 司马军、周圣葵、焦福军：《印度农业》，农业出版社1986年版。

[80] 张淑兰：《印度拉奥政府经济改革研究》，新华出版社2003年版。

[81] 李子奈、叶阿忠：《高等计量经济学》，清华大学出版社2000年版。

[82] 中国人民银行上海分行：《金融发展与稳定》，中国金融出版社2005年版。

[83] 周立、胡鞍钢：《中国金融发展的地区差距分析：1978—1999》，《清华大学学报》（社科版）2002年第2期。

[84] 曾康霖：《要注重研究区域金融》，《财经科学》1995年第4期。

[85] 国家统计局国民经济综合司：《新中国五十周年统计资料汇编》，中国统计出版社1999年版。

[86] 广西统计局:《广西统计年鉴》各年,中国统计出版社。

[87] 蒋自强、史晋川等:《当代西方经济学流派》,复旦大学出版社 2004 年第 2 版。

[88] 杨勇德、吕素香等:《区域金融发展问题研究》,中国金融出版社 2006 年第 1 版。

[89] 张森根、高铦:《拉丁美洲经济》,人民出版社 1986 年版。

[90] 陈芝芸等:《拉丁美洲对外经济关系》,世界知识出版社 1991 年版。

[91] 苏振兴、陈作彬等:《巴西经济》,人民出版社 1983 年版。

[92] 朱欣民:《巴西落后地区的产业开发成效评价》,《拉丁美洲研究》2005 年第 8 期。

[93] 刘婷:《巴西的土地问题与经济发展》,《拉丁美洲研究》2006 年第 4 期。

[94] 周世秀:《巴西"向西部进军"的历史经验》,《世界历史》2000 年第 6 期。

[95] 王永龙:《中国农业转型发展的金融支持研究》,中国农业出版社 2004 年版。

[96] 李群、凌亢、杨益民:《金融资源优化配置模型及其应用》,《数量经济与技术研究》2003 年第 10 期。

[97] [美]雷蒙德·W.戈德史密斯:《金融结构与金融发展》,周朔等译,上海人民出版社 1996 年版。

[98] [美]托马斯、梅耶等:《货币、银行与经济》,洪文金等译,上海人民出版社 2000 年版。

[99] [美]约瑟夫·熊彼特:《经济发展理论》,商务印书馆 2000 年版。

[100] [英]马克思:《资本论》第 1 卷,人民出版社 2002 年版。

[101] [英]凯恩斯:《就业、利息和货币通论》,商务印书馆 1997 年版。

[102] 刘仁伍:《区域金融结构和金融发展理论与实证研究》,经济管理出版社 2003 年版。

[103] 白钦先:《金融可持续发展研究导论》,中国金融出版社 2001 年版。

[104]白涛:《我国西部融资现状、融资效率和融资体系建设研究》,《金融论坛》2004年第5期。

[105]周立:《中国各地区金融发展与经济增长》,清华大学出版社2004年版。

[106]宾国强:《实际利率、金融深化与中国的经济增长》,《经济科学》1999年第3期。

[107]王广谦:《中国经济增长新阶段与金融发展》,中国发展出版社2004年版。

[108]沙虎居:《区域性民营银行的发展》,社会科学文献出版社2003年版。

[109]陈秀山、张可云:《区域经济理论》,商务印书馆2004年版。

[110]谈儒勇:《中国金融发展和经济增长关系的实证研究》,《经济研究》1999年第10期。

[111]付晓东、相铁成:《区域融资与投资环境评价》,商务印书馆2004年版。

[112]韩廷春:《金融发展与经济增长:基于中国的实证分析》,《经济科学》2001年第3期。

[113]上海财经大学区域经济研究中心:《2003中国区域经济发展报告——国内及国际区域合作》,上海财经大学出版社2004年版。

[114]蒋自强、史晋川等:《当代西方经济学流派》,复旦大学出版社2004年版。

[115]张家寿:《中国东盟区域金融合作与壮民族地区中小企业融资发展研究》,广西人民出版社2007年版。

[116]龙远蔚:《中国少数民族经济研究导论》,民族出版社2004年版。

[117]谢丽霜:《西部开发中的金融支持与金融发展》,东北财经大学出版社2003年版。

[118]中国人民银行石家庄中心支行课题组:《河北省农村城镇化的金融支持》,《中国金融》2006年第20期。

[119]任燕燕:《平行数据模型及其在经济分析中的应用》,经济科学出版社

2006 年版。

[120]杨胜刚、朱红：《中部塌陷、金融弱化与中部崛起的金融支持》，《经济研究》2007 年第 5 期。

[121]《面向"三农"农行 500 亿助推广西县域经济发展》，来源：县域经济网。

[122]王传民：《县域经济产业协同发展模式研究》，中国经济出版社 2006 年版。

[123]凌耀初：《县域经济发展战略》，学林出版社 2005 年版。

[124]章奇：《中国农村金融现状与政策分析》，中国社会科学院世界经济与政治研究所。

[125]杨德勇、吕素香等：《区域金融发展问题研究》，中国金融出版社 2006 年版。

[126]周立、王子明.《中国各地区金融发展与经济增长实证分析：1978—2000》，《金融研究》2002 年第 10 期。

[127]王广谦：《中国经济增长阶段与金融发展》，中国发展出版社。

[128]王建：《试从资金吸纳能力分析区域金融政策》，《武汉金融》2001 年第 3 期。

[129]喻平：《金融创新与经济增长》，中国金融出版社。

[130]蒙永亨、蒋蓉华：《欠发达地区经济发展的金融支持研究——国外的经验及对我国的启示》，《改革与战略》2006 年第 12 期。

[131]范德胜：《经济转轨时期时中国金融发展和经济增长》，中国金融出版社 2006 年版。

[132]广西壮族自治区县域经济发展情况，由中郡县域经济研究所编辑整理，来源于中国县域经济网。

[133]人民银行兰州中心支行课题组：《金融业支持西部大开发问题研究》，《甘肃金融》2001 年第 8 期。

[134]中国人民银行福州支行：《福州辖区邮政储蓄资金运用方式转型问题调研报告》，《福州金融》2003 年第 9 期。

[135] 李正均:《对欠发达地区县域金融支持县域经济和"三农"发展的分析思考》,《南方金融》2004 年第 6 期。

[136] 姜雄飞、吴玉鸣:《广西县域经济增长的地区差异分析》,《改革与战略》2006 年第 3 期。

[137]《广西县域经济发展与主导产业研究》,广西统计信息网。

[138] 于凤艳:《辽宁省县域经济增长的影响因素分析》,《环渤海经济瞭望》2006 年第 11 期。

[139] 闫天池:《论我国贫困地区县域经济的发展》,《锦州师范学院学报》2003 年第 7 期。

[140] 李贵波:《贫困地区县域经济发展中的金融对策选择》,《西安金融》2005 年第 1 期。

[141] 艾洪德、徐明圣、郭凯:《我国区域金融发展与区域经济增长关系的实证分析》,《财经问题研究》2004 年第 7 期。

[142] 人民银行新余市中心支行课题组:《县域经济发展中金融宽度与金融深度的实证分析》,《金融与经济》2007 年第 1 期。

[143] 李扬、李光荣:《中国金融论丛》,中国经济出版社 2005 年第 1 期。

[144]《服务县域经济:农信社为广西注入 184 亿"活水"》,《广西日报》。

[145] 陈晓安:《构建广西新型县域金融生态环境的思考》,《广西金融研究》2006 年第 3 期。

[146] 中国人民银行陇南中心支行课题组:《对贫困地区县域经济投融资情况的调查与思考》,《金融参考》2003 年第 6 期。

[147] 召集金融机构解决小企业融资难,来源:中广网。

[148] 李世炎、黄伟胜:《梧州县域金融服务供求关系发展探析》,《广西金融研究》2006 年第 12 期。

[149]《发挥农业政策性金融作用,促进广西经济发展》,《广西日报》。

[150] 张余文:《中国农村金融发展问题研究》,经济科学出版社 2005 年版。

[151] 陶为群主编:《区域金融聚焦与探索》,安徽人民出版社 2007 年版。

[152] 广西龙头企业:《"小、弱、少"几时"大、多、强"》,来源:广西县域经济

网。

[153] 李景兰:《对金融支持县域经济发展的调查与思考》,《金融理论与实际》2006 年第 9 期。

[154] 佘国扬:《专业镇发展导论》,中国经济出版社 2007 年版。

[155] 刘家凯:《广西财政推进制度创新支持县域经济发展》,《广西日报》。

[156] 温跃、徐友仁、冯宗茂:《构建良好金融生态推动县域经济发展》,《金融时报》2007 年 11 月 13 日。

[157] 何广文:《对农村政策金融改革的理性思考》,《农业经济问题》2004 年第 3 期。

[158] 于文浩:《县域经济的金融生态问题研究》,《金融时报》。

[159] 人民银行南宁中心支行:《调研报告:广西县域金融服务水平亟待提高》,中国金融网。

[160] 中国人民银行上饶市中心支行课题组:《两难选择下的动态最优安排:县域经济与金融支持的上饶个案研究》,《金融研究》2002 年第 1 期。

[161] 王莉:《西部县域经济的表层金融和金融约束》,《西北大学学报》(哲学社会科学版)2004 年第 1 期。

[162] 周彩南、向琳:《贫困地区县域经济金融矛盾的分析与对策》,《甘肃金融》2002 年第 11 期。

[163] 中国人民银行河池市中心支行课题组:《对金融支持老少边区县域工商业发展的调查和思考》,《金融与经济》2004 年第 12 期。

[164] 解天林:《金融业如何支持民族县域经济发展》,《甘肃金融》2003 年第 1 期。

[165] M. J. Fry, money, Interest and Banking in Economic, Development(2nd), Johns Hopkins University Press,1995.

[166] Vicentle Galbis. Financial International and Economic Growth in Less – Developed Countries: A theoretical Approach, Journal of Developed Studies. 13(2), January 1997.

[167] Philip Arestis and Panicos Demetriades: Financial Development and Economic Growth : Assessing the Evidence, The Economic Journal 107 (may), P783 - 799,1997.

[168] Jeremy Greenwood, and Boyan Jovanovic," Financial Development, Growth, and the Distribution of Incom", Journal of Political Economy, 1990,(98):1076 - 1107.

[169] Saez Lawrence , India's Economic Liberalization , Interjurisdictional Competition and Development , Contemporary South Asia , Nov. 99, vol. 8, internet.

[170] Word Bank , Reducing Poverty in India : Options for More Effective Public。 Services , Washington D. C. 1998.

[171] United Nations Conference on Trade and development, "World Investment Report 2004: Country Fact Sheet: Brazil". http: //www. unclad. org/ sections/dice - dir/docs/wir04 - fs - br - en. pdf.

[172] Stiglitz, Joseph E. Credit Market and the Control of Capita[J]. Journal of Money, Credit and Banking, 1985 (17).

[173] Show, E. s. Financial Deepening in Economic Growth[M]. Oxford University Press NY, 1973.

[174] Levine and Ross. Financial Development and Economic Growth Views and Agenda[J]. Journal of Econom is Litcrature, 1997 (5).

[175] King, R. , and Levine, R. Finance and Growth: Schumpeter might be Right [J], Quarterly Journal of Ecnomics, 1993 (5).

[176] Greenwood, J and Jovanovic B. Financial Development and Economic Dcvclopmcnt [J]. Economic Development and Cultural Change 1990 (15).

[177] Patrick, H. T. Financial Development and Economic Growth in Developing Countries[J]. Econom is and Cultural Change, 1966 (2).

[178] Ajc, R. , Jovanovic B . Stock Market and Development[J]. European

Econom is Rcvicw 1993(37).

[179] World Band ,The East Asian Miracle: Economic Growth and Public Poli-
cy, Oxford University Press , 1993.

[180] Peter Evens, Dependent Development: The Alliance of Multinational,
State and Local Capital in Brazil, Princeton University Press 1979.

[181] Edvin S. Mills & Bruce W. Hamilton , Urban Economics, Scott, Fores-
man and Company,1989.

[182] Brandt, Loren, Albert Park and Wang Sangui. "Are China's Financial
Reforms Leaving The Poor Behind?", paper presented at the conference
on Financial Sector Reform in China, 11 – 13 Sep, 2001.

[183] Park, Albert, Loren Brandt and John Giles, 1997, "Giving Credit where
Credit is Due: the Changing Role of Rural Financial Institutions in Chi-
na", paper submitted for the annual meeting of the Association for Asian
Studies held in Chicago, IL during March 13 – 16, unpublished.

发表的相关研究成果

[1]《加快少数民族与民族地区经济社会发展的金融政策分析》,《区域金融研究》,2009 年第 6 期。

[2]《加快少数民族与民族地区经济社会发展的金融支持体系》(上),《桂海论丛》2009 年第 3 期。

[3]《加快少数民族与民族地区经济社会发展的金融支持体系》(下),《桂海论丛》2009 年第 4 期。

[4]《加快少数民族与民族地区经济社会发展的金融支持理论分析》,《全国商情·经济理论研究》2008 年第 11 期。

[5]《日本对欠发达地区经济社会发展的金融支持及其启示》,《改革与战略》2007 年第 11 期。

[6]《美国对欠发达地区经济开发的金融支持经验及其启示》,《改革与战略》2007 年第 8 期。

[7]《印度对欠发达地区的金融支持及经验教训》,《广西民族大学学报》2007 年第 1 期。

[8]《巴西对欠发达地区的金融支持及经验教训》,《改革与战略》2007 年第 1 期。

[9]巴西对欠发达地区的金融支持及其教训——兼论对我国少数民族地区经济发展的启示》,《拉丁美洲研究》2007 年第 2 期。

[10]《基于产业结构视角的广西经济发展的效应分析》,《社会科学论丛》2006 年第 4 卷。

后　记

又一部专著的书稿完成了。这部专著是在我主持的国家社会科学基金课题"机遇与挑战:加快少数民族与民族地区经济社会发展研究——金融支持体系研究"(批准号 05XMZ002)的基础上修改完成的。该研究成果的完成历经了三年的艰辛。申报成功一项国家课题本属不易,要高水平完成一项国家课题更是不易。三年来,作者不畏艰辛,不怕劳苦,深入少数民族与民族地区实地调研,收集资料,采集数据,召开座谈会,听取领导、专家意见。多少个日日夜夜,无论是节假日,还是周末,当人们在尽情享受的时候,我却在刻苦钻研,在翻阅文献,整理资料,分析数据。该研究成果几经修改,几易其稿之后,最后才形成这部专著的书稿。该专著的书稿在写作过程中,参阅了大量的文献。在此,谨对文献的作者表示感谢。

在本书的写作以及文稿的打印、校对过程中,我的硕士研究生赵亚娟、何初阳、唐庚发花了许多的时间和心血,做了许多基础性的工作。身为他们的导师,在此我要对他们的付出和辛勤的耕耘表示感谢。在本书的写作过程中,广西大学商学院的谭春枝、黄照温、宁学江老师分别参与了第八章、第九章、第十章的部分内容的撰写。在此一并对他们表示感谢。

在此书出版之际,我又一次想起我的博士生导师黄登仕教授以及贾志永教授、刘朝明教授、蒲云教授、李军教授、王成章教授、武振业教授、高隆昌教授、王建琼教授、刘建新教授、叶子荣教授、陈光教授以及陈洁老师等,我要感谢他们在我攻读博士学位期间所给以的关心、支持和鼓励。

在此,我要对我的妻子和我的儿子对我的理解和支持,表示由衷的敬意。在本书的写作过程中，我的妻子李莉女士把大量家务琐事都承担了下来，李莉女士身为高级法官，其工作是相当繁忙的，甚至比我忙碌，但始终默默地付出，默默地奉献，却没有丝毫的怨言。我的儿子张博林也时值高考，自己也无暇顾及，心中有许多愧疚。此书的出版，算是聊以慰藉。

由于水平有限，奉献的这部专著可能难尽人意。书中也难免有谬误，在此也热忱欢迎同行指正。

张家寿

2009 年 5 月 30 日于南宁